致中和

修身 齐家 思危 居安

姚志斌 著

吉林出版集团股份有限公司

构建和谐社会 · 迈向大同世界

己所不欲 勿施于人

目　录

第二章　居一执两时中

第三章 探寻中庸之道

第四章 心与性

第五章 知与行

引　言

天地悠扬，寂寥蛮荒。诞我人类，开我智商。

上下求索，其路漫长。千年传承，世代信仰。

左右执着，自肆汪洋。过为已甚，不在中央。

融合百家，助我翱翔。道不远人，儒行无疆。

儒学历经了经典儒学、实用儒学和现代儒学各个阶段的演变和发展，每个阶段的理论既有所不同，又有序衔接，在历史长河中绵延不绝，成就了自身兼容并蓄、源远流长的文化存在。

《中庸》讲："中也者，天下之大本也；和也者，天下之达道也。致中和，天地位焉，万物育焉。"

这句话的意思就是：世间大道，在于中和；人间正道，唯致中和。

实用儒学的创始人、大儒董仲舒直言："能以中和理天下者，其德大盛；能以中和养其身者，其寿极命。"纵观儒学的发展过程，"中和"二字不仅揭示了儒学的核心及其本质，事实上中和理念还贯穿了儒学发展的始终，指明了儒学未来发展的方向，所以主夫特别提出了中和儒学的概念。

中和儒学是以中庸之道为世界观，以恪守中庸之道即从善如流和当仁不让为人生观和价值观，以居一执两时中为方法论，以天人合一的和谐境界为理想的关于人的思想、信仰和生活实践的理论体系。

"人心惟危，道心惟微，惟精唯一，允执厥中"（《尚书·大禹谟》）被奉为儒家的十六字心传，堪称儒家学说的指导思想和立论之本，中和儒学的十六字方针"从善如流，当仁不让，天人合一，中庸和谐"，在继承了传统儒学精髓的同时，摒弃了十六字心传中的神秘论和不可知论成分。

中和儒学用人性向善扬弃了人性本善或人性本恶这两种唯心主义人性论，在强调个人素养重要的同时，认为社会公德和法律制度同样甚至更加重要。

中和儒学用"当仁不让"扬弃了"克己复礼"，所谓"克己复礼为仁"之仁，乃人心对天理的认知。古今儒者都在追求仁，都在实践仁，在不同的时代，仁的含义有所不同，这是因为随着世易时移，人心对天理的认知不是一成不变的。儒家历来讲究敬天法祖并惯常托古重言，中和儒学则以发展的眼光看问题，注重民主法治，崇尚科学精神，认为应该把"克己守礼"和"当仁不让"相提并论。仁有一个不断完善的过程，因此礼也不可胶柱鼓瑟因循守旧，也应该随着仁的完善而不断进行自我完善。孔子说："不学礼，无以立"，礼对个人来讲包括受教、学习、修养，以及探寻和遵守不断变迁的社会秩序等诸多方面。这些方面在新时代大多被赋予了新的含义，在一如既往地重视私德，强调明理慎独的同时，越来越注重在社会公德和法律制度的框架内，追求个人自由和实现个人价值。

中和儒学以全新内涵的"天人合一"观念扬弃了"人心惟危，道心惟微"和"敬鬼神而远之",认为"天"就是自然,就是自然规律。与鬼神信仰的不同之处在于,中和儒学的天并不神秘,是客观存在的,并且是可以被人认知的。人不一定听天由命,但肯定不可无法无天。人顺天则昌,人逆天则亡。

中和儒学是在经典儒学、实用儒学、现代儒学的基础上,凭借中庸之道这个世间大道、人间大法,对以儒学为主但不仅限于儒学的全人类的传统文化进行统一审视、深入理解、分别剖析、综合认识之后取长弃短、求大同存小异的归中思想,在继承了传统文化中久经考验的关于如何认识自然、顺应自然、调理人性、善待人生等思想精华的前提下,使中国传统文化能够更好地与不同的时代、不同的文化对接,并在新时代、新环境焕发出新生机,继续助力人类社会文明的发展。

本书主要阐释中和儒学"十六字方针"的第四部分,故名之为《致中和》。通过深入、系统地解读中庸之道,以及中庸之道与和谐社会的内在关系,阐明了构建和谐社会的必要性和可行性。世界大同不仅是先贤的理想,也是大势所趋,中和儒学认为和谐是构建人类命运共同体,进而构建和谐社会,迈向大同世界的前提,而和谐的前提则是恪守中庸之道。

在本书的整个思想体系中,一生为三、极端倾向决定发展方向,以及万物归中作为中庸之道的三大法则,有着提纲挈领的作用。

"一生为三"的观点是借助中国古老哲学的基本常识,对"一分为二"进行的补充和完善。"极端倾向决定发展方向"是在对事物都"内含极端倾向并(长时间)趋于极端状态"的认知前提下,对孔子"过犹不及"这个自古以来始终意犹未尽的重要观点的具体化,由此形成的"居一执两时中"的方法论,在很大程度上克服了传统文化知识的碎片化且歧义丛生的弊病,尤其对中庸之道来讲,在可理解性和可操作性方面达到了系统化、科学化的效果。"万物归中"则是本书以中庸之道的强大内涵发掘出的和谐思想——中庸之道是个大球,其中孕育阴阳二气,内容世间万物;中庸之道是个终极框架,里面装着左右两派,包容诸子百家。

古今中外圣贤多有，虽然宗派林立各有侧重，却无不智慧超群异彩纷呈，为人处世的大道理、小机巧都被他们在不同的时间、地点，站在各自特定的立场上讲得"真真切切明明白白"，但是本书始终不赞同对任何圣贤机械地归宗认主，然后愚忠愚孝。本书的所有着力用心，在于借万物归中破除宗派藩篱，融汇古今，贯通中外，让每一个人，进而让每一个由人组成的宗派都知道为什么要看清，以及如何看清自己和他人各自所处的位置、所持的立场及其发展趋向、利害关系——大家一直都在同一个框架内，有一个共同的出发点和归宿（中庸），最终能够做到，以及如何做到随机应变、趋利避害，并扬长避短、合作共赢。

很多人习惯认为只要知己知彼，就可百战不殆，而事实上真正战无不胜的力量一直在"彼此"之外，对此他们要么不知道，要么不承认，要么则陷入迷信，为此他们各执一词，沉迷于鹬蚌缠斗而不能自拔，"渔翁"则深藏不露，法力无边且无为而治。对这个既神通广大又无处不在、不可抗拒的"渔翁"，有人把它解释成神，有人理解为佛，中国传统文化在这方面其实早已有了自己的解释和理解——它既不是神，也不是佛，它就是中庸之道。

世人皆忙乱营生，醉心功名，成者昂扬，败者沮丧，知识逐渐繁多，信仰日趋稀少，有时浑浑噩噩，经常迷茫失落，而所有纠结，在俗世跳不出"舍与得"，信神佛不过是"天与人"。本书试图俯视雅俗，汇聚法理——汇舍得勘破之法，聚天人洞明之理，闲来展读，或有助益，旦夕之间，若能助人觉悟，上，足以告慰古今圣贤循循善诱，片片苦心；下，不枉主夫拜圣求贤，殷勤学问，并经年揣摩，累月体贴。

……

中国人的文化自信不自今日始，而是源自博大精深的中国传统文化。古圣先贤耳提面命不厌其烦，煌煌高论振聋发聩，无不道破天理，荡涤人心。近代因为社会变革，以儒学为首的传统文化又一次受到外来文化的冲击，致使传承出现波折，至今未能完全弥合。如果能够让中国传统文化与现代社会实现成功对接，让历史的光芒照耀现实，铸就中华文化新辉煌，再现曾经属于中国，属于东方，而将来不只属于中国，不只属于东方，而是属于全人类的文明思想，这必将成为人类文化史上的一件盛事。

身处这个伟大的时代，许多人都有着一种强烈的使命感，愿为沟通古今，联结中外而努力工作，辛勤奉献。受此感召，主夫不揣浅陋也想踵事增华，在这方面做一些整理和疏通工作，斗胆抛砖，若能为复兴中国传统文化、建设和谐社会的宏伟工程铺路垫脚，幸何如之！

2018 年 5 月 30 日

第一章　框架与自由

十步一人，侠客理想。亮剑而殇，武者辉煌。

有道得道，文字激扬。无道悟道，解析阴阳。

大道无门，冥思苦想。千差有路，何必匆忙。

一关透得，再无一关。乾坤独步，无我无疆。

取长补短是众所周知的制胜之道，但是与无敌于天下的取长弃短相比，却是小巫见大巫。作为本书的开篇，我们不妨就从这两个成语说起。

取长补短的关键只有一个，就是取长，补短是取长的结果。取长弃短则不同，有两个关键且不相因果，取长是一个，另一个是弃短。

显然，取长弃短难于取长补短，但是真正的问题不在于难度，而是人们有没有认识到取长弃短相较于取长补短优势之上的更大优势，尤其是能不能找到取长弃短的可操作性。

取长补短是指吸取别人的长处，弥补自己的短处，也可以是在有限范围内的不同主体为了某个共同的目标走到了一起，彼此能够长短互补、合作共赢的一种做法。取长补短知易行难，所以只要能够做到，参与者通常都会觉得已经非常满意了，若如此，取长弃短的更大优势又在哪里呢？

首先，在于取长弃短的态度更加开放包容，所以视野更加宽广，且范围无限；其次，在于取百家之长，弃百家之短——而不是只在有限范围内取长，也不是只为了补一己之短，更何况有些致命的"短"只能自己主动舍弃，外人无法弥补；最后，能够做到取长弃短的人是那些动静兼具的人，他们静如长天秋水，廖阔安宁，包容万物，动如烈火烹油，势不可当，无坚不摧，故可以无敌于天下。

一般来说，有突出实用性的思想自然会受到人的重视，但是，只有具备可操作性的思想才有可能走向实用。取长补短能够以其实用融入人们的生活直至须臾不可离，完全有赖于其可知可行的可操作性，而比取长补短更加"实用"的取长弃短是否具备可操作性，在于如何取长，更在于如何弃短。

人都有一种特殊的能力，就是时时事事、方方面面都能根据内心的或外在的标准分成高低，论出长短，但是请注意，取长弃短的长虽然没什么特别，"短"在这里却仅指两种情况，一是内含极端倾向而不自知，二是（长时间）趋于极端状态。因为极端倾向决定发展方向，所以是前者决定后者。

换句话说，这里的"短"恰恰是人们通常所说的长。有时是指许多人日思夜想、求之不得但有违中庸之道的长，这是"短"的第一种情况：内含极端倾向而不自知；"短"实际上以第二种情况为主，是指长之极，亦即（长时间）趋于极端状态——长之极则短，孔子称之为"过犹不及"。因为这两种"短"总是关乎人的功利算计，而那些不解中庸之道的人，护"短"总是竭尽全力坚定不移，所以说取长容易，弃短难。（护"短"

在本书的正式说法是妄执。妄执和"短"所特指的两种情况的详细论述，见本书第二章、第三章。)

在兼具了取长补短注重长短互补、合作共赢的基础上，所谓弃短，就是还需要注重识别并避免他人因为不能弃短，可能或已经犯下的错误；而对于竞争对手尤其是敌人，则需要识别并利用其因为不能弃短，可能或已经犯下的错误；格外需要注重的是自我纠错。

能不能取长，往往取决于能不能弃短。弃短的关键不在于如何弃百家之短，而在于如何弃一己之短，但是，比较普遍的情况是人们太过护"短"而无法弃短，或者干脆拒不弃短，以至于不能真正取长，现实当中经常可以见到不同的人、不同的宗派相互之间因此而越走越远直至势不两立、不共戴天，什么扬长避短、博采众长在他们那里不过是自说自话，统统沦为空谈，结果不是无敌于天下，而是八方树敌四面楚歌，这是因为真理从来不是绝对的，而人对"长"的追求却是永无止境的。

一个人、一个组织要想避免沦为天下公敌，并且能够做到与人为善，和谐发展，就应该知道为什么以及如何取百家之长、弃百家之短，尤其是为什么以及如何弃一己之短，而这些正是本书将要为读者渐次展示的内容。

以上反复说到的百家，不止于先秦的百家，也不止于中国的百家，而是指古今中外各种宗派所有的文明思想。

所有的文明思想几乎全部出自古巴比伦、古埃及、古印度、中国、古希腊等公认的人类文明发源地，它们各自都有过丰富多彩且独具特色的文明，但只有中华文明一脉相承，传承至今。中华文明曾经宗派林立，而且从来都不曾是一言堂，它们的思想和理论都各具特色，但儒家思想始终占据着主导地位，历经数千年时间的检验，堪称中国传统文化的中流砥柱。

所有的文明思想，只有儒家一贯明确奉行中庸之道，如果有一个词可以准确地说出儒家藉由中庸之道穿越古今而无敌于天下、鹤立于

"百家"的原因，这个词非取长弃短莫属，那么，就让我们沿着儒家学说的来龙去脉，看中庸之道如何通过居一执两时中为我们取长弃短吧。

文化实在是一个很大的话题，太遥远的过去寂寥粗犷，无从细说，但凡是饮水思源又总要从头说起，而自古及今言之有据可供推敲品味的人类文化史就不下数千年，那就让主夫选择那个圣贤辈出思想大爆发的时代作为开始吧。

那个时代，孔子、孟子为了推行儒学周游列国而不遗余力，无奈堂皇仁义不合时局，始终锋芒不显，被敬不被用。在西方的古希腊，苏格拉底、柏拉图、亚里士多德师生三代也做着差不多同样的事情，当然还有古印度的乔达摩·悉达多。……

直到汉初，儒学因其既兼容并蓄又经世致用得以脱颖而出，上体王意，下合民心，完全契合了国家大一统的局面，自此一发而不可收。历经时间验证和实践考验，虽然一路前行难免被功利改编，被势利利用，但儒学备受尊崇信奉，诸子百家无出其右，这是不争的事实。在引领东方文明一路前行的过程中，儒学的历史大致可以划分为经典儒学、实用儒学和现代儒学三个阶段。

第一节　经典儒学——大道理的时代

经典儒学阶段，也就是从先秦到汉朝初期的子学时代。子学是指先秦诸子之学，比较有代表性的有六家说：儒、墨、道、法、名、阴阳；还有九流十家说：六家再加上农、纵横、小说、杂家。希腊七贤与先秦诸子几乎处在同一个时代，而且无论东西方，都处在一个思想自由、意志自由、行动自由的时代，同时也是一个哲学高度繁荣、百家争鸣、异彩纷呈的时代。古圣先贤们以天下为己任，其中很多人都坚信自己不仅已经想清楚，而且还能讲明白涉及大是大非的大道理，并据此指点江山，激扬文字。正如清代史学家章学诚所说："诸子之奋起，由于道术既裂，而各以聪明才力之所偏，每有得于大道之一端，而遂欲以之易天下"，而真正的大道理不过下面的这几个。

一、怎么回事

1. 我是谁

人有了自我意识后的第一感受是孤独。如果说寂寞是月照荷塘蛙空鸣，孤独就是一个人的荷塘月色，我歌月徘徊，我舞影零乱。之后是对自身来历的好奇和追问，那种前不见古人，后不见来者的失落，是精神上缺乏归属感的表现。生命的来龙去脉，造物的神奇奥秘，宇宙的运行真相，大多数人都在嘴上问过，在内心想过，当这些问题既无法根本回避，又没有能力深究，甚至"我是谁"这样关乎切身的问题都可以有多种答案的时候，空虚失望和茫然无助的感觉便如影随形无时不有。这种情况下，有人需要榜样供自己攀比，有人需要领袖供自己追随，有人需要偶像供自己崇拜，而所有人都需要信仰，因为只有信仰能够寄托人生的全部意义，从而有效克制或摆脱虚无，"皈依"的心理原动力就这样产生了。

每个人都有自己的个性，其中特立独行的是极少数，大多数人的生活方式不会超越主流价值观的框架。他们分布在社会各行各业，他们不是职业的思想家，即使脱耕饱食，也没有足够的时间、精力或兴趣去思考人生，但他们都是半个哲学家，"足以"对古往今来那些扬名立万的职业哲学家、思想家、行动家的理论和实践进行思考、鉴别、取舍、信奉、追捧、效仿，以便过上符合"自己的"理想、信仰和价值观的生活。

大多数人因为习惯于循规蹈矩，看上去如此缺乏创新又没有个性，偶尔甚至喜欢盲从，但是这不等于他们会在方圆之间任人摆布。之所以说大多数人只是半个哲学家，是因为他们没有创宗立派的机会，没有成一家之言的能力，但是，他们都具备一种来自"本能＋常识＋时间"的基本素养,孔子称之为"四十而不惑,五十而知天命",这种素养足以让他们辨识真善美和假恶丑,这是人类正义的根基和源泉。大多数人可能因为一时不智被人蛊惑而迷失,但他们"不久"就会清醒——你可能一时愚弄所有人,也可能永远愚弄一些人,但你不可能永远愚弄所有人。长时间或者历史地看,"群众的眼睛是雪亮的"这个观点无疑是正确的。

那么,我是谁?

古希腊著名的德尔菲神庙上的神谕"认识你自己",据说出自七贤之一苏格拉底。他说:"我只知道一件事,那就是我什么都不知道。"所以苏格拉底曾经不断地追问"我是谁?"他认为,"人类普遍地对一件事情无知,而这是一件绝对必要知道的事情。那就是怎样指导他们正确地生活,怎样去'照顾'他们自己的灵魂并且'使它们尽可能地完善',还有,他们对这种无知普遍地是视而不见的。"

在宙斯、阿波罗、雅典娜等诸多神祇统治希腊的时代,耶稣还要再过几百年才会在伯利恒的一个马槽中降生,作为首次提出"灵魂"(soul)这个概念的人,处于那个时代的苏格拉底拥有符合自己理智的世界观,坚定的信仰,以及由这二者共同决定和形成的价值观。他一生都在游走、追问、思辨和解答,并以自己的思想对世人进行谆谆教诲。为了带领大家走出无知和迷茫,学会"照顾"自己的灵魂并且"使它们尽可能地完善",苏格拉底不惜以身殉道来维护自己认定的真理,心存浩然之气,从容直面生死。

苏格拉底、柏拉图、亚里士多德师生三代人以其卓越的才华,创立了几乎无所不包的人文体系,三位贤哲开启的理智先河和树立的道德典范,对于西方文化可谓开辟鸿蒙,与他们同时代的孔子、孟子、荀子、老子、墨子、庄子等为主要代表的先秦诸子的思想和行动对东方文化同样发挥了重要的作用。

老子认为"我独异于人,而贵食母",突出强调自己最大的与众不同之处,在于对事物本源的重视。孔子则把这个问题提高到了"朝闻道夕死可矣"的高度。对于这些重大问题，佛陀总结为"若人生百岁，不解生灭法，不如生一日，而得了解之"。

可见明明白白做人有多么重要，"我是谁"无疑是明白做人的首要问题，而对这个问题从不大相同到大不相同有多种答案，全看你在问谁——问心，还是问物？问神，还是问人？

任何时候，人都不会停止探索和发展，古圣先贤历经时间检验的智慧也将一直照亮人心，指引后人。时至今日，对于"我是谁"以及诸如此类由来已久的重大疑问，大多数人不是心知肚明就是正在与真相越走越近。抱着对人类思想文明进行讨论的态度，学习、梳理古今中外的各种见解，并努力为这些重大疑问寻找和辨别更接近真相的解释和答案，当然也就成了本书随后内容的主要任务。

2. 从何处来，到何处去

这种关于往生来世的思考和探索，不仅关注个体，更加关注群体，因此成为宗教的源头和归宿。

老子说："天下万物生于有，有生于无。"道家的有无和佛家的色空，谈的都是万物的本源和演变，也就是从何处来，到何处去。如果说道家的有无之辨是朴素的唯物主义，那么佛家的色空背后则有成龙配套的唯心主义理论体系做支撑。

对于鬼神信仰，经典儒学阶段无论东西方，多见肯定的人和肯定的学派，但是在东方，有一个人及其学派的鲜明观点是：存疑。

存疑也能叫鲜明的观点吗？能。

向世人承认自己对鬼神问题没把握，拿不准，不确定，而不是人云亦云，甚至为了贩卖自

老子

己的思想，而创宗立教夹带私货，编辑神话故事并咒语宣称：我说的所有事、所有理，都是拜神佛所赐，都是从神佛那里亲见亲闻，谁信谁有福，谁疑谁倒霉。

从巫祝卜筮沟通人与鬼神并口传心授的神秘能力，到托言神意著书立说，创建程序严谨体系完备、入情入理循循善诱的宗教，在那样的时代，其实这个人完全可以这么做，他在这方面有足够的才能和影响力，但是，他没有选择神秘主义，没有选择成为一个先知，而是安心做一个智者。他说："知之为知之，不知为不知，是知（智）也。"又说："敬鬼神而远之。"我们都知道这个人就是孔子。他主张对于未知之事不妄想、不妄断，更不妄执，而是悬于左右之间取居中观望的态度，把结论留给时间，自己不失客观才有可能不失中庸，态度坦然道理深刻且切中肯綮。

老子和孔子一样，都没有假借神佛包装、贩卖自己的思想，所以老子在谈到世界本源的时候，也坦然承认"吾不知其名，强字之曰道"，而同一个问题在所有的宗教那里答案都很确切明白——不是上帝，神仙，就是佛祖，而世间万事万物都是这些大神一手策划、包办好的，包括任何一个人的来去，冥冥之中都有定数——你信吗？你信谁？

3. 一生何求

我是谁？从何处来？到何处去？

自从苏格拉底发出以上追问之后，在两千五百年的时间长河中，聪明好胜的人类面对无知曾经在相当长的时间不得不委曲求全，把自己的前世来生统统托付给了宗教，然后通过不断地学习思考和上下求索，又自信满满地用科学打倒了神学。本来以为从此可以彻底摆脱蒙昧，走出无知，以为可以像传说中的神一样俯视众生，主宰万物的时候，科学本身却在不断加速发展，从经典力学到相对论，从黑洞到暗物质，以及精灵古怪的量子纠缠……大量未知的事物和无法解释的现象扑面而来，让那些代表人类和自然进行沟通的科学家们意识到自己其实所知甚少，甚至近乎一无所知，而又一次陷入了茫然。

在每一个经过老师科学启蒙的中学生都敢大叫一声"上帝死了"[1]的时代，科学家们却再次折服于那个古老而经典的结论："玄之又玄，众妙之门。"[2]他们意识到已知的世界很可能只是整个世界的一小部分，自己捉襟见肘少得可怜的知识面对大部分的未知世界，还远远不足以入其门，明其法，得其道。

我是谁？从何处来？到何处去？

越来越多的知识带来越来越多的、但都是相对的确定性，同时，许多至关重要的不确定性依然横亘在人们面前，并且是旧忧未解，又添新愁，面对知其然而不知其所以然的诸多困惑，当代的思想者和先哲苏格拉底一样诚惶诚恐，寝食难安，也正是这些未知和困惑的存在，一如既往地激励着他们以全人类杰出代表的身份，一代又一代地探索奋进，砥砺前行。

我是谁？从何处来？到何处去？

所有这些问题归根到底其实还是那个老生常谈的问题：人生有意义吗？而这是一个关乎以什么态度度过今生今世的问题。

请注意，这里用的"度过"是个中性词，而不是用"过好"这个有偏向的词，尽管许多人喜欢这个词。因为还有许多人，或者说一个人有许多时候，并不一定看好今生今世，并且事实上过得可能确实不好，

---

[1] 这句话出自尼采的著作《查拉图斯特拉如是说》，在哲学史乃至人类文化史上都具有划时代的革命性意义。尼采眼见许多信仰上帝的人其实是口不对心，言行不一，因为上帝从未显灵，于是他要推翻名不副实的上帝，让人类得到解放并懂得正视自己的价值，为此他塑造"超人"，宣称"我是太阳"，精心构建了一套近乎完美的、理想化的哲学体系。人们公认尼采是一个伟大的哲学家，而主夫认为尼采不仅是伟大的，更是勇敢的，因为这个哲学家的所有付出无不是在以一己之力与一个时代抗衡，虽然那已经是一个摇摇欲坠的时代。

[2] 这句话出自《道德经》第一章，意思是（道）深奥又深奥，是世间万物各种奥妙来去的总门径。这里的门径可以理解为起源或归宿，而道既可以理解为"根本大道"，也就是本书后面将要提出的"恒衡""初中"等概念，也可以理解为衍生出某个级别的时空的"道"，也就是本书后面将要提出的"权衡""中"等概念。不同级别的道对应的是相应级别的时空框架，处于低级时空框架中的人对高级时空框架可能一知半解，也可能一无所知。

而失去信仰或者根本没有任何信仰，因而不知道一生何求是一个人过得不好的主要原因。

物质和意识何者是第一性的，何者是第二性的，对这个问题的回答被用来界定唯物主义和唯心主义，但是二者都没有确切的证据或者逻辑足够笃定的结论去说服对方，而作为普罗大众，总是更喜欢答案确定的一方，如果这种确定性可以带来长久且巨大的功利——比如天堂，比如永生，那么这一方总是更容易受到尊崇和信仰，过往的历史就是如此。关键在于意义，而确定性正是意义所在——哪怕完全脱离现实，甚至是脱离今生今世的意义，只要有条有理，言之凿凿，也完全可能得到热捧。

追求意义，是人精神生活的需求，而确定性是任何意义的前提和基础，至此，对因果报应和往生来世统统有确定性解释和应许的宗教，已经呼之欲出了，它们对不知所措的世人来说早已是望穿秋水了。

人在自身的动物性需求之外，之所以为人的不同之处，在于对精神需求即意义的追求和兑现，而信仰上承世界观下接价值观，是意义的化身，是人用于发现和寄托精神需求的所在，所以只有信仰能够成为人一生的追求，并且真正的信仰通常是超越动物性的，也就说是超越狭义人生的。

一生何求，这也是我们在后面的篇幅中将要探讨的一个主要问题。

二、经典儒学的中庸之道

古希腊的贤哲当中，亚里士多德对中庸之道有较多的研究和论述，他认为只有"唯理的态度"才是可取的态度，而唯理的态度是"居于两个极端之中间"的态度，这种态度其实就是中庸（之道）。他认为勇敢是蛮横和怯懦的中庸，豪爽是浪费和贪婪的中庸，谦虚是羞怯和无耻的中庸。

在古印度，佛陀的中道思想，与儒家的中庸之道遥相呼应，时相契合。中道是佛陀思想的核心之一，他在传教的早期就明确指出："于诸欲爱欲贪着事，是下劣、卑贱，凡夫所行而非圣贤，无义相应；自烦苦事，是事非圣贤法，无义相应。如来舍此二边，依中道而现等觉，眼生，智生，寂静，证智，正觉，涅槃所资。"（《杂阿含经·转法轮经》）意思是说纵欲和苦行是"二边"，即两种极端，只有不落二边的中道，才是缘起的正见，而佛教正是"舍此二边"的"中道"。

有无、苦乐、生灭等相对而成二边，佛陀在说法时，主张应远离二边，而至于中道。在《杂阿含经》中，佛陀提出了不一不异，不常不断，不有不无等中道概念，和缘起、十二缘起等概念一起用来阐明无我、空的道理。

佛陀的中道思想就是不偏执——不执左，不执右；不执精进，不执懈怠；不执无义苦行，不执贪着物相；……佛陀所说的中道思想，其实是中而不立：曾行中道，而不执着于中道。因为所谓中道，是相对于上下左右而言的，有上下左右之执，方才有一个中道。真正的中道，就是不安立左，也不安立右，不安立上，也不安立下，从而无所执着，自然也就无所谓中道可以执着。

与儒家理论的入世导向不同，佛陀所有高妙的论述无论起自何处，都会毫无悬念地落脚于无我，落脚于空，他的中道自然也不会例外，所以在佛家那里，千言万语只为让人明白一个道理——从明白中道，到放下中道，直至超然出世，才是佛门正道。

郑板桥说："聪明难，糊涂难，由聪明而转入糊涂更难。"道家的假糊涂真逍遥，是不是很适合做佛家中道的备注？佛与道一样禅意幽深，一样超凡脱俗，当然，修养"足够"的人可以把玩个中深意，在禅茶一味，半梦半醒的间隙，灵光乍现，或渐悟，或顿悟，能开悟就好。只是对现实中的凡夫俗子来说，佛也好，道也罢，因为在政治经济两方面都不具备足够的可操作性，因而都不具备实用性。

孔子说："吾有知乎哉，无知也，有鄙夫问于我，空空如也，我叩其两端而竭焉。"这个著名的"叩其两端"，坦然承认自己的"无知"，而孔子努力想阐明的是一种探求事物真相甚至本质的方法，到孔子说出"君子中庸，小人反中庸"，我们就可以知道这个方法就是中庸之道，但是通观整个经典儒学阶段，无论东西方，中庸之道其实都没有得到透彻、系统的表述。

经典儒学阶段，中庸之道的模型可看作一条线段，线段的两端代表两个极端，其中一端代表纯阳，表示"过"（过头、激进、过激、主动，或最多、最大、最高、最热、最快、最刚……），而另一端代表纯阴，表示"不及"（不足、保守、悲观、被动，或最少、最小、最低、最冷、最慢、最柔……），通常用"过与不及"来形容这两个极端。

《中庸》讲"君子语大，天下莫能载焉；语小，天下莫能破焉"。对大与小这两个极端的描述，一语道破人上不能看穿宇宙边际，下无法穷究微观的困惑。但是在这两个极端之间（不一定是正中间），必然有一个恰当的点，在这个点，"过"与"不及"两种情况都不存在，这是一个理想的绝对平衡点，这个点就是中庸。

主动回避"过与不及"这两个极端，并主动追求那个因无过无不及而恰当的点（中庸），这就是经典儒学的中庸之道。

在经典儒学阶段，"过与不及"都有历史政治实践。对恒久的主动追求产生了刚猛的法家学说和短命的秦朝，这是"过"的政治实践；对恒久的被动推崇产生了阴柔的道家学说和饱受匈奴欺凌、内忧外患的文景之治，这是"不及"的政治实践。

第二节　实用儒学——大信仰的时代

中国哲学史划分为先秦子学、两汉经学、魏晋玄学、隋唐佛学、宋明理学、清代朴学几个阶段，子学时代作为经典儒学阶段前面已有论述，而在其他几个阶段，也就是自汉武帝"罢黜百家，独尊儒术"起，至"五四运动""打倒孔家店"为止的这段漫长的历史时期，与其他学术派别相比，儒学在中国哲学史、政治史、文化史上始终都占主导地位，恐怕是不争的事实，同时，也是儒学从孔孟的理想到落地生根，变成经世致用的学问，真正开始对现实中从统治者到各阶层人民工作、生活的方方面面进行全面指导，并受到全社会普遍认可、接受乃至信奉，同时，其他主要的宗教信仰也在世界各地相继发展、壮大，所以，本书把这个阶段统称为实用儒学阶段。当然，实用儒学阶段只是个大致的说法，是针对这个阶段中国最有代表性的学术来说的，并不是说这个阶段中国只有儒学这一种学术，而对于涉及其他国家的有关讨论，以这种阶段划分所对应的具体时间难免有所偏差，但本书重点不在于历史年代考证，故不会影响讨论结果。

一、这么回事

1. 大道理生小道理

无论东西方，古圣先贤的学说能否成为后人的信仰，取决于是否具备可操作性和实用性，而任何信仰在未经验证之前，无论多么坚定不移，除了信心，其实还是信心，而另一方面，唯有坚定的信心，才符合人们对确定性的认可和期望，才足以成为信仰，从而达到整顿人性，收拾人心的目的。

大道理本来没多少，在经典儒学阶段就差不多被东西方的圣贤们从各个角度、方方面面说尽了，留给后人的事情似乎只剩下崇拜、笃信和皈依，然后在前人大道理的框架内，用诸多的小道理予以补充、阐释和完善，在融会贯通之后精益求精，使前人原则性的框架变得丰满、充实，越来越具备可操作性和实用性，各种宗教就是这样次第产生并传播的，其中特别具备可操作性和实用性的宗教，要么本来起源于政治，要么就是很快与世俗的政权走到了一起——政教合一，宗教负责所有信徒、准信徒的思想政治、伦理道德等诸多方面的工作，对维护社会秩序的稳定起着不可或缺的重要作用。

2. 政教合一

实用儒学阶段，盛行过几大宗教——有三大宗教、四大宗教甚至十大宗教等多种说法。与多神论相比，一神论的宗教无不排斥异教，唯我独尊且凝聚力超强，同时，不同的宗教以及同一宗教的不同派别不仅在冲突中割据，也随着时代的变迁而优胜劣汰，适者生存，在融合中发展。

基督教、伊斯兰教、佛教、犹太教作为流传范围广或存续时间长的主要宗教，基督教在欧美的一些国家，伊斯兰教在中、西亚的一些国家，佛教在东南亚的一些国家，都是被尊为国教的宗教。

（1）基督教

基督教发端于公元一世纪的巴勒斯坦地区，一世纪前后逐渐发展到叙利亚、埃及和小亚细亚等地，并扩张到希腊和意大利。四世纪以前的基督教是受迫害的，直到罗马帝国君士坦丁大帝发布《米兰敕令》宣布它为合法宗教为止，而380年狄奥多西大帝宣布基督教为罗马帝国的国教，所有人都要信奉，使基督教成为罗马帝国的唯一正统宗教。1054年，基督教发生了大分裂，东部教会自称正教，即东正教，西部教会称为公教，即天主教。十六世纪又从天主教中分裂出新教，以及其他许多小的教派。

（2）伊斯兰教

伊斯兰教产生于622年，逊尼派、什叶派、哈瓦利吉派、穆尔吉埃派并称为早期伊斯兰教的四大派别。信奉伊斯兰教的国家遍布亚、非两个大洲，此外，在各大洲的很多国家里都有信奉伊斯兰教的人，其中包括许多西方国家。

在几大宗教中，伊斯兰教面世最晚，同时，这也让它得以博采众长，话术高妙环环相扣，惩恶扬善奖罚分明，致使可信度、号召力和凝聚力都臻于化境，是可操作性极强，因而极具实用性的宗教，同时，或许正是这种可操作性和实用性，也使它容易被政教合一别有用心的组织所利用。穆斯林认为穆罕默德是至圣先知、真主的封印使者，他让穆斯林们要努力学习知识，因为伊斯兰是光明的、是安拉降下的，盲从和迷信不会认识它，只会损害它。

在可操作性方面，伊斯兰教不主张禁欲和苦行，鼓励人们享用真主赐予的各种合法洁净的食物，但是提醒要节制各种物欲和情欲。伊斯兰教认为斋戒是有助于人类控制各种贪欲与邪念的有效方式，并可以激发人们对贫弱者的恻隐与同情心。

伊斯兰教主张和平，对人应有慈爱之心。"你当以善待人，像真主以善待你一样；你不要在地方上搬弄是非，真主确是不爱搬弄是非者。"（《古兰经》28：77）教法规定每一位有能力的穆斯林都应该向穷苦人伸出援助之手。

（3）佛教

佛教在公元前六世纪以前起源于古印度，创始人是释迦牟尼，本名乔达摩·悉达多，是古印度北部迦毗罗卫国的王子。他娶妻生子之后，有一天在城中行走时见全了生老病死：婴儿、老者、大病者和死者，生出了修行的念头，于是四处求法、苦行、冥想，最后在菩提树下静坐七日，终于战胜了来自方方面面的烦恼魔障，在第七天的黎明时分豁然开朗，彻悟到人生无尽苦恼的根源和解脱轮回的门径，从而成为无上大觉的佛陀。

六世达赖喇嘛仓央嘉措把佛陀的这种成佛过程和结果用一句话概括为："佛是过来人，人是未来佛"。可见在佛教看来，人和佛之间并非隔绝的，而是可以升华转化的。佛只是大彻大悟之后的人，至于佛是不是神，佛教有没有类似上帝那样的造物主，后来的"佛"们、菩萨们、罗汉们顿悟也好，渐悟也罢，都因为佛陀在这方面没有明示，于是所悟各有不同，时常大相径庭。实际上就像每个宗教都存在许多派别一样，佛教内部更是宗派林立，派别相互之间的差异很大，甚至不比两个完全不同的一神教之间的差异小，所以佛教是否有神，不能一概而论。

佛教的存在和发展与其他几大宗教很大的区别在于，佛教作为西来东渡的外来文化，和中华文化勾兑融合之后，佛光普照，活力四射，凸显文化互补的优势，极大地满足了中国人对"有神"信仰的渴求，但是，佛教在中国达到鼎盛的隋唐时期，却在它的发祥地印度，因为既不能抵御本土的印度教，更无法抵御外来文化伊斯兰教的冲击而消亡了。

（4）犹太教

犹太教是公元前 2000 年在西亚地区的游牧民族希伯来人中产生的。亚伯拉罕的一神崇拜为犹太教奠定了基础，而五百年后摩西在西奈山领受上帝的戒律，不仅标志着犹太教的正式形成，也意味着犹太人有了成文的律法。犹太教作为一种"强大的"的文化存在，成为"弱小的"犹太民族的行为准则和精神支柱，像护身符一样护佑着苦难的犹太民族，虽然颠沛流离饱经沧桑，数千年间，外族可以亡其国却始终无法灭其种，得以在世界民族之林顽强屹立。

犹太民族坚信自己是上帝的优秀选民，《圣经》明明白白记载着上帝和犹太人的约定："耶和华你们祖宗的神，就是亚伯拉罕的神，以撒的神，雅各的神。"（《出埃及记》3：16）"如今你们若实在听从我的话，遵守我的约，就要在万民中做属我的子民，因为全地都是我的。你们要归我做祭司的国度，为圣洁的国民。"（《出埃及记》19：5-6）当时以色列百姓异口同声做出郑重承诺："耶和华所吩咐的，我们都必遵行。"（《出埃及记》24：3）一份人与神的契约就这么签订成功了，从此犹太人和上帝建立了非同一般的关系。

《圣经·旧约》就是一部兽性、人性与神性的斗争史——其他宗教的教义又何尝不是？整个教义就是为了让兽性向人性进化，人性向神性归化，而在这个过程中，犹太人的多次背弃，让神很不满意，甚至到了让神很生气的地步，以至于神反手赐给他们许多灾难性的惩罚，让他们吃尽了苦头。

他们的上帝对他们施加的惩罚和考验，使犹太民族长期处于逆境中，但是，所有的排挤、歧视、苦难甚至杀戮，比起上帝让亚伯拉罕以他的独生子以撒为燔祭，比起撒旦为试探约伯而轮番加给他的苦难，又能算得了什么呢！一次次苦难的考验，从来都不能让这个民族放弃、认输，因为他们始终相信他们的上帝与他们同在，因为他们信仰坚定无怨无悔。

（5）"儒教"

基督教在纪元初诞生的时候，佛教在印度次大陆已经流传了几百年，并有向东方蔓延之势。基督教虽然经过几百年的酝酿和传播，才在西方逐渐得到广泛认可和接纳，但厚积薄发，很快发展到一家独大，而在东方，董仲舒于公元前134年提出"罢黜百家，独尊儒术"，儒学得到汉武帝的认同并开始推行。

这是儒学第一次全面走向实用，董仲舒结合当时的实际情况进行了系统化的加工和整理，著成的《春秋繁露》其实已经不是经典儒学的思想原貌了，而是掺杂了道家、法家甚至阴阳五行家的一些思想，成了一种具备可操作性并且非常实用的新思想体系。哲学家冯友兰说："董仲舒之主张行，而子学时代终；董仲舒之学说立，而经学时代始"。

作为实用儒学的创始人，大儒董仲舒的理论以维护大一统的封建政治秩序为目的，以"天人感应"的神化理论解释了帝王的来历及其王权的合法性，倡导"审察名号，教化万民"，把符合大一统封建统治的政治观念和道德规范"立为名分，定为名目，号为名节，制为功名"，主要内容就是"三纲五常"，用来教化百姓，称作"纲常名教"，简称名教。

董仲舒的理论不仅得到汉武帝的嘉许，中国历代君主帝王更是推崇备至。儒学以名教身份实际上跻身国教的地位，两千多年无论如何改朝换代，政教合一的模式都没有任何改变，其间虽然受到过佛教、道教的冲击，实用儒学也因此由"程朱陆王"等许多思想家做过几次重大改革，但作为传统文化的正统和主流，"儒教"不是宗教胜似宗教，其地位始终都是无可撼动的。

3. 宗教改革

> 万幸我是一个信徒，
> 我的主全知全能。
> 教里兄弟姊妹，
> 大家同心意。

信主得福，解我困惑，远离恶事，不惧诱惑。

蒙主恩赐，给我来世，让我今生，无忧无惧。

几大正统宗教历经数千年时间和实践的检验，作为完整的、系统的信仰，在各自的世界观下都构建了关于人生观、价值观、方法论的完整框架，所内含的真善美，对于人类政治文化、伦理道德的许多方面曾经具有并且至今仍然具有重要的指导作用，但是现实是不可回避的，那就是因为文明发展和世界观的改变，近现代人对祖祖辈辈笃信不疑的宗教信仰发生了根本动摇，致使宗教的发展甚至存在都面临前所未有的困难局面，宗教改革刻不容缓。

面对理性、科学的质疑，宗教改革遇到的两难局面，首先在于：如果放弃神秘主义，等于放弃了神，谈何宗教？其次，如果放弃神原本做过的应许，等于放弃了对往生来世的确定性描述，信徒不知道自己从何处来，到何处去，宗教的吸引力何在？

尽管如此，比较冒进的宗教改革流派不仅跃跃欲试着要支持科学，试图与神秘主义划清界限，甚至直接说自己本来就很科学，但是无论如何，一神论和多神论不想兼容，有神论和无神论则不可兼容，所以，宗教改革恐怕很难跳出自身框架天然的局限性，面对推敲和质疑，原来斩钉截铁般的应许和约定，不是变成软肋，就是露出硬伤，与坚守阵地的宗教保守派相比，宗教改革派要想突出重围，必须构建新的框架，而任何试图淡化神、缺乏确定性应许的"宗教"要自圆其说，实在是任重道远。

二、实用儒学的中庸之道

儒家认为王道政治的实现虽然是天道的必然，但是也离不开人为的努力。儒家的王道政治思想发端于孔子对上古历史的回溯和理想化推定，经过历代儒学思想家的充实、发展，形成了具有旺盛生命力的思想体系，对中国传统社会政治形成了巨大而深远的影响，直至今天仍然有重要的理论意义和现实的实用价值。

儒家的王道政治中，有一个理想化的圣王，大致相当于柏拉图的哲学王。圣王不仅应该是开明的，而且应该是英明的，他有一套弃恶扬善自成体系的伦理政治制度，有一个辅佐实现他的政治理想的统治阶级，廉洁奉公、勤政爱民是这个阶级的基本素质。

自王以下的整个统治阶级的政治理想的主要内涵是王的德行、功业，是王道政治的统治方式，以及人性与天道的因应循环等，核心精神是以家长、家庭、家族为基础架构的，君主专制主义等级社会的伦理政治秩序，理论思想主要来自以孔孟之道、程朱理学、陆王心学为主线的儒学，在历史上的发展脉络清晰可辨。古圣先贤不断揭示人与自然的关系，与圣王设计的完美制度相呼应，目的就是使整个社会中的人无不具有高尚的道德情操。如果现实不能尽如人意，就需要强调个人的修养和王者的教化，也就是说芸芸众生都是王通过统治阶级教化的对象，假以时日，终能培养出合乎理想的百姓。如此一来，全社会上上下下各个阶级、阶层的人都精神充实，生活幸福，人与自然和谐相处，一个"理想国"就可以永续地存在和发展下去。

不同于柏拉图的《理想国》，虽然儒家思想同样充满了理想主义成分，但儒家思想却能够付诸实践并广为流传，其根源在于奉行儒家学说的思想家、政治家，乃至受儒家文化熏陶的许多普通百姓都能认识并自觉恪守中庸之道，从而让理想在现实中落地生根。

对儒学持怀疑和否定态度的人，多是因为混淆了中庸和中庸之道，并且不是把中庸之道理解为折中主义，就是等同于和稀泥，而关于中庸和中庸之道知识的"碎片化"阐释，如果说体现为经典儒学的微言大义，是由于历史的局限性，那么后来数以千年都停留在只可意会不可言传的层面，保持这种多少有些故意的神秘化状态，表面上是知识界在故作高深，其实不能排除统治阶级有垄断、禁锢思想的目的，这种做法客观上阻碍了对中庸之道的深入研究，以及其向大众的传播和知识本身的发展，甚至任由误解，给了一分为二，二必选一并从一而终的各种哲学思想，包括极端思想和邪教以可乘之机，阻碍甚至抑制了大众从善如流的可能和选择的权利。

孔子说："天下国家可均也，爵禄可辞也，白刃可蹈也，中庸不可能也。"这句话用常人难能可贵的几种能力或素质，衬托出了中庸的"不可能"。懂政治是智，辞爵禄是仁，蹈白刃是勇。智仁勇（三达德）都是很难做到的，但相比中庸却是容易做到的，意思是说中庸看起来容易，实际上比"智仁勇"三者都难做到。朱熹解释为"三者难而易，中庸易而难，此民之所以鲜也。"他认为中庸在人民中很难做到的原因就在这里，颇有些故弄玄虚的意思，尽管如此，在整个实用儒学阶段，中庸（之道）虽然看上去高深莫测，但是随着时间的推移还是越来越具备了切实的可操作性，因而也越来越具备了实用性。

"不偏不倚谓之中，恒常不易为之庸"，这是直到宋朝才出现的对中庸最明确的定义。不偏不倚就是不上不下不左不右不前不后，即平衡，是三维的空间量度；恒常不易即永恒不变，是一维的时间量度。可见中庸是要放在四维的时空加以衡量的一种状态。

中庸是人类亘古以来不懈追求的理想，因为只有中庸可以使事物得以无限期无变质地保留——这其实是一种理想化的静态。但是，人类如果对事物没有像照片一样定格瞬间的静态认识，就根本无法思考，也不会有任何自然科学，而这种对每一个瞬间的定格都是在寻求并试图切合中庸的思想起点。

事实上人的一生，甚至整个人类文明的历史都太短暂了，在动辄以地质年代计量的时间，以光年度量的空间，我们根本感受不到地球在太阳系、太阳系在银河系、银河系在宇宙中的运动轨迹有任何变化，与这些大级别时空相比，沧海桑田、海枯石烂不过是微不足道的一个瞬间，所以呈现给人类的大自然便显得循规蹈矩，而且（似乎）永远都会这样存在下去，于是才有了数学的、物理的、化学的公理和定律，于是才有了自然规律，才有了所谓的真理。

实用儒学的中庸之道的模型可看作一个不规则的圆，在这个圆的内部有一个不一定是圆心的平衡点，这个点就是中庸，而这个点之外，越是远离这个点，越是接近圆的边际，就越是偏离中庸，不是趋近"过"就是趋近"不及"。

太极图把上面所说的圆一分为二，用一条曲线分割出阴阳，可以认为阴阳各自都在一个不规则的圆的框架内，俗称阴阳鱼。阴阳鱼各有一个属于自身，但并不在圆心位置的平衡点（鱼眼），这两个阴阳各执其一的平衡点，作为阴阳各自的中庸，是中而已经不是初中了（中和初中下文有专门的论述）。

太极图以广博的内涵和无与伦比的生动形象，诠释了实用儒学的中庸之道，并且实用儒学的中庸之道正式引入了空间和时间的概念，对事物的运动本质已经有了非常深刻的认识和揭示。

太极图说

[宋] 周敦颐

无极而太极。太极动而生阳，动极而静，静而生阴，静极复动。一动一静，互为其根。分阴分阳，两仪立焉。阳变阴合，而生水火木金土。五气顺布，四时行焉。五行一阴阳也，阴阳一太极也，太极本无极也。五行之生也，各一其性。无极之真，二五之精，妙合而凝。乾道成男，坤道成女。二气交感，化生万物。万物生生，而变化无穷焉。

惟人也得其秀而最灵。形既生矣，神发知矣。五性感动，而善恶分，万事出矣。圣人定之以中正仁义而主静，立人极焉。故圣人与天地合其德，日月合其明，四时合其序，鬼神合其吉凶。君子修之，吉；小人悖之，凶。故曰："立天之道，曰阴与阳。立地之道，曰柔与刚。立人之道，曰仁与义"。又曰："原始反终，故知死生之说"。大哉易也，斯其至矣。

太极图

第三节　中和儒学——大自我的时代

近现代随着工业化、人口城市化的进程不断加快和深入，科技飞速发展，人性却日渐浮躁，并且东西方概莫能外。这是宗教信仰日渐式微，人心无所寄托的缘故。于是不断有仁人志士试图继往圣绝学，以"儒学"的名义滋润人性，安抚人心，这个阶段称为现代儒学。

"现代"是时效性很强、很不确切的一个词，现代儒学和史上几多沉浮的新儒学一样，都是过渡性表述，所以主夫试图以中和儒学为主线，以儒学的核心思想也就是以中庸之道为框架，对古今中外文化的过去、现在和未来进行一些非常必要的归纳和整理，以期找到取长弃短的方法和求大同存小异的效果。

一、齐天大圣

西方人认定"上帝死了"，因为他们发现自己原来是猴子变的。中国人则在"打倒孔家店"后，摆脱了因为沦为专制统治的工具，而日渐趋于极端的"儒教"的僵化教条和愚忠愚孝。

先人们好不容易把"我是谁"说清楚讲明白，数千年来，人们安心信神的、听佛的，神佛说一切都有定数，存在的都是合理的，这辈子吃的苦头越多，下辈子才越可能有好日子，可是现在又说完全不是那么回事，根本就没有神佛，也没有下辈子，这真是太让人沮丧了。尼采在《论道德的谱系》的前言中说："我们对自己必定仍然是陌生的，我们不理解自己，我们想必是混淆了自己，我们的永恒判词是：'离每个人最远的，就是他自己。'——对于我们自身来说我们不是认知者。"时间过了几千年，我们似乎又回到了经典儒学阶段，需要重新"认识你自己"。

但是，现在毕竟不是从前，时间走过的这几千年，人类对世界本质的认识，已经从一种元素（气）、两种元素（阴阳）、五种元素（金木水火土），到门捷列夫的63种元素，再到现在发现的化学元素已经超过了一百种，随着自然科学的日渐发达，世界在人类的眼中，逐渐从模糊的变成了清晰的，从神秘的变成了可知的，从迷信的变成了科学的，也正是出于这些原因，古圣先贤们殚精竭虑搭建起来的妄执级别的信仰，接连轰然倒塌，东西方的人们几乎又是在同一个时代，失去了宗教信仰的护佑，灵魂裸奔致使肉体莽撞，以至于左右两派各种内含极端倾向又未经时间检验的思想或主义，纷纷假借信仰的名义粉墨登场。

当人类终于弄清楚并坦然承认自己是猴子变的，也就意味着从神佛手里重新拿回了原本属于自己的自由，但问题也接踵而至——无拘无束的孙猴子，在没有如来佛祖的世界，是不是可以安做无法无天的孙大圣？孙猴子和孙大圣谁更自由？

一只猴子全面突破了原有的时空框架，从凡间进入了仙界，但是，因为自由是一种内含极端倾向的需求，所以他对自由的追求便没有止境。他一直在试探自由的极限，从一只无父无母的石猴，到美猴王，从美猴王再到孙大圣。这自封的齐天大圣，终于让他探明了属于他的自由的极限。当他的自由趋于极端状态的时候，巨大的风险也就随之而来，主夫说：猴子成悟空，人性始归中。

一个人的自由是什么？一个组织，一个国家呢？如何认识、争取并享受属于自己的自由，同时尽量避免把自己碰得头破血流，甚至像"齐天大圣"一样承担被镇压的风险，也就是说，你究竟有多少自由？

二、"自由"的你

俗话说"人上一百，形形色色"，意思是人与人之间差别很多且巨大，任何两个人很容易找到长期的共同目标，但是，任何两个人的共同目标很难长期保持一致，都说不忘初心，方得始终，怎奈初心易得，始终难守，于是海誓山盟经常变成劳燕分飞，情投意合难免不久分道扬镳，尽管如此，有一个目标却是所有人为之奋斗且始终矢志不渝的，这个目标叫作——自由。

　　人生在世，时时刻刻不是在争取自由就是在保卫自由。从人身自由到人心自由，从财务自由到人格自由，从意志自由到思想自由，……自由，作为一种典型的内含极端倾向的追求似乎永无止境，但是，人真的有自由吗？有多少自由？

　　人的生老病死，既是四大平等，又是四大不自由，每个人都无权选择，无权放弃。人生过程看似自由、千差万别，但因为有了生老病死，每个来到世上的人，都毫无例外地在这四个方面有了先天注定的平等。

　　生老病死之外，普通人一经出生，历史时代、社会形态、遗传特征等，这些伴随你一生的"大势"都是被注定了的。你的努力可以很大程度改变你的"小势"即个人命运，比如草根逆袭，比如从士兵到将军等，并对社会发展造成一定的不过非常有限的影响。有极少数人，或者在思想、科技方面有重大突破，或者整合了社会资源，他们在改变个人命运的同时，带动了时代进步，改变了社会，他们就是那些引领潮流、名垂青史的人类精英。这种观念就是历来颇受诟病却一直无法被根本否定的英雄史观，换个角度来看，精英、英雄波澜壮阔的人生在普通人看来也意味着他们得到了更多的自由，并对普通人起着示范、引领作用，但是，占有更多的财富，拥有更大的权力，或者二者兼而有之的人，就是自由更多的人？这恐怕只是无产阶级隔着中产阶级在看有产阶级，实际情况未必如此，甚至恰恰相反。

　　有了先天注定的不自由，人生还有什么是自由的？

　　事实上，人生的自由是相当有限的。任何人的自由都是在特定的时空框架内的自由，普通人如此，英雄亦如此，所谓"不负如来不负卿"，此等人神各半、左右逢源的美事尽是痴想。任你蹦得再高，跳得再远，只要你不能"跳出三界外，不在五行中"①，超越人道的框架进入神仙道，

────────────

　　① 原话"超出三界外，不在五行中"是佛教用语，意思是超越生死轮回的阻碍，不受自然规律的制约，这样的人不是神，至少也是半神。

你就仍然是凡夫俗子一个，不是左派，必是右派，区别在于蹦跳能力不同，决定了你左倾或右倾的程度有所不同而已。

如果你的来历和行为都是未知的，也就是说，没有谁知道你从哪里来，到哪里去，甚至没有人知道你是谁，在别人眼里你是自由的，但这符合实际吗？显然不符合。事实上你的出身，你的经济状况，以及你的所有爱好、受过的训练、已经养成的习惯、具备的特长，你所加入的组织和你在其中的职责、上下级关系，尤其是你的信仰……条条框框无处不在，每一个框架都是用来从时空两个方面约束直至决定你的一言一行的，你自由吗？

你是自由的，但你的自由仅限于框架内。

左派右派都有各自的时空框架，而无论何时何地，你不是左派，必是右派。

如此说来，还有没有真正的自由？

答：有。

三、真正的自由

自我意识从觉醒、成长到成熟，个人开始在独立、自主的前提下进行分工、合作，进而达到个人之间、集体之间、国家之间的共存、共荣，形成了以聚居为突出特点的，虽然古已有之但是现在正以前所未有的速度日趋发展壮大的一种新的文明——城市文明。

人们摆脱了神佛，变得越来越自信之后，也越来越看清了自我——从正视自我、反省自我到认识自我，直至试图信仰自我——这种知道容易但接受艰难，无迹可寻又一直都在的信仰，开始于经典儒学阶段的每一次或现实或浪漫的思考，开始于实用儒学阶段每一次平等与专制的斗争。现在，中和儒学对中庸之道的理解和运用，是在人类偕同城市文明一起进入"大自我"时代后，在已有的所有物质和文化成果的基础上，在"天人合一"的前提下所做的又一次信仰自我的尝试，并得出这样三个结论：其一，我就是天；其二，天就是自然；其三，信自我，得自由。

天也好，自然也罢，在中和儒学看来意味着各种框架，而自由与否其实取决于人对框架的理解、认知，以及在理解、认知之后对框架的主动适应或突破。请注意，这里的"主动"二字很重要，因为正是这两个字体现出了居一执两时中的精髓，而这个字眼及其所代表的态度在本书中会不断出现。

1. 框架中的自由

牢房是一种框架，可以约束囚徒的身体自由，功名利禄是一种框架，可以约束人的行动自由，信仰是一种框架，可以约束人的思想自由，总之，框架的作用就是约束人的自由。框架分为有形和无形两种，约束有刚性约束和非刚性约束两种。狭义来看，除了囚徒的身体自由受有形的刚性约束之外，其他人的身体都是自由的，所受的约束都是非刚性的或无形的；除了信仰坚定的信徒的思想自由受无形的"刚性"约束之外，其他人的思想都是自由的，所受的约束不仅是无形的并且是非刚性的。

从广义来看，芸芸众生的自由又是什么样的呢？

城里人每天八小时困在床榻上，八小时困在比床榻大不了多少的工作岗位上，其余八个小时不是在为上床做准备，就是在为上岗做准备，城里人身心的框架其实就这么大，城里人自由吗？

机械化之前的乡下人，他们被锁在土地上，面朝黄土背朝天，日出而作，日落而息，身心局限于春种秋收的框架中，乡下人自由吗？

军人吃饭要听命令，睡觉起床要听命令，穿什么衣裳也要听命令。服从命令是军人的天职，合格的军人都被训练到令行禁止，乃至战地生死不过是长官的一声命令。命令就是军人身心的框架，军人自由吗？

……

这些人真的不自由吗？

这些人真的自由吗？

而这些人，其实就是你，是我，是他，是我们所有人。

要回答这类问题，须先搞清楚：什么是真正的自由？

且不说军人的自由，也不说乡下人、城里人的自由，只说囚徒，那些被公认失去自由的人。囚徒在严格的管束下服刑，其间会有相当长时间的强制劳动、很短的放风时间，社会以剥夺他们的身体自由作为惩罚，牢狱就是约束囚徒身体的刚性框架。囚徒很多，著名的也不少，古代有文王拘而演《周易》，有越王勾践自拘入吴奴事夫差……曼德拉是现代著名的囚徒之一，他被关在只有几平方米的牢房几十年，常人想必都会变成"老老实实"的行尸走肉，但曼德拉出狱不久就当选为南非总统，他是怎么做到的？这是因为牢房只能约束囚徒的身体，而囚徒的思想一直都是自由的，文王如此，勾践如此，曼德拉亦如此。

虽然曼德拉所建立的"彩虹国"因其理想主义色彩而饱受争议，但对于一个坦然承认自己"既不是圣人也不是先知"的人来说，毫无疑问，正是他对自由的深刻理解和执着追求，才使南非长期充满种族隔离、压迫和歧视的状况，在短时间内得以根本改观——以和平的方式！

这些曾经失去"自由"的囚徒，都以各自不同的形式把自己认定的自由发挥到了极致，由此可见，自由的起点和源泉是思想自由，而人的思想自由不是任何约束肉体活动的框架所能够限制的，牢房不能，土地不能，城市也不能。

庄子躺在树荫下，霍金坐在轮椅里，他们的思想却可以自由驰骋，遨游天际。庄子"独与天地精神往来，而不敖倪于万物"，霍金则说："对于人的精神

庄周梦蝶

而言, 不存在任何限制"。和他们恰恰相反的是那些愚忠迷信的人, 他们的身体虽然自由, 思想却被无形的框架牢牢禁锢着, 而思想束缚意志, 意志束缚行动, 所谓自由, 便都成了中规中矩的某个特定框架中的言行, 无论是地心说、日心说, 还是专制、民主, 它们在各自的时代都有自己的铁杆信徒, 他们心陷妄执, 绝不反思, 从思想、意志到行动都不敢越雷池一步, 但是, 有什么样的愚忠迷信, 就会有什么样的与之针锋相对的思想家、政治家甚至革命家, 美国民权运动领袖马丁·路德·金就是一个这样的人。

马丁·路德·金曾经有一个梦想: 当我们让自由之声响起, 让自由之声从每一个大小村庄、每一个州和每一个城市响起来时, 我们将能够加速这一天的到来, 那时, 上帝的所有儿女, 黑人和白人, 犹太教徒和非犹太教徒, 耶稣教徒和天主教徒, 都将手携手, 合唱一首古老的黑人灵歌: "终于自由啦! 终于自由啦! 感谢全能上帝, 我们终于自由啦! "

事到如今, 金牧师的理想早已变成了现实, 事实上还要远远不止。人们打倒了奴隶主, 奴隶自由了; 打倒了贵族, 平民自由了; 打倒了种族歧视, 黑人自由了; 打倒了迷信, 思想自由了。

自由的起点和源泉是思想自由, 思想自由了, 意志才可能自由; 意志自由了, 行动才可能自由。

兰金的自由

1941 年 12 月 7 日, 日本成功偷袭珍珠港, 美国的太平洋舰队弹指间灰飞烟灭, 一时间举国愤怒群情鼎沸, 罗斯福总统强烈主张对日宣战, 表决的结果是参议院 82 票赞成 0 票反对, 众议院 388 票赞成 1 票反对, 你没看错, 居然有一张反对票!

参众两院这张唯一的反对票出自议员珍尼特·兰金, 她的理由很简单, 因为她是一个和平主义者, 反对任何战争。兰金如此冒天下之大不韪让许多美国人怒不可遏，以致政府不得不派警力护送她上下班。

请注意，前面的"冒天下之大不韪"没加引号，是因为主夫对她的敬重不等于认同——她不仅犯了众怒，主夫也认为她的决定真的非常出格，但是，兰金的所作所为并不是一时兴起，更不是哗众取宠，她一生反战，早在 1917 年就在国会投票反对美国参加第一次世界大战，86 岁的时候还参加了反对越南战争的游行。1973 年兰金去世后，美国人民为了表达对她的尊敬，把她的铜像安放在了国会大厦。

在合法的前提下，一个人可以公然和 1.3 亿人唱反调，没有人能阻止你，更没人能陷害你，这恐怕是美国伟大的重要原因之一。作为中庸之道的倡导者和信奉者，主夫著此书的态度一以贯之，就是以万物归中的眼光分析和看待人事，只要不是显然的过与不及，就不轻易论断历史上尤其是现实中人们或然两可的一时对错，以尽量避免掺杂个人好恶。尽管兰金的做法如此之"过"，但是，在这里提起她的用意却完全不在于剖析对错（虽然设身处地来说，换作主夫在 1941 年肯定会投下赞成票），而是为了强调兰金的这种精神——坚持自己内心认定的"真理"，绝不屈从外压，更不盲目从众、人云亦云。

面对自己坚持和平主义的"悲惨"后果，她说："我虽然失去了一切，但我还是我自己。"这种气概岂不正是孟子极力主张的"虽千万人，吾往矣"！因为实在难能，所以尤为可贵。没有思想自由的兰金，就不会有意志自由的兰金，也就不会有行动自由且持之以恒的兰金。兰金用自己的一生很好地诠释了民主制度，以及民主制度下的个人自由。

在人类文明发展的进程中，从奴隶社会、封建社会到民主社会，每一种社会形态曾经都是"公平"的，甚至可以说是"自由"的，但是，经过数百千年，当每一种社会形态各自内含的极端倾向趋于极端状态后，便都逐渐暴露出了无法容忍的重大弊病——显失公平和缺乏自由，然后通过温和的改良或激烈的革命，进行了相应的改进或突破，人们"又一次"自由了，并且越来越接近真正的自由了。

那么，真正的自由是什么样子呢？

在奴隶社会的时代及其框架内，奴隶对公平和自由，尤其是对自由的感受和平权社会的人不一样；在专制社会的时代及其框架内，平民百姓对自由和公平，尤其是对公平的感受和平权社会的人也不一样，原因大同小异——时代不同，经济基础不同，认知度不同，所以人心不同而已。在这个过程中，思想自由与人身自由、权利平等的发展历程不止一次地经历了对自身框架的认识、超越和突破——人类文明经历了世界观、信仰、人生观，以及由这三者共同决定的价值观、方法论的进化和变迁。从对我是谁，我从哪里来，到哪里去等问题的追问、思考和解答为主的自由思想、百家争鸣的子学时代（经典儒学阶段），到无论信神还是信佛都逻辑严谨滴水不漏，体系完整信仰坚定的经学时代（实用儒学阶段），再到大自我的中和时代，历史经历了一个"自由—限制—自由"的螺旋式的上升循环，一样的自由，不一样的感受和普及程度，从古代极个别先行者的思想自由，到近现代大多数人的思想自由，所历经的时间，见证着的是历史的进步，承载着的是文明的发展。数千年之后的今天，当人类的一只脚已经踏进和谐社会的门槛，古圣先贤"人皆可以为尧舜"的理想社会终于在现实中初露端倪的时候，让人不能不感叹岁月无情，天行有常。

人类的思想文明藉由数千年艰难曲折的发展，经历了从迷信到理性，从小我到大我，从妄求永生到乐生顺死，从无知敬畏到条理分明，从信仰神佛到信仰自我，渐入天人合一的佳境。人越来越自由了，那么不妨再问一次，真正的自由是什么样子呢？

人类文明就是通过认识一个个框架，适应一个个框架，或者突破一个个框架之后，才得以不断发展和进步的，但是，只要认同自然规律的存在，只要认同人道准则的存在，就相当于认同框架的存在——自然规律是人力不可逾越的框架，人道准则是人心不可逾越的框架，换句话说，无框架的绝对自由，亦即能够不受自然规律束缚，超越人道准则的不是神就是佛，人间不可能存在，所以可以这么认为，**无框**

架的自由因为不可能存在所以不是真正的自由。

一路追问下来，已经越来越接近我们所关心的问题的核心了——人类文明通过认识、适应或突破一个个框架而逐步接近真正的自由，而无框架的自由又不是真正的自由，那么，是不是意味着有一个约束自由的终极框架？

如果有，什么是约束自由的终极框架？

2. 自由的终极框架

最理想的人生是无拘无束、享有无限自由的人生，甚至可以理解为自由就是无尽的放纵，但是，人又不可能无视框架的客观存在，也就是说，自由是有前提的，人只有正确认识和对待自由与框架的关系，才有可能较大程度并长时间享受自由。

对人来说，健康可能是自由遇到的第一个框架。

自由诚可贵，健康更重要，自由的人是否健康尤其重要。人与动物的不同之处在于人的健康不仅有身体健康，心理健康同样不可或缺。身体健康让人有坚实的生命基础，而心理健康让人有强大的精神支柱。因为人的生活有高度的社会性，所以人生的意义需要从个体意义和群体意义两方面综合看待，而对任何意义的认知和接受都和人的心理健康息息相关，都能体现出某一个人或某一群人的心理健康与否。心理健康如此重要，许多时候大过身体健康，某些极端状态下特别需要坚强的信念和健康的心灵，这种时候心理健康的重要性甚至大过个体的生命本身——铁面无私、以身许国、舍生取义等，说的都是"这种时候"。

我们经常从品德和才能两个方面认识和评价人，心理健康的外在表现就是一个人的品德，而才能人人有，多少各不同，于是就有了形形色色各种各样的人——德才兼备真君子，德厚才仲是常人，缺德少才不堪用，才高德薄藏奸佞。

对人来说，无论在什么社会，无论一个人是否自由，对这个人都可以，并且都有必要从德才两个方面进行衡量，而毫无疑问，每一个德才兼备的自由人都是一个有益于社会、造福于人类的人，而一个无德的人越是自由，对他的家庭、集体和国家潜在的危害就越大，总而言之，品德和才能对任何一个人都非常重要，而那些处在一个集体、一个国家的领导或领袖地位的人，是德才兼备还是才高德薄，对于小到一个家庭、大到一个国家来说是福是祸，结果不言而喻。

可以认为人的任何自由也好，才能也罢，只有不超越某种框架才是有意义的，否则就是无意义的，甚至是有害的，而"德"——有时也可以叫作"心理健康"，作为束缚人的自由、才能的框架，作为不同宗派的意识形态的重要组成部分，或左或右、或激进或保守多种多样且互有差异甚至截然不同，每个宗派的"德"都囿于有别于其他宗派的、符合本宗本派功利诉求的框架之中，但是这些大大小小、形形色色的框架都有一个共同的、不可逾越的终极框架——中庸之道。

对自由的追求因为内含极端倾向，所以没有尽头，同时各个时代都有符合自己时代特色的种种框架，而任何框架都无法超越中庸之道，因为中庸之道是最大的自然规律和最高的人道准则，是约束人的所有思想、意志和行动自由的终极框架——无时不在，无远弗届，所以，**真正的自由就是以恪守中庸之道为前提的所有思想、意志和行动。**

这里所说的"真正的"自由指的是那些能够长期稳定存在，并通过自身的长期、稳定存在而造福人类的自由。通过对中和儒学的了解不难知道，这样的自由一定是以恪守中庸之道为前提的，它既可能是属于左派的，也可能是属于右派的，但不可能属于内含极端倾向且趋于极端状态的极左派和极右派。

3. 框架中的人事

庄子静，梦蝶，作鲲鹏展翅九万里，由此看来，一个人只要思想自由，就完全可能心驰神往不着边际；白起动，破楚，坑杀赵军四十万，由此看来，一个人只要行动自由，就完全可能拔山蹈海惊世骇俗。静如庄子，动如白起，动静之外，舍此二人还有谁？

通过前面的分析可以知道，行动自由的前提是意志自由，意志自由的前提是思想自由，而人生在世，本来就没有绝对的静，只有不同形式、不同程度的动，无拘无束但躺着不动的庄子是思想自由的庄子，也就是说安然无为的庄子其实不静，白起也很可能不是那个终极人屠——武斗内含极端倾向，如果拒不时中，必然诱发被动归中，千百年只要一次就足以自毁毁人，细思极恐。

人事是指与人相关的事物，及其发生、发展的过程、状态和结果。自然规律不是人事，但人的所有言行举止和人道准则都是人事，包括任何心驰神往的自由思想，任何认识自然、改造自然的行为，以及任何你来我往、你死我活的文武攻防。

问题一：如何判断一个人事是否具有合理性，或者说是否具有危害性？

答案一：看这个人事是否内含极端倾向。

问题二：内含极端倾向的人事普遍存在，是不是意味着人事普遍不合理，或者说人事普遍具有危害性？

答案二：看这个内含极端倾向的人事是否已经趋于极端状态。

问题三：历史上许多时候，许多人处理许多事的方法都很极端，比如战争就是一种处理人事问题常见的极端做法，他们采取类似的做法内含极端倾向并趋于极端状态，但他们都取得了巨大的成功，是不是意味着某些人事既可以内含极端倾向，也可以趋于极端状态？

答案三：看操作这个内含极端倾向的人事的那个人或那些人，是否对趋于极端状态的危险性有足够的认识，并在足以保障安全的时间内，主动脱离或结束并尽量远离极端状态。极端状态意味着极端效果，巨大的胜败得失甚至生死存亡都可能在短时间内完成转换，舍得之间收放自如的人，在得到极端收获的同时，很有可能功成名就且全身而退，而那些不知进退贪得无厌的人，则难免身败名裂不得善终。

这个世界很宽容，因为它给了人许多自由；这个世界很狭隘，因为它给人的自由都是有框架的。如何认识、避免内含极端倾向并（长时间）趋于极端状态，就是中和儒学阶段的中庸之道需要解决的问题，也是本书马上就要开始探讨的内容。

第二章　居一执两时中

荆璞弃于野，和氏泣下血。

武王承厉王，无人有慧眼。

玉人不足凭，一剖见分明。

国宝受天命，入世定凡尘。

卞和向楚厉王献宝，楚厉王让宫里的玉人做鉴定，玉人瞄一眼卞和抱来的荆璞，对厉王说："石也。"厉王砍了卞和的左脚。

卞和向楚武王献宝，楚武王让宫里的玉人做鉴定，玉人瞄一眼卞和抱来的荆璞，对武王说："石也。"武王砍了卞和的右脚。

又过了许多年，楚文王继位，听说卞和怀抱荆璞连哭三天三夜，泣下带血，便主动召见失去双脚的卞和。这次，文王对宫里的玉人说："剖。"玉人剖去荆璞外面包裹的石质，和氏璧终得面世。

"国宝"在这里借指中国传统文化的精粹之一，经常被人误解，时而弃若敝屣的中庸之道，现在，就让我们用本章文字剖开包裹在中庸之道外面的石质，一起来看看国宝的真面目。

第一节　中和儒学的中庸之道

一、重要概念

概念和定义总是会有些枯燥，但是为了能系统、准确地理解本书，重要概念又都必不可少。下面是本书经常用到的一些重要概念，有必要专门予以定义或解释，以免歧义。所有概念主夫已经尽力提炼、完善，还请读者诸君费心。

1. 中、庸

中：不偏不倚。

中是从空间的角度对事物的存在进行衡量，"不偏不倚"有理想和现实两种状态。

其一，中有一种特殊且唯一的理想状态，即根本没有空间，这是一种绝对的不偏不倚，是绝对真理，但这种状态不是人类现有的知识能够理解的。

其二，从现实的物理学角度衡量，中是指物质的几何对称点或重心等。如果把人的心理、情绪用具有一定范围的虚拟空间衡量的话，中就是这个虚拟空间的心理和情绪的平衡点。

庸：恒常不易。

庸是从时间的角度对事物的存在进行衡量，"恒常不易"也有理想和现实两种状态。

其一，庸有一种特殊且唯一的理想状态，即根本没有时间，这是一种绝对的稳定状态，是绝对真理，但这种状态不是人类现有的知识能够理解的。

其二，从现实的物理学角度看，有了时间之后，庸会出现两种情况。

第一种情况是有时间但无变化。

这时的庸是指事物随着时间的推移而没有发生任何变化。因为随着时间的推移而绝对没有变化的事物是不存在的，所以这种描述本身仍然是一种假设的理想状态，只是这种状态是人类可以理解的。

第二种情况是有时间且有变化。

这时的庸是指事物随着时间的推移有变化但相对稳定的状态。事物变化的程度、速度和周期，有其自身固有的不以人的意志为转移的客观规律，这些规律相对于人的理性和智慧来讲，在这种相对稳定状态下是可以被认识、理解、记忆、掌握和传承的。

2. 中庸

（1）理想状态的中庸

上面所说的中和庸各自的"其一"所构成的时空，即中的理想状态和庸的理想状态构成的理想的中庸状态，是一种特殊且唯一的理想状态——根本没有时空。

这种理想状态没有上下、没有左右、没有前后、没有高低；没有正负；没有是非、没有对错；没有多少，没有大小，没有轻重；没有阴阳，没有生死；……；无过无不及；特别重要的是——没有时间。

（2）现实状态的中庸

我们通常所说的**中庸**，其实是上面所说的中和庸各自的"其二"所构成的时空，即中的现实状态和庸的现实状态构成的现实的中庸状态——有上下、有左右、有前后、有高低；有正负；有是非、有对错；有多少，有大小，有轻重；有阴阳，有生死；……；有过与不及；特别重要的是——有时间。

现实状态的中庸就是我们熟悉的，日常生活在其中的这个时空。

3. 恒衡（初中）

中庸有两个要素：空间和时间。完美的、真正符合中的状态在于"不偏不倚"，完美的、真正符合庸的状态在于"恒常不易"，这是中庸的理想状态。理想状态的中庸是一种超乎想象的状态，却可能是事物甚至宇宙的原初状态。这种特殊且唯一的中庸是绝对真理，这里的时间是"凝固"的，平衡是绝对的，主夫称之为**恒衡**——永远平衡，本书也把恒衡叫作**初中**。

4. 权衡与它的中

现实状态的中庸的平衡是暂时的并且是相对的，主夫称之为**权衡**。权在这里的意思是权且、暂时，是时间概念，而衡是以平衡点为核心的空间概念。权衡是事物存在的客观现实状态，也是人类的想象力完全可以理解和认知的状态。本书也把权衡所围绕的平衡点叫作"中"——在某个特定时间的事物或人情的中心、重心、中间、中点、当中、居中等"不偏不倚"。

世界原初状态的理想化就是"无"。在这里只有一个"平衡"，那就是没有时空的绝对平衡且永恒，即恒衡。恒衡是对世界原初理想状态之"无"的描述，而权衡始终针对着现实中暂时存在的无数平衡，即通过对"有"的定性或定量描述，以自然科学的名义和自然规律的形式，向人们揭示现实状态下，某个特定时间段内的相对平衡。

《道德经》说："天下万物生于有，有生于无"，这个"无"，主夫理解说的就是恒衡。恒衡也可能就是宇宙大爆炸理论所说的奇点，即世界的"起点"，是一个没有时空的"点"。

当时空产生之时，奇点可能就不复存在了，这大概就是老子的无中生有。换句话说，世界的"起点"是一种理想状态，是"无"时空不可思议的一个奇点，而世界的现实状态的"有"是其理想状态的"无"的时空化表现，这种时空化表现是借助可以感受、认知的物质及其有规律的运动实现的。

综上所述，恒衡、无、奇点说的其实是一回事，也就是说，无、奇点作为理想状态最根本的特点是恒衡，如前所述，没有上下、没有左右、没有前后、没有高低；没有阴阳；没有是非、没有对错；没有多少，没有大小，没有轻重；没有正负，没有阴阳，没有生死；……；无过无不及；特别重要的是——也没有时间。

物理学的平衡可以是几何对称的，也可以不是几何对称的杠杆式平衡。虽然平衡只是一种对时空有特定前提限定的理想状态，但人类正是借助这种物理学的理想状态，才得以理解和把握现实世界。

当然，此理想状态并非恒衡的理想状态，此平衡也并未揭示奇点的恒衡，因为对世界现实状态的理想化仅仅是对"有"的理想化，在这里存在着无数不同级别、不同形式的平衡，但任何平衡参照不停运动变化的时空而言都是相对平衡，即权衡。

"足够的"确定性

伯兰特·罗素说："我以人们寻求宗教信仰的那种方式寻求确定性。我以为在数学中比在别的任何地方更可能找到确定性，但是我发现许多数学证明（它们是我的老师们希望我接受的）充满了不可靠性。"

罗素的困惑是普遍存在的，因为在恒衡之外，不确定性是绝对的，确定性反而是相对的，所以，对确定性的极端追问就是不可知论。

世上任何存在都是相对的，世上没有任何绝对的存在。没有绝对存在的物质，也没有绝对存在的意义。自混沌初开或者说宇宙大爆炸之后，所有的存在都是，并且只能是物质运动的时空化表现。

人无法真正理解恒衡，却总是自以为可以理解。你可以想象有地球那么大的一个钢球，每隔几百万年或许会有一只苍蝇在它上面落一下，当这个钢球因为苍蝇的起落而磨损殆尽的时候，恒衡可能还没来得及开始——如果恒衡有开始的话。

如此说来，你还认为自己能想象并理解恒衡吗？

若果真如此，世界岂不就真的不可知了吗？

不，世界是可知的。

人可以思考、理解并存在于其中的这个时空，或许只是绝对的不确定性所包含的无数具有相对确定性的"空隙"中的一个，在这个空隙中，物质的存在和运动在相当长的时间都是稳定的，亦即权衡状态，因而都是有规律的，所以是可以被人观察、认知和揭示的。

这个空隙的权衡状态多长时间才会有明显的变化呢？估计要等苍蝇磨尽几只钢球吧。这种估计或许稍微有些出入，亦未可知。

但就是在某一个这样的空隙，人类出现了，进化了，并且找到了自己需要的确定性。有了这"足够的"确定性，人对自己的存在便可以思考，可以理解了。借助这"足够的"确定性，人得到了足以满足自己需要的权衡，有了"精确的"逻辑思维，便可想方设法让自己的生命绽放光彩，在蜗牛角上掀起一波又一波的惊涛骇浪。

所以，对人来说，只要有一个"确定"的空隙，就足够了，在这个"确定"的空隙中，世界是"可知"的。

5. 内含极端倾向并（长时间）趋于极端状态

内含极端倾向是指在内外因的综合作用下，事物的变化或人的追求具有朝着某个特定方向发展，并沿着该方向一直向其极限发展的倾向。

内含极端倾向并趋于极端状态是指在内外因的综合作用下，事物的变化或人的追求在某个特定方向上已经进入了极端状态的范围之内。

内含极端倾向并（长时间）趋于极端状态是指事物在极端状态停留较长的时间。

6. 极端倾向决定发展方向

宇宙在不停地膨胀，物质在不停地运动，**任何事物都不同程度内含极端倾向，事物内在的极端倾向决定了事物外在的发展方向，这就叫极端倾向决定发展方向**，但需要注意两点，其一，长时间来看，事物的发展方向通常不是线性的而是曲折的，也就是说在某一段较短的时间，事物的发展方向与大方向可能不完全一致，甚至完全相反；其二，极端倾向不是极端状态，事物存在、发展的大多数时候的状态都是和极端状态相去甚远的正常状态。

作为与人相关的事物，人事发展的每一个层次都有自身对应的特定框架，每个框架都有自身特定的物质的、精神的约束，正是这些框架把人分出了层次、阶级，而极端倾向的表现就是各个层次、阶级的人都会不断冲击自己所在框架的上限，直至不断突破一个个框架的约束。

人事的极端状态的下限有限，无非就是饱暖二字，所以下限是有止境的，但人事的极端状态的上限似乎永无止境，所以人们不断地冲击着自己所在的框架，努力突破一个个上限，即使"一将功成万骨枯"也在所不惜，在充分体现内含极端倾向决定事物外在的发展方向的同时，也体现出了社会文明不断发展进步的内在动力，当然在另一方面，也会让无数因为内含极端倾向并长时间趋于极端状态的人事，由于被动归中而付出惨重的代价。

二、中庸之道

1. 万物归中

人的理性和智慧所能认识、理解和利用的是权衡状态。这种状态可以形象地理解为一个以某个级别的中为球心，半径有限的球，这个球的内部所有时空所包含的内容，都是由该级别的中生发出来的，并且都是有可能被人认识、理解和利用的。

同时，球心(中)的极端化是一个无限小的点，也可能根本一无所有；球面的极端化则是宇宙的边际——如果宇宙有边际的话。这是一个半径无限的球，一直大到人心所无法理解，但是在人心可以想到的任何边际范围内，亦即在这个球的内部，一切都是相对稳定的，都是可以认知的，也就是说——今天和昨天踏入的（基本上）是同一条河流。

"无限小"和"无限大"合二为一的时候，人心最无法理解的一种情况出现了，因为那是一种没有时空的状态，那是一种永远平衡的理想状态——恒衡。

权衡的现实是所有事物都处在这"无限小"和"无限大"所形成

的时空框架之中，这是一个事物按照自身规律不停运动且暂时平衡的世界。权衡是人认识、理解和利用这个时空世界的基础和依据。

这个以中为球心，半径"有限"的球是中庸之道的现实状态：在中之外，越是远离中，越是接近球的边际框架，就越是偏离中庸，不是"过"就是"不及"。

如果说古老的太极图以二维的形式很好地图示了实用儒学的中庸之道，那么，这个球就是中和儒学的中庸之道的模型，主夫称之为**球形中庸**——以形象方式表达了中和儒学所持的中庸之道是全面的、多维的、运动的。

不同级别的中都会有一个以该中为球心的相应级别的权衡，高级别权衡产生并向下兼容低级别权衡，即大中生小中，初中既是恒衡，同时也是终极权衡。打破某个级别权衡的球形边际框架的结果，就是打破原有的权衡，建立或进入另一个级别的权衡。

从球心（中）到球形的边际框架，是"过"与"不及"两个极端状态，它们之间的时间和空间包含的所有内容，可以是人事，也可以是自然万物。人事左倾也好，右倾也罢，自然万物偏酸也好，偏碱也罢，都是围绕中存在的一种平衡状态。换句话说，事物的存在都有自身特定的框架，并可在框架内自由运动，事物因内含极端倾向，所以运动和发展总是逐步走向其框架的极端边际，然后要么突破原有框架的束缚，进入新的框架，要么在原有框架的极端边际内主动归中或被动归中，而**中庸之道是世间大道、人间大法，是无所不包，无所不容的终极框架**。这个框架内始终存在着两种性质完全不同，方向完全相反的运动：一生为三和万物归中。（一生为三见本章第三节）

万物归中是一生为三的反对派，可以形象地说成"八卦归四象，四象归两仪，两仪归太极，太极归无极"，只有完整地把握万物归中和一生为三，才可以准确地理解和运用中庸之道。

（1）大中生小中

老子说："道生一，一生二，二生三，三生万物"，这里的道指的应该是初中，而一是大中，二、三和万物则是级别渐降的不同等级的小中。

老子还说："道大，天大，地大，人亦大"，这"四大"因为事实上不一样大，所以老子的本意也不可能认为它们一样大，它们都是各自时空的"大"，其实就是四个级别中的中。虽然老子的道有多种含义，但这里的道是指初中，天地人是逐级下降的中。"人法地，地法天，天法道，道法自然"，讲了它们各自的级别和包容关系。老子用一气贯通的手法，将天、地、人乃至整个宇宙的因果规律精辟概括、阐述了出来，而"道法自然"是指道无可法，只能顺其自然，因为道是终极的存在。

（2）万物归中

万物归中是指事物发展、运动的过程中，普遍具有向自身特定的中回归的倾向，并且在足够长的时间跨度内要反复经过中，做螺旋式的往复循环运动。归中是事物存在、运动与发展的整个过程都必然遵守的规律，也是宇宙间最大的规律。每次经过中，事物就会进行与原有的发展、运动趋向不完全相同，甚至完全不同的发展、运动。

初中是相对恒衡而言的，而中是相对权衡而言的，初中是绝对的，中是相对的，所以归中只能是针对权衡的。

中庸之道思想可以帮助检讨人的某一种想法或立场是否内含极端倾向，从而提示纠错，而纠错有自觉改良和被革命两种。

自觉改良或变革称为**主动归中**，就是对内含极端倾向的思想或行为，主动地不断进行检讨和随时向中回归，避免极端倾向（长时间）趋于极端状态。

被革命称为**被动归中**，是指不注重时刻检讨和防患于未然，甚至任由极端倾向趋于极端状态，直至铸成大错并无可挽回，当然，被动归中在客观上同样可以达到向中回归的效果。

被动归中通常是因为物极必反，因为事物越是处于极端的状态，归中的倾向性就越强烈，亦即越是极端的状态越不稳定，存在的时间越短，但物极必反并不是归中思想，只是对极端状态不稳定的认知，所以把万物归中简单理解为物极必反是不准确的。

因为万物归中，使事物既不可能朝一个特定方向无限发展，也不可能有长时间的极端存在，于是，万物归中决定了运动是"重复"的——人的生老病死是"重复"的，自然界的一年四季是"重复"的——有"重复"就有规律，有规律的事物才可以被人理解、认知和把握，也就是说，万物归中是事物的所有其他规律能够被人类的理性和智慧所认识和利用的根本原因。

2. 和谐

和谐是指不同的人事之间因为和合谐调而得以建立的相容、相生的关系。

和谐作为人所追求的一种内部或外部环境的良好状态，并非杜撰强求，而是事物的归中性使然，同理，建设和谐社会也不是基于假设或想象，而是人对社会规律和自然规律的正确理解和主动顺应。能够认识到和谐是人与人、人与自然较为恰当的关系，可谓天人合一的题中之意。

（1）和谐的表现：相容、相生

极左极右不可能相容、相生，因为它们之间不存在和谐关系。家天下可以有贞观之治、康乾盛世，但为什么不能造就长期、稳定的和谐社会？因为专制不仅内含极端倾向，而且无法避免极端倾向（长时间）趋于极端状态，终至完全不能与老百姓的利益相容、相生，一次又一次验证着"其兴也勃焉，其亡也忽焉"的历史周期律。在自然界和人类社会都很常见的，不能相容、相生的现象叫作"木秀于林，风必摧之；行高于人，众必非之"——有时候是积极的、变革的表现被压抑，有时候则是冒进的、极端的行为被遏制。诸如此类不和谐的关系或现象很多很多，尽管如此，并不妨碍更加普遍的相容、相生关系在现实中的存在。

综合看待事物运动发展的整个时空，看似多不胜数的不和谐其实只占据一小部分，而从万物归中的角度来看待人事，除了内含极端倾向并（长时间）趋于极端状态的极左极右之外，占据人事大部分、绝大部分时空的所有其他状态都是（完全）有可能相容、相生的，和谐社会正是由此而来。

（2）和谐的首要前提：有所节制；基本平等

绝大多数时候，勇敢、智慧，尤其正直对任何人都是难能可贵的品德，但是，如果用中庸之道衡量的话，它们又都是内含极端倾向的，随着它们内含极端倾向的发展，勇敢会逐渐变成狂妄、蛮干，智慧会逐渐变成学识渊博但头脑僵化的腐儒，正直会逐渐变成愚忠愚孝和冥顽不化，也就是说，正是这些品德会让拥有它们的人越来越有违中庸之道，逐渐成为和谐的绊脚石、拦路虎，所以即使和谐有许多前提，它的首要前提却既不可能是勇敢，也不可能是智慧，更不可能是正直，而是有所节制。对那些积极进取充满所谓正能量的人来说，尽管他们是勇敢的、智慧的或正直的，但是，所有这些"美德"都不能让他们避免走极端，甚至这些"美德"本身恰恰是他们最终走向极端的根源。只有有所节制的人才有可能主动归中，预防极端倾向（长时间）趋于极端状态——春风得意的时候心知戒骄戒躁，勇往直前的路上不忘刚柔并济，从而在求得自身长期、较好地生存、发展的同时，和别人的关系也有可能达到和谐。内在的节制表现为个人的修养、自律，外在的节制表现为社会的规则、律法。

有所节制是文明人首屈一指的德行，是社会文明的基础，但是，在权力的巅峰状态，在律法的边缘地带，或者在神不知鬼不觉的时候，那些贪婪放纵、无法无天，并因此而志得意满的人，只能说明他们以前或许有过的文明表现不是假装的，就是被迫的。儒家经典反复强调"君子慎独"，就是提示做人要有不欺暗室的自觉性和一致性，但是对那些从信仰到价值观都内含极端倾向的实用主义者和霸权主义者，他们一有机会马上就会回归丛林，事实上他们的心从来没有走出丛林，他们发自内心信奉的是丛林法则，与和谐社会的要求实在是相去甚远。

以上关于和谐首要前提的论述侧重于个体间的人际关系，而在人的社会生活中，集体至关重要。集体可以是由个体组成的家庭、家族、民族，也可以是任何大大小小的政治、经济共同体，直至大大小小的国家，让这些集体保持存在和运作的道理与个体相比其实大同小异，这就叫以小见大，正如老子所说："治大国若烹小鲜"。就国家间的国际关系来说，讲究自由、民主，尤其正义的国家，与讲究基本平等的国家相比，何者是建立和谐的国际关系的首要前提？有心人不妨套用上面关于什么是个体和谐的首要前提的论述思路和文字格式，就可以进行相似的讨论。

人们不难发现，针对以上这些问题，实用主义、霸权主义和中庸之道因为立场、观点和方法不同，各自的结论也不大相同，甚至是大不相同的，而只有恪守中庸之道，做人能够有所节制，做事讲究基本平等，才是构建人类命运共同体，通向和谐社会的正确道路。

（3）和谐的长效机制：既不反左，也不反右，只反走极端

唯物辩证法认为矛盾是普遍存在的，是事物运动发展的动力。这是符合现实的结论，可总有人觉得和谐就应该是一团和气、没有矛盾，于是，在这些人眼里因为到处都是矛盾，所以根本没有和谐，这是对和谐古来就有，至今一直存在的误解。

所谓和合谐调，并不排斥矛盾，更不回避许多矛盾同时存在的现实，甚至短时间可以有尖锐的矛盾，因为和谐的关键在于是否具备使矛盾有限且可控的长效机制。这个机制始终着力辨识的就是极端倾向和极端状态，始终着力防范和避免的就是极端倾向（长时间）趋于极端状态。换言之，**和谐的长效机制在于兼容并包，既不反左，也不反右，只反走极端，并且主要是反对长时间走极端，而不是简单的逢极端必反。**和谐的原则是恪守中庸之道，具体方法就是居一执两时中。

（4）不和谐的根源及其表现：内含极端倾向并（长时间）趋于极端状态

不和谐的根源是因为内含极端倾向，表现就是（长时间）趋于极端状态，现实中通常表现为信仰极端化。信仰极端化的根本原因在于拒不时中，具体表现早已不止于教条、僵化，更是无条件信奉，绝不

允许信徒对信仰进行任何反思和质疑，违者会被以类似"大不敬"、"渎神"等罪名进行严惩。

信仰极端化必然是迷信，但迷信不一定是信仰极端化。迷信通过心诚则灵和宿命论两大法宝控制信徒，承诺信徒只要信仰坚定必会得到神佛的加持护佑，死后一路坦途上天堂，而那些不信的人，尤其是明知故犯者死后将下地狱。信仰极端化则不同，那些不信的人，尤其是明知故犯者将直接受到惩罚，让他们生不如死，活着"下地狱"。比如中世纪欧洲的宗教裁判所，古今都有的邪教组织，以及强权下的个人崇拜等，它们控制信徒的办法无不充斥着信仰极端化之后的高压政策和恐怖手段。

对信仰极端化来说，当他们认定的"最正宗的"信仰受到挑战时，他们毫不退缩，为了维护该信仰的权威性而不惜竭尽全力，对任何挑战者和妥协者都会予以坚决回击，一副顺我者昌逆我者亡的姿态，只要认为有必要，他们从来不惜动用政治压迫、军事打击，抑或恐怖袭击等手段，一路死磕到底，无所不用其极。相对于其他因为开放、包容而允许适时、适度妥协，因此才有可能与不同派别在不同程度形成广泛合作的信仰，信仰极端化之后，为了维护内含极端倾向并趋于极端状态的权威，不能不表现出极强的保守性、排他性，不得不表现出极强的对抗性、战斗性，直至在常人看来不可理喻的狂妄好战、残忍嗜杀。

对于信仰极端化的组织来说，除了妄执自己认定的信仰，他们还认为其他信仰都是邪魔外道，其他人都是腐化堕落的异教徒，他们坚定地认为与自己立场不同的人都是错误的，其中不乏有人是罪恶的，甚至是万恶的、该死的。信仰极端化不是专属于某种信仰，而是普遍存在于每一种内含极端倾向的信仰中，而事实上没有哪个信仰可以始终保持不偏不倚，也就是说任何信仰如果拒不时中，久而久之便难免都会由教条而僵化直至妄执，也就是（长时间）趋于极端状态的时候，就叫**信仰极端化**——任何极端信仰都是信仰极端化的产物。

（5）不和谐的结果：主动归中或被动归中，二者必居其一

和谐不可能是机械的，不可能是静态的，也就不可能有某种特定的、理想化的模式，"不和谐"也是和谐必不可少的组成部分，其中包括短时间内的极端状态。所谓和谐的长效机制，一种是主动归中，是指人在认识到中庸之道的必然性，从而认识到恪守中庸之道的必要性之后，能够做到居一执两时中，主动追求和谐。另一种是被动归中，即对于任何内含极端倾向的理想和追求，结果肯定不会如你所愿一往无前，没有止境——你自己不回头，就会碰头。

综上可知，没有对中庸之道的正确理解、把握和运用，就不可能达到和谐，换言之，**恪守中庸之道是和谐的前提条件**，因为中庸之道是最大的自然规律和最高的人道准则，因为事物都具有归中性。任何内含极端倾向的事物都不可能长时间趋于极端状态，也就是说能够长期存在的事物都不是极端状态的事物，它们与自身存在环境的关系（大致）都是和谐的。

中庸之道不是无原则、和稀泥，和谐也不是没有矛盾的一团和气。从和而不同的角度，人们很容易理解和认可琴瑟共鸣、水乳交融体现出的关系是和谐的，但是，如果说狮子和角马的关系也体现着相容、相生的和谐，也是"和"而不同，就不那么容易被人理解和认可，而现实中类似的关系却非常普遍。有人不禁要问：狮子是角马的天敌，如此"不同"，它们的"和"从何而来？道理其实很简单，只是从俯视的角度看问题更加全面而已。（关于"俯视"下一节有专门的论述）

在非洲的草原上，位于食物链顶端的狮子并不像某些人类一样贪婪无度，它们吃饱了就消闲、睡觉，即使成群的角马从身边走过，也视而不见。它们能力强大但知足知止，没有任何竭泽而渔的极端想法和做法，所以它们总有吃不完的角马。进化论对这种现象的解释是物竞天择，适者生存，而在中和儒学看来，这里蕴藏的终极道理是中庸之道。

为了更容易理解以上的说法，不妨再换个角度阐释如下。

狮子虽然不如人有那么高的智力和主观能动性，也没有像人那样复杂的理想、信仰和价值观，但是它们却有历经千万年时间检验的"方法论"。事实上所有经过长时间进化保留下来的物种，都有围绕该物种一生方方面面无处不在的、支持其生存的一整套"方法论"。这些"方法论"具体表现为从基因记忆形成的先天本能和生活习性，到个体成长过程中不断学习进步而取得的条件反射和后天经验，关键在于这些"方法论"都是符合中庸之道的，因而保证了它们与自己的生存环境的关系，尤其是与生命中的重要"伙伴"的关系都是和谐的，这与喜欢追求利益最大化的某些人类有本质的不同。

利益最大化思想首先是在发展自己的同时，时刻不忘通过掠夺对手，甚至不惜通过掠夺盟友而保持领先；其次是通过暗中扰乱或限制对手、盟友的发展，从而保持自己的相对优势；第三是对以上二者有所侧重地进行综合运用——侧重前者叫霸权主义，侧重后者则给霸权主义多加了一副卑劣嘴脸。

利益最大化思想信奉成王败寇的亚丛林法则，总是千方百计、不择手段地使自己成为胜利的一方，成为赢家，势强则称王称霸，欺凌弱小不顾他人死活，势弱则虚张声势或低调蛰伏，伺机反扑对手希求一击毙命。抱有利益最大化思想的各方互为攻防对手，或唯我独尊，或结盟横行，纠缠争斗难分难解且乐此不疲，在没有显在的对手可以放手一搏的时候，就按照对自己的威胁从大到小的顺序找出潜在的对手，为了防患于未然，予以毫不留情的打压或围堵，以置对手于死地为目的进行经济封锁、展开军备竞赛。以利益最大化为主的内含极端倾向的追求，使显在对手甚至潜在对手之间的敌对关系不断升级直至趋于极端状态，有朝一日局面激变情绪失控，难免一场你死我活的大战，鱼死网破之后重新洗牌，恭迎新王新霸粉墨登场，开始新一轮从尔虞我诈到你死我活的比拼，换了一批演员，但剧本毫无新意。

亚丛林法则

在丛林社会，动物都是有底线的，比如狮虎尿树就是为了自我保护，在领地四周画出不容同类侵犯的底线，同时，所有动物的底线都要靠实力才能保障。

没有实力，就没有底线，画多少底线都是枉然徒劳，一切遵从物竞天择、优胜劣汰、弱肉强食，这就叫丛林法则，但是，人之所以为人，在于人类不同于动物而特有的文明，而国家存续的重要作用之一就是庇护国民，对内打击违法行为，对外抗衡别国欺凌，使丛林法则一定程度上受制于人道、律法而有所收敛，退而成为亚丛林法则。

只有国家消亡，世界大同，（亚）丛林法则才有可能被人类文明部分或大部分替代，那时的人类将迎来内无强权，外无霸权的社会，达到自觉恪守中庸之道的境界——和谐社会。

不同于利益最大化思想，和谐思想以合作共赢为目标，双方都因为认清损人害己的本质，而主动放弃利益最大化的诉求，侧重和合谐调但不强求千篇一律，较大程度地使求同存异成为可能、使合作共赢成为可能的同时，从根本上消除了利益最大化思想模式下，因为无底线自私贪婪而注定存在于彼此之间，并且同样注定始终不可能有效化解的怀疑、戒备和敌对。

和谐思想表现为公平、开放、包容和无敌。很显然，如果不放弃利益最大化的诉求，公平、开放和包容任何一项都因为缺乏足够的，甚至是起码的诚意而无从谈起。无敌一来是指既不预设对手，更不主动制造对手，二来是指绝不惧怕对手，实在不能化敌为友时则善战敢胜，以保障社会的总体发展方向朝着符合整体利益的和谐社会迈进。

中国人习惯按照道法术的层次思考问题、认识问题和解决问题，而和谐、中庸之道都是中国文化贯穿古今，无法回避的核心内容，且必将指引中国人，乃至整个人类的未来，那么就非常有必要知道它们和道法术的关系，以及它们在道法术中各自处于什么位置。

首先，我们都知道人离不开理想，理想虽然形形色色多种多样，但是构建和谐社会是中国人自古及今始终念念不忘的主要理想。其次，中庸之道是道，是道中之道，是大道，居一执两时中则是使中庸之道具备了可操作性从而能够在实践中得以运用的法。术有无数，不胜枚举。

任何堪称远大的理想，必然是以某种级别的道为基础的，而不可能是法，更不可能是术，因为法和术都是，也只能是由道统摄，为道服务的。和谐社会作为一种远大理想，其基础必然是中庸之道。由此向下，不论某种级别的道是唯心的，还是唯物的，只要这种道在实践过程中不因其内含极端倾向而（长时间）趋于极端状态，都可以认为这种道在某种程度上是符合中庸之道的，也就可以认为建立在这种道之上的理想具备某种程度的和谐。如果某种级别的道因为认同中庸之道是世间大道，人间大法，相信万物归中，并能够在实践过程中居一执两时中而做到主动归中，这种道就是恪守中庸之道的，就可以认为建立在这种道之上的理想是和谐的。因为无论任何级别的道，也无论建立在这种道之上的理想是唯心的，还是唯物的，都逃不出中庸之道这个终极框架，都被这个框架包容并蓄，若论它们各自的优劣对错，眼前看可能是人心向背有所不同，长远来说也只有实践、时间能够在中庸之道的框架内探明极端，给出结论：内含极端倾向并（长时间）趋于极端状态而拒不时中的任何道，任何理想，都难免被动归中的结局，那么这种道，这种理想就是恶劣的、错误的，否则就是优良的、正确的。

拿前面狮子与角马的关系来说，它们相容、相生而保持生态平衡的关系是符合中庸之道的自然和谐关系，是漫长的时间和实践选择的结果，只是狮子、角马都没有人的进化机会，所以没有理想而已。人所共知的中庸之道显然与狮子、角马的处世之道有所不同，是人发挥主观能动性，以居一执两时中为方法论，认识自然规律并主动顺应、利用自然规律，最终得以构建和谐社会，迈进大同世界的人道，其中寄托着各种各样或左倾或右倾，但绝不可能是（长时间）极左、极右的远大的理想。

3. 时空框架与中庸之道

空间定格于瞬间可以理解，但时间是由一个个连续的不可逆的瞬间组成的，老照片记录的时刻（或时代）注定一去不返。任何当时认为可以永恒的人类作品——从刻在石柱上的《汉谟拉比法典》，到晋国的铁铸刑鼎，都不可能永恒存在，任何好恶都只是人心的感觉不同而已，但是，任何事物的存在必定都具备并受制于一个相对稳定且平衡所以可以被认知的时空框架：权衡。

权衡是可以被人的理性和智慧所认知的现实状态的中庸，人能够认知的，是处于权衡状态的事物所表现出来的各种规律。各种规律可以被认知的前提，在于所有规律的存在都服从于一个总规律，这个总规律就是归中。

知道了这个总规律，人就需要研究如何接近并长时间保持权衡状态的思想和方法，具体而言，就是通过全面认识和理解时空框架对事物、人心所产生的作用，主动发现并顺应权衡，以求得稳定前提下的发展。也可以简单地认为，人在认识到任何事物的运动和发展都服从归中这个总规律之后，对归中在主动顺应的前提下加以主动利用，这就是**中庸之道**。

4. 中庸之道与天人合一

中庸之道有"不变"和"变"两层含义。

按照古人对中庸"不偏不倚""恒常不易"的定义，"不变"可视为中庸之道的第一层含义。中庸之道的境界在这一层是形而上学的，古人认为世界是"不变"的，因而是可以认知和把握的，这里的"不变"所指当然不是恒衡。

中庸之道还有第二层含义——"过与不及"，它是对形而上学的中庸的升华，重在强调中庸之道不等于中庸，而是以中为平衡点，包含"过"与"不及"等极端状态在内的，客观存在的一个动态范围。中庸之道的境界在这一层是辩证法的，它认为世界是运动和发展的，运动和发展的世界不是一成不变的。

"中庸"作为一种事物存在的特殊形式，其所谓的"不偏不倚"和"恒常不易"是与三维空间和一维时间相对应的两个概念，并可进一步延伸到不可能用维数设定的人际关系中。儒家认为，在不变与变之间，在静止与运动之间，如果不以中庸之道看待事物，对自然和人类自身的认识和思考就难免"过与不及"，即难免走极端而一去不回头。

现实不是绝对的、恒衡的，而是相对的、权衡的，就像一座山的高度相对于一个人的一生"没有任何变化"一样。儒家的圣贤尽管没有刻意区分恒衡与权衡，但也没有钻进"人不可能两次踏进同一条河流"①的牛角尖。

理想的中庸是恒衡，而现实的中庸是权衡。权衡是世界上万事万物能够被人的理性认知，并且其自身赖以存在的前提。万事万物都在自身固有的权衡状态的时空框架内运动和发展，任何时候的任何极端都是对权衡的挑战，也就是说，极端状态相对于权衡固有的时空框架而言，因为接近这个时空框架的边界，导致理化性质非常不稳定的临界状态。自然界中存在的各种各样的物质，绝大多数都是以固、液、气三种聚集态存在着。在一定的压力下，相变材料在其相变温度附近发生相变，比如水的三种存在状态冰—水—汽，它们之间的相互转化都是和特定的温度、压力相对应的，也就是说有特定的前提条件，即水的每一种存在状态都有其固有的时空框架，都是一种权衡。从一种

---

① "人不能两次踏进同一条河流"的观点出自古希腊哲学家赫拉克利特，形象地表达了他关于变的思想。他说："太阳每天都是新的"，他把存在的东西比作一条河，声称人不能两次踏进同一条河。因为当人第二次进入这条河时，新的水流已经不是原来的水在流淌。赫拉克利特用非常简洁的语言概括了他关于运动变化的思想："一切皆流，无物常驻。"在他看来，宇宙万物没有什么是绝对静止的和不变化的，一切都在运动和变化。

但是现实中仍然会有人提出这样一种情况：即在河水结冰的时候可以踏入同一条河流，所以从形而上学的角度去分析这观点有两种错误：一种是割裂运动与静止的关系，否认运动，只讲静止，将静止绝对化；一种是割裂运动与静止的关系，只讲运动，否认静止的诡辩论。

状态向另一种状态的转化，必然有一个在自身固有的时空框架内从常态到非常态，再到临界状态亦即极端状态的发展过程，这种极端状态要么被归中，回到原来的时空框架内亦即保持原有的存在状态，冰还是冰，水还是水，汽还是汽，要么最终打破自身固有的时空框架而进入一个新的时空框架亦即实现权衡转变，建立了一种新的权衡，冰变成了水，水变成了汽，或者汽变成了水。这个通俗的例子意在形象地说明事物以特定理化性质为时空框架，在特定条件下的存在和转变，事物千差万别，但道理大同小异。

（需要注意的是在这个例子中，水的化学性质没有变化，而温度、压力等参数的变化是影响水的存在状态的主要因素，对不同事物来讲，它们也可以是其他理化参数，虽然不是真的空间，但都可以视作时空框架所说的"空"。在人际关系的时空框架中，"空"也可以化身为计划中的发展目标、人的情绪或社会的秩序等不断运动、变化的要素。）

人不仅看到了事物在特定时空框架内的权衡存在，还看到了权衡转变，并且学会了利用这种存在和转变为自己服务，这就是从自然规律到自然科学的发展。通过对水的不同存在状态及其在特定条件下实现权衡转变的认识和利用，人类造出了蒸汽机，完成了第一次工业革命。其实在此之前的所有文明积累，之后直至现在的所有技术进步，大致都是这样的道理，但是，如果任何时候认为自己可以突破生命的极端状态，完成秦始皇宋徽宗明嘉靖朝思暮想而无可企及的那种权衡转变，即使不是完全回到丹道长生的老路，也所差不远。这种假天人合一名义对永生、对绝对价值和绝对意义的追求自始至终都是源自唯心主义的臆想，不是真正的天人合一，而是违背天意（自然规律）的妄执。岂不知自然规律不可抗拒，**天定胜人是绝对的，人定胜天是相对的**。孔子说："天何言哉？四时行焉，百物生焉，天何言哉？"自然默默无闻厚重广博，它可以被人利用，不可能被人战胜，这是人追求天人合一应有的自知之明。人认识了许多自然规律，可以帮助人更好地顺应自然，或者说可以更好地利用自然，如果一定要说成是战胜自然，除了成就感的情绪宣泄，剩下的恐怕就只能说是不知天高地厚的妄自尊大了。

这就是为什么儒家强调人的认知和行为应该主动预防中庸亦即权衡之外的"过"与"不及"，因为"无过无不及"必然符合中庸，也是天人合一的理想境界，值得深入探讨和用心体贴。

5. 中庸之道与"过与不及"

《孟子》说："杨子取为我，拔一毛而利天下，不为也。墨子兼爱，摩顶放踵利天下，为之。子莫执中。执中为近之。执中无权，犹执一也。"

孟子在否定了杨朱"不及"的同时，对墨子的"过"同样持否定的态度，即使对儒家一贯倡导和追求的"中"，孟子也不是一概而论，特别强调"执中无权，犹执一也"。归根到底，无论"过与不及"还是"中"，孟子用一句话总结就是"所恶执一者，为其贼道也，举一而废百也"。

孟子认为用刻板的、一成不变的眼光看待和处理问题的思想和方法，是"举一而废百"的"贼道"，所以他既反对刻板的执中，更反对一成不变的执一，而"过与不及"其实各自都是执一，"执中无权"则是执一的特例。孟子在这里重点强调的这个"权"字的意思是权宜、变通，引申之意与本书权衡的"权"含义完全一致。

"无过无不及"既可以是对中庸的理想状态即恒衡的表述，也可以是对符合中庸之道的现实状态即权衡的表述，本书不做特别说明都是指后一种情况。

白圭是战国时期知名的政治家，有杰出的治水才能，并且是中国历史上著名的成功商人之一。《孟子》记载了孟子和白圭关于"无过无不及"的一段对话。白圭和孟子说，他准备把税率定为二十抽一。这比当时通行的税率降了一半还多，他认为孟子和自己一样，都一贯主张薄赋税，所以一定会无脑赞同。孟子却说，他这是没有任何国家职能的落后小国的税率，对于职能机构健全、官吏众多的发达国家，能把税率降到十抽一就堪比尧舜了。孟子的意思很清楚，赋税过于繁重民不聊生肯定不行，但自己主张薄赋税并不等于赋税越薄越好，而是要具体问题具体分析和处理,不能从"过"的极端走向"不及"的极端,这无疑是在用一个错误纠正另一个错误。孟子这种态度就是儒家恪守中庸之道,力求做到"无过无不及"的经典案例。

"过与不及"见于《论语》中孔子与子贡的一段非常有名的对话。子贡问孔子:"子张和子夏二人谁更好一些呢?"孔子回答说:"子张过分,子夏不足。"子贡说:"那么是子张好一些吗?"孔子说:"过分和不足是一样的。"这句话孔子的原话是"过犹不及",谈到了"过与不及"两种状态,以及他对这两种状态的看法。

"过与不及"是中庸之道着重研究的两种极端状态。"过"是指激进派的(极端)利益,"不及"是指保守派的(极端)利益。它们各自所表述的内容,就像自然界的酸和碱一样,本身其实并无先天注定的优劣,也就是说激进和保守本身都是对人事存在状态的表述,所谓善恶美丑,在主观上,通常都是一派对另一派依据自身的价值观所决定的立场进行划分和评判的结果,并据此进行人为操纵,党同伐异。在客观上,善恶美丑的标准既不完全属于左派,也不完全属于右派,时间总是反复证明,哪一派的标准更合乎中庸之道,哪一派的善恶美丑就更可行些。

自然界酸性或碱性的物质都具有本身特定但不稳定的理化特性,即有可能随着时间推移、条件改变而改变和相互转化,与此相同,作为社会现象存在的激进或保守,由于人为操纵的原因,也具有特定但不稳定的特点,这种不稳定的具体表现就是随着时间的推移和条件的改变,激进的左派和保守的右派都会进行**倾向性的演变和发展**,不同派别既各自内含极端倾向,又可能随时归中。

从内含极端倾向的角度看,由于**激进因素内含的激进倾向**,激进派具有向极端激进发展的趋势,而且随着时间的推移,这种趋势成为现实具有无限必然性;同理,由于**保守因素内含的保守倾向**,保守派具有向极端保守发展的趋势,而且随着时间的推移,这种趋势成为现实同样具有无限必然性。

当这种"无限必然性"在某一时段成为现实的时候，也就是内含极端倾向并趋于极端状态的时候，即"过与不及"——激进派的激进因素积累、发展到了极端，或保守派的保守因素积累、发展到了极端，也是对该派别的个人、集体、国家甚至整个人类的行为最具影响力的时候，随后必然触发归中。如果触发被动归中，就是这个人、这个集体、这个国家，甚至整个人类遭受重大损失直至灭顶之灾的时候。

中和儒学的"居一执两时中"，恰恰就是针对这种情况，以承认"过与不及"（"两"）的客观存在为前提，随时对任何极端倾向——在其尚未（长时间）趋于极端的时候，进行的主动检讨和主动纠错，即主动归中。

对居一执两时中的认知程度和执行程度，体现着一个人、一个集体、一个国家乃至整个人类的成熟程度和文明程度，而一个人、一个集体、一个国家乃至整个人类的成熟程度和文明程度，既表现在对居一执两时中的认知程度，更表现在对居一执两时中的执行程度，通过诸多的纠错机制使居一执两时中越来越具有可操作性。

可以这样认为，**任何人、任何时候都居一执两时中，区别在于主动程度或者说可操作性不同而已。**

居一执两时中作用于等级社会，使等级社会本身有违中庸之道的全部"过与不及"发展到一定程度，所谓时中，通常都表现为成本高昂、代价巨大的武选——武力选举，改朝换代。

居一执两时中作用于民主社会，与等级社会的武选相比，文选的"民主选举＋多党制"是保障文明社会的政治生活符合中庸之道行之有效、成本"低廉"的纠错机制，这就是居一执两时中的可操作性，以及它在政治方面逐步完善的具体表现。

人类得以安身立命的灵魂是中庸之道，任何人为的纠错机制诸如道德、律法的建立、发展和完善，都是恪守中庸之道的具体表现，都使居一执两时中越来越具备可操作性。

那么，什么是居一执两时中呢？

第二节 从用中到时中

一、居一执两用中

从公孙龙"白马非马"的逻辑诡辩,到庄子"一尺之棰,日取其半,万世不竭"的微积分思想,以及被亚里士多德详细记载充满精深思辨的"芝诺悖论"……古人许多诸如此类的困惑都被后人花费大量的时间,要么找到了科学的答案或解释,要么干脆成为一门科学,而中庸之道诞生至今数千年,也并非一直停留在"道"的层面,经典儒学提出的中庸思想不仅高屋建瓴道破天机,更加难能可贵的是在可操作性方面同样做出了巨大的贡献。中庸之道之所以生生不息,自古传承至今,是因为它既是一种通达的世界观,其强大的生命力更是离不开与之配套的具备可操作性的方法论。

这种方法论在经典儒学阶段可以归结为六个字——居一执两用中。"执两用中"出自《礼记·中庸》"执其两端,用其中于民",居一隐含其间。

"居一执两用中"的重要性无论如何强调都不过分,因为这六个字奠定了中国传统文化不同于其他文化,尤其不同于宗教文化的主基调,从一开始就让"人"牢牢掌握了自己思想、意志和行动的主动权。时至今日,中国人世世代代生生死死再没有离开,也离不开这种文化的谆谆教诲和潜移默化。不理解这六个字,外人就很难理解中国人的思维和处世方式。

人身之所处、心之所想必在阴阳之间,因为恒久而又绝对的"中"(恒衡)不可把握,人所能做到的就是尽量与"中"相近以求稳,有时偏阴较好,有时偏阳为宜,偏阴的极端是纯阴,偏阳的极端是纯阳。

偏阴或偏阳,纯阴或纯阳,任何时刻或时间存在于自然界的任何事物必然是其中的一种状态,而左倾或右倾,极左或极右,任何时刻或时间活在世间的任何人必须选择其中的一种作为自己为人处世的立场,也就是二者必居其一,这就叫居一。

第二章 居一执两时中 | 065

"两"即阴阳,是由中分裂或生发而成,"两"通常可以是大小、多少、高低、冷热、刚柔、快慢等相对成为左右的两种状况,古人概之以阴阳。一阴一阳为"两",阴阳调和为"中"。

"中"即中庸,即理想状态的恒衡和现实状态的权衡。执两用中就是对权衡的正确理解和把握。

中庸之道认为无论人情还是事物,越是靠近极端越是易变和短暂,越是靠近中庸越是稳定和持久,极端的状态终究要向中庸靠拢。

居一执两用中,是人的理性和智慧对中庸之道具体的把握和运用,就是在自身"居一"的前提下,认清阴阳("两"),把握事物发展的趋势所向,据此形成何时应该偏阴,何时应该偏阳的判断,并主动地向"中"调整,顺势而为避免逆势而动,通过用心控制、克服内含极端倾向的观念和行为,主动规避纯阴纯阳这两个因为极端所以不稳定的非常态,在尽可能避免引发被动归中的同时,维持长久的稳定和发展。

二、用中与时中的差别

用中并非一劳永逸,人对自己的思想和行为需要保持时时警醒,并随时主动向中回归,这就叫时中。

"吾日三省吾身"可视为对时中的经典注释。

"孔子,圣之时者也",这是孟子眼中的孔子。何为"时者"?就是识时务者,也就是审时度势者。这里的关键在于为什么要对处于不断变化中的时务、时势进行审度、判断和把握,依据又是什么?是"居一执两用中",还是侧重一分为二的"过与不及"?显然,孔子的选择是前者。基于此,孟子才有可能把"时者"之"时"解释为"可以速而速,可

孟子

以久而久，可以处而处，可以仕而仕"，脱开中庸之道思想，这种解释就会显得如此随心所欲，感觉缺乏起码的原则性。在这里孟子对"时"以四个"可以"加以注解，因为还没有"时中"概念而稍显含糊，但"时"作为儒学的一个核心思想已经跃然纸上。

何谓时中？其中"时"是指随时，"中"是指归中，**时中就是通过随时纠错以回归和趋近中庸**。孔子说："君子中庸，小人反中庸。君子之中庸也，君子而时中。小人之中庸也，小人而无忌惮也。"意思是说：君子中庸，小人违背中庸。君子之所以中庸，是因为君子随时做到适中，无过无不及；小人之所以违背中庸，是因为小人肆无忌惮，专走极端。

时中不同于用中，用中特指向中调整，没有注重时间要素，而时中可以理解为时时用中，在兼容用中的同时，时中有用中不具备的时效性。时中和用中一样着力于识别、预防走极端，但是，因为类似逼上梁山的走极端有时难以避免，尤其是在已经（长时间）趋于极端状态的时候，背水一战、破釜沉舟等极端做法经常是必不可少的选项之一，而这种情况下一味强调用中，因为缺乏因时因事、因地因势的变通而失之于呆板，与此不同，时中其实并不排除在迫不得已的情势下选择走极端，重在强调主动避免长时间走极端。（关于"在迫不得已的情势下选择走极端"，在随后的"刀尖上的舞者"中有更详细的论述）

上一节在解释"极端倾向决定发展方向"这个法则的时候曾强调指出：事物的发展方向通常不是线性的而是曲折的，也就是说在某一段较短的时间，事物的发展方向与大方向可能不完全一致，甚至完全相反。面对这种实际情况，时中相比用中的不同之处在于用中的向中调整是单向的，而时中的向中调整则是双向的——为了下一刻更好地向中，此刻可以更多地偏离中，所谓欲擒故纵，也就是为了达到向中的目的，可以暂时以一个极端制衡另一个极端，俗称矫枉过正，至此不难看出，纳入时间要素之后在理解和实践当中，时中较用中具备了更多的可操作性。

用中可以做到力挽狂澜，而时中则可以做到天人合一。

三、居一执两时中

> 极端倾向，闭目塞听。
>
> 菩提不用，蒙尘明镜。
>
> 日月垒病，渐入绝境。
>
> 时时不中，故须时中。

《中庸》讲："致中和，天地位焉，万物育焉"，这句话对于人事来说，可以认为是指理解、掌握并恪守中庸之道，于个人可以安身立命，于大众则可以构建和谐社会。

中庸之道讲究自我调节（自律）为主，外部调节（他律）为辅，主动追求平衡、和谐，而平衡、和谐因为是自然万物存在、发展的较佳境界，所以也是一个哲学思想体系应有的较高境界。

中庸是一种理想状态，而中庸之道是人类社会、物质世界赖以存在的客观现实状态。只有通过对中庸、中庸之道的不断深入的认知、掌握和主动运用，才能做到趋利避害。中和儒学认为中庸之道的万物归中作为一种能够被人把握和利用的方法论，其科学、严谨的表述就是"居一执两时中"。

中庸之道的居一不等于居中，因为苛求居中既无可能性也无现实性，或偏阳或偏阴，"两"必择一而居才是基于客观的现实可行的态度。

居一不仅不强调居中，甚至认可短时间内可以保持极端。恪守中庸之道在实践中的具体表现，在于能不能把居一执两时中当作一个不容割裂的完整体系，在这个体系中，始终主动辨识的就是极端倾向和极端状态，始终主动防范和避免的就是极端倾向（长时间）趋于极端状态。

从"吾爱吾师，吾更爱真理"到"达尔文的斗犬"①，都是必居一的具体表现。必居一完全不同于居一执一用一，居一执一用一是指长时间处于极端状态的居一，比如专制集权政治，比如邪教等，居一执一用一就是妄执，而中庸之道力求防范和避免的正是妄执。

必居一就是在任何特定的时间，人的思想和行为或左或右只能且必须择其一而居，而这种选择的结果必然是顾左失右，择右失左，任何选择一经做出就不可能做到左右均衡，更不可能完美无缺。

必居一，然后才会有鲜明的态度和坚定的立场，没见过首鼠两端、左右摇摆的人做事会有任何号召力，做人会有任何影响力或凝聚力。另一方面，从中庸之道的角度来说，任何居一经时间打磨都会变形，甚至变质，无论曾经多么豪言壮语，自以为找到了放之四海而皆准的真理，结果往往是信得越深沉，居一越坚定，随着时间的推移却越接近妄执，如果拒不时中，都难免被动归中，造成惨重的损失并带来巨大的失望。

必居一是为人处世的必须，但是只要居一就必须面对顾此失彼的现实和不可能完美的结局，这是一个无法解决的两难。古人为了破解这个难题甚至想到了"无用贤圣，块不失道"②，佛家则认定"开口便错，动念即乖"。前者是说最好的办法就是不想任何办法，后者是说最好的想法就是没有任何想法，充分反映出人左右两难但必居一时的无奈，

---

① 第一句话出自亚里士多德。他师从柏拉图二十多年，非常崇敬自己的恩师，但是与老师出现严重分歧的时候，亚里士多德听从真理的召唤，创立了新的、自己的思想体系。当推崇愚忠愚孝的人和宗派主义者对他横加指责的时候，他说了这句流传千古的名言。

第二句话出自赫胥黎。虽然与达尔文的《进化论》相比，他的《天演论》不遑多让，但是为了冲破共同的阻力，赫胥黎选择了坚决支持达尔文，他说："我愿是达尔文的一条狗，为他的理论疯狂地吠叫。"

② 《庄子·天下篇》记载先秦思想家慎到的观点："夫无知之物，无建己之患，无用知之累，动静不离于理，是以终身无誉。故曰：至于若无知之物而已，无用贤圣。夫块不失道。"这里的"块"是指土块，本书引申理解为顽石。冯友兰著《中国哲学史》认为："'块'者，真正无知之物也。""不失道"的极端形式就是"块"，由此慎到推演出了守道的极致——若顽石。

以及既无奈又无法逃避时的绝望。

从择一而居到从一而终，人"不得不"放弃自由意志，甚至放弃思想自由而囿于某个宗派的经院框架之内。从一而终的人信仰坚定，言行执着于宗派利益，思想封闭于正统渊源，无论心理寄托还是功利算计都心甘情愿——确切地说是不能不受到信仰和宗派归属的约束。

这样的人如果研究学术，经常是终其一生厘辩考证，不辞劳苦，力求去污存菁，终年浸淫，积得渊博识见，动辄旁征博引，滔滔不绝，如雷贯耳。

这样的人无创新便固守宗派理论，甘当本门卫道士；有建树则常成一家之言，甚至在原有的框架内分门别类，立宗创派。

这样的人可能不知道，更多时候其实是有意淡忘了，他们自始便在必居一的彀中，至终难脱井蛙之困，所以难免挂一漏万。

虽然只有恪守中庸之道，超越左派右派，人的思想和行为才有可能无限趋近真理，但宗派利益及其分歧都是客观存在的，必居一便因此而成为同样的客观存在，最终导致真理像国王的兵符一样总是被分成两半，看似最牛的那两个人，不过是各执一半并"暂时"牢牢掌握，如此而已。

尽管这样，只要不是以我之极端制造并挑战另一个极端，直到两个极端不共戴天、你死我活，居一就不等于妄执，不等于信仰极端化，而是执两时中的前提。只有居一之后，才可以讲求恪守中庸之道，才可以与其他任何不同的门阀宗派谈论求同存异、兼容并蓄和共存共荣。

只有恪守中庸之道，居一执两时中才会形成自觉主动的自我意识，才有可能具备构建和谐社会，迈向大同世界的宽广视野和博大胸怀，尤为重要的是使构建和谐社会具备了可操作性。

居一执两时中是对权衡的出于主观能动性的理解、认知，并基于所有的理解和认知，为尽量避免"过与不及"而主动、随时做出的向中回归。因为现实的事物时刻运动时刻不守中庸——时时不中，所以需要人发挥自身的主观能动性，时刻检讨并随时归中——时时中，这就叫时时不中时时中。

居一执两时中的相关内容在第三章还有更详细和深入的论述，这里先奉上两段用居一执两时中解说的故事，希望读者也能换个角度，放松一下。

1. 行路难

甲乙两车追尾相撞，乘客各有死伤，现场惨烈，司机苟活，没有第三方目击，这种情况下两个司机会如何表现？

（1）接近理想的表现

甲司机说，怪我不该在高速路上突然刹车。

乙司机说，怪我怪我，我超速了，限速120，刚才我的车速至少有150。

（2）理想的表现

甲司机说，怪我咯，我开车不熟练所以急刹车了，我还没拿到驾照！

乙司机说，怎么能都怪你呢，我不只超速，连续开车时间太长，刚才好像是瞬间睡着了！

（3）接近现实的表现

甲司机不承认自己刹车了，为了逃避无照驾驶这种重大交通违法行为，甚至不会承认刚才是自己在开车。

乙司机想都不会想到承认自己超速，更不会主动承认自己疲劳驾驶。

虽然任何事故最终都会得到处理，但是，对于主要的责任方来说，无论出事后的表现接近理想还是接近现实，车祸的发生对该责任方都是一次代价惨重的被动归中。

除了不可抗拒和不可预测的外因，导致车祸发生的大部分原因都是责任方有错误而不及时主动纠正，也就是拒不时中。

那些有错误的行路习惯且我行我素的人，都是居一执一用一的行路人。那么什么是居一执两时中的行路人呢？——敬畏规则，懂得对照规则随时自我检讨，主动发现错误并改正错误。

许多错误的行路习惯，一天重复多次都未必造成（严重的）后果，但正是身边这些无处不在经常被忽视的错误习惯，一旦有一次发生后果，其灾难性很可能一辈子都承担不起，所以并不是"大道如青天，我独不得出"，而是从来形势比人强，与其在混乱的"大道"上横冲直撞，不如静处街边，或者绕行僻巷，因为十年违反交通规则的所有"收获"，远远不足以弥补一次交通事故的损失，知道行路难，所以才要学会居一执两时中。

那么，如何做一个居一执两时中的行路人呢？

虽然任何人都无法保证自己绝对不犯错误，但是，只要把纠错的主动权握在自己手中——时刻严格遵守行路常识和交通规则，就可以避免错误，或者很大程度上避免错误造成（严重的）后果。从重视零碎细致的行路常识，到遵守交通规则的框架，小到如何过马路，大到不随意急刹车，不超速和不疲劳驾驶，尤其要杜绝无照驾驶……

每个行路人，心里都有自己的目的地和到达这个目的地的路线方法（居一）；既要考虑如何到达自己的目的地，同时还要顾及路上的其他人，并为路上的其他人考虑（执两）；"时时刻刻"（时）都在用"常识和规则"（中）对照自己在路上的行为，主动做到有错就改（时中），才有可能平安顺利地到达目的地（和谐）。

有没有自由，以及自由的多少非常重要，但是，任何自由必受框架束缚，搞清楚那些不可逾越的框架的边界，才可能做到天人合一而不逾矩。

2. 刀尖上的舞者——极端状态下的危与机

不加时中的理想主义因为内含极端倾向要么走向虚无，要么耽于宗教情怀直至妄执，让情绪淹没常人应有的理性之后，所作所为皆不可依常理揣度。不加时中的实用主义同样因为内含极端倾向而逐渐丧失常人应有的理想、信仰，思想和行为因为越来越物质化而变得目光短浅，所作所为同样不可依常理揣度。

如果没有共同的理想、信仰和相应的情怀，人与人、国与国之间就无法建立超越眼前利益的认同和信任，无信则无义，无义则不可能做到以义制利，于是，史书上和现实中经常会见到这样两种人：一种是被极端信仰彻底洗脑，惊世骇俗的狂热信徒；另一种是见利忘义之徒。

极端的实用主义者每时每刻都在竭力保持彼此的平衡，目的是确保不被对方掠夺；而每时每刻又都在全力打破彼此的平衡，目的是伺机掠夺对方；他们经常相互比较手里的筹码，直到筹码失衡却没人甘心退让、认输，于是热战爆发，赢者通吃。面对眼前利益，趋于极端状态的理想主义者经常与之擦身而过却视而不见，因为他们早已超越生死，对常人难割难舍的功名富贵嗤之以鼻。极端的实用主义者则扑向利益，把未见利害时曾经高举过头的公平、正义和虚伪的面具一起扔在地上，现在他们一心考虑的是如何抢到那块最大的蛋糕，至于弱者的生死，以后再说，或者不说也罢。

处于这两个极端状态的人都因为失去常人的理性而固执己见，鄙视对手愚昧无知，坚信自己真理在握，为了维护偏激的价值观，他们可以杀人放火毫不手软，甚至可以舍生忘死而情绪激昂，义无反顾。

劳伦斯神父[①]说："这些狂暴的快乐将会产生狂暴的结局，正像火和火药，在最得意的刹那一吻即逝。最甜的蜜糖会使味觉麻木；不太热烈的爱情才会维持久远；太快和太慢，结果都不会圆满。"

常人常理只适合于常态，常人总是以常态衡量极端状态，岂不知极端状态存在极端利害，常理并不适用。极端状态下的危与机可以决定人的前程未来，甚至生死存亡，所以那些主动制造或者被动游走于极端状态的人，都是刀尖上的舞者。

---

① 莎士比亚戏剧《罗密欧与朱丽叶》里的一个人物。

极端倾向一旦趋于极端状态，不经意间情绪就可能占据上风甚至起主导作用，既可能激情四射潜能爆发，又可能意志崩溃一泻千里，当这种时刻，不同寻常的决定和行动经常翻云覆雨，使局势瞬息万变，以至于结果既不是循规蹈矩的推理可以预测，也不是按部就班的理性可以控制，所谓孤注一掷铤而走险、兵败如山倒、狭路相逢勇者胜说的都是极端状态，不是常态，而人总是以理性自居，并倾向于以同样的理性理解和判断别人，这种做法在绝大多数时间是有效的，但真正的胜败往往取决于稍纵即逝的关键时刻，这种时刻属于极端状态，确切地说，这种时刻属于激情，玩的就是心跳，因为不合常理，所以不可以常理揣测。

对人来说，任何两个以上独立存在的利益集体，它们相互之间在经济、政治、文化等各个方面都会有不同程度的矛盾冲突，并且原则上所有的矛盾冲突都会随着时间的延长而不断积累、增加，因为矛盾冲突都是内含极端倾向的。当这些内含极端倾向的矛盾趋于极端状态，亦即达到不可调和的程度，战争便总是成为趋于极端状态的矛盾冲突的最高表现形式和终极解决手段。毛泽东送给好战分子的一句话说得非常好，"捣乱，失败，再捣乱，再失败，直至灭亡。"把战争作为解决问题的手段就是这样，一次不够，那就再来一次，直到有一方被征服，或者被消灭为止。

（1）善战敢胜

战争可以有一个符合理性的开端，但很难有一个符合理性的过程，有一个符合理性的结局则几乎是不可能的。奥斯特里茨和滑铁卢中间虽然隔着一个遥远的厄尔巴岛①，但是，在后人的眼里，光荣与毁灭之

---

① 分别发生在奥斯特里茨和滑铁卢的两次战役相距十年，是拿破仑戎马生涯的巅峰之作和败亡之战，其间他曾因为失败被流放于厄尔巴岛。这里提及拿破仑的这些经历，一来是说每次战斗、战役的胜败取决于诸多必然因素，但某些无法预料的偶然因素也会使胜败瞬间逆转，奥斯特里茨战役尤其是滑铁卢战役的胜败对拿破仑来说就充满了偶然因素的作用；二来是说无论多么叱咤风云威震四方的人，在历史的长河中都不过是倏忽起落，转瞬即逝。

间的距离实在是太近了，近得让眼花缭乱、如醉如痴的读史者赞叹未落，感叹即起。

战争的参与各方，总是想方设法要把敌人置之死地而后快，那些以理性为前提，在和平时期形成的旨在约束使用"大规模杀伤性武器"的条约和维护道义的律法，在你死我活的战争胜负面前，总是显得苍白无力。任何战争一旦爆发，就具有不可控制的危害性和不可预测的毁灭性，对参战的任何一方来说，都是不可承受之重，好战必亡，所以，不可轻易言战，更不可一怒兴师；但是，对任何独立存在的利益集体，长期来讲，战争是难以彻底避免的，忘战必危，所以，要居安思危，更要善战敢胜。

当战争无可避免地发生的时候，一切都成为次要，如何取得胜利才是首要的。杰出的军事家是刀尖上的舞者，他不一定是制造战争的人，但一定是善于利用战争克敌制胜，从根本上解决矛盾冲突，并为己方赢得最后胜利的人。刀尖上的舞者是谋定而动时"运筹帷幄之中，决胜千里之外"的灵魂统帅，是短兵相接时冲锋陷阵随机应变，"君命有所不受"的常胜将军。

善于用兵的军事家必有过人之处吗？对于外行和蹩脚的司令官来说，答案是肯定的，但实际上强者与弱者的区别，既不是表面上的满满自信，更不是故弄玄虚的神秘能力，而是在于能否做到审时度势，所谓神鬼莫测之机，往往存在于让大多数人尤其是让懦夫望而生畏的极端状态。强者能够处变不惊，对极端状态进行冷静观察，细心分析，进而通过对极端状态下强弱软硬的分寸拿捏，文武攻防的火候把握，以较小的代价取得较大的胜利。

就拿以弱胜强来说，典型战法之一是集中优势兵力打歼灭战。这种战法的特点是在己方总体弱势的情况下，在运动中寻找敌方的薄弱部位进行分割、包围，各个击破。这个薄弱部位就是在敌我双方长时间周旋、运动的过程中，短时间内偶然出现的一种与敌方局部力量对比，相对有利于我方的状况。

敌方兵力十万我方三万，这叫敌强我弱，但是如果用我方这三万人，围歼敌方短时间内被孤立出来的一万人，则我方在兵力上有绝对优势，一旦成功必定挫敌锐气，经常可以收到转危为安的效果，如此不断蚕食就可能扭转局面，最终打败敌人。

这种战法关键是对极端状态的理解和把握。耐心寻找，尤其是主动制造那种只可能在短时间内存在的，局部力量对比我方绝对占优的极端状态，以取得异乎寻常的极端收获。这种极端状态在和平时期是难得的商机，在战场上则是难得的战机，稍纵即逝。风险在于万一误判，很可能被敌方反包围，后果不堪设想。

（2）军国主义

极端状态长期存在时，形势经常会发生出人意料的逆转。逆转的意思就是发生了不利于"强者"的变化，几乎每一场战争都不乏这样的案例。比如第二次世界大战时，德国依靠驾轻就熟的闪电战纵横驰骋，远交近攻无往不胜，但是，当德军在莫斯科兵锋受挫，继而又遇阻于斯大林格勒，保卢斯元帅师临城下，把长驱直入的闪电战打成了寸步难行的攻坚战，结果毫无悬念地被苏军反包围，致使所部德军精锐全军覆没，加速了德国法西斯已经注定的失败。

在东方，日本军人号称三个月灭亡中国。如此口出狂言，在狂妄自大的表象下，潜在的危机是一旦不能如期得逞，便会长时间把自己置于风险巨大的极端状态，如何控制风险？曾经因为赢得甲午战争而轻易从中国获取的暴利，激发起了更大的贪婪，致使当时处于集体非理性的癫狂状态，并已经陷入妄执的日本军国主义者，并没有考虑什么"万一"失败的应对之法，坚信只需通过短期冒险就可获取更大且永久的暴利，结果把原计划速战速决的全面侵华战争，打了足足八年，放纵极端倾向长时间趋于极端状态，从一个财迷心窍的无赖变成穷凶极恶的暴徒，把左邻右舍都糟蹋得不成样子，直至局面彻底失控，被全村愤怒的壮汉围住群殴，至半死，并去其势①。

日本民族聪明，勤奋，团结，对于这样的国家来说，物质文明后发先至，富裕和强大如探囊取物唾手可得，但是，所有这些都不足以抵御主导思想内含极端倾向的军国主义所蕴含的灭亡风险，被动归中对于日本可谓殷鉴不远，毕竟是刀尖上的舞蹈，岂能因为惊艳刺激，就一味地沉迷其中不能自拔？

（3）打得一拳开

清朝晚期西方先进文明叩关而入，如影随形的是鸦片战争、甲午战争、八国联军侵华，以及日本侵华，其中尤其是日本得寸进尺的全面侵略，给中华民族造成深重灾难的同时，在客观上起到了强推中国走出农耕，步入工商业文明的作用。这次外力主导下的被动归中，不同于以前农业文明基础上一再重复的武选和改朝换代，而是一次文明的升级。剧烈的动荡导致山河破碎群雄四起，军阀割据国家近乎分崩离析。断断续续挨了一百年的打，签订了一个又一个丧权辱国的条约，民族自尊几经践踏几近自卑，文化自信饱受质疑濒临崩溃。

是谁把中国人丧失殆尽的尊严、摇摇欲坠的自信找了回来？是毛泽东。他以盖世无双的文治武功，挽狂澜于既倒，扶大厦之将倾，让这个内忧外患一盘散沙的国家再度凝聚，如山屹立，让中国人重新站了起来，但是，更大的考验却接踵而来。

---

① 去势是指摘除雄性动物的睾丸使其丧失性欲，变得比原来温顺而没有攻击性。这里特指战败后的《日本宪法》第九条，本条明确规定日本永远放弃发动战争的权利，并且不保有战争力量。但是，根据历史经验，特别是对比第一次世界大战战败国后来的表现可知，铸剑为犁若非源自内心深刻反省之后的自觉行动，和平宪法便会浸透被"骗"的屈辱，于是必会想方设法再次捡起武器——"把战争作为解决问题的手段就是这样，一次不够，那就再来一次"（引自本书）。

20 世纪 50 年代初期，面对敌人无比强大、盟友狡猾贪婪不靠谱的现实，在利弊权衡万不得已的情况下，刚刚建国的中华人民共和国涉险出兵朝鲜，倾举国之力，明抗美，暗抗苏。从志愿军排山倒海跨国作战，到班师回营几乎不留一兵一卒，鸭绿江畔的高歌猛进，三八线上的张弛有度，毛泽东临危不乱、高瞻远瞩，分寸拿捏无不恰到好处，正所谓"雄关漫道真如铁"①，结果无非是又一次验证了他自己的名言："一切反动派都是纸老虎"②。

朝鲜战争中国虽然始终不事张扬，却一战成名威加海外，从此真正得以独立自主，奠定了惠及后人、基础坚实的国际地位。作为略不世出的政治家和军事家，毛泽东领导一个刚刚爬出战争泥潭，积贫积弱亟待喘息的国家，在刀尖上辗转腾挪，轻歌曼舞，板门店几番进出，谈笑间逢凶化吉。在赢得了宝贵和平的同时，避免了国家重新受制于人甚至被肢解，更重要的是对制衡美苏两大霸权主义起到了至关重要的作用，在杀了美国威风的同时，遏制了苏联的野心，使两大霸权的较量从摩拳擦掌随时可能爆发热战的明争，转为长期冷战的暗斗，让全人类摆脱了第三次世界大战的威胁而重归安宁。

朝鲜战争毛泽东再度扮演了刀尖上的舞者，又一次精彩表演并完美谢幕。对于战争这种极端状态及其蕴含的巨大风险和来去倏忽的有利战机，毛泽东一贯见解深刻善于趋利避害，并且长袖善舞进退自如。这次对中国来说事先没有任何准备，却爆发在家门口的"多国"战争，

---

① 出自毛泽东 1935 年的一首词《忆秦娥·娄山关》，意思是人们徒然传说娄山关坚硬如铁。

② 这个观点的雏形最早见于毛泽东 1946 年在延安和美国记者安娜·路易斯·斯特朗的谈话，建国后直到 1958 年才被明确提出。任何一个能够全身而退并大获成功的刀尖上的舞者，既不可能是一个进退失当的人，更不可能是一个只知进不知退的人，而只能是在极端状态下能够准确知道进退条件，并在条件允许的时候非常善于把握进退时机的那个人。抛开大功告成之后从各种角度歌功颂德的俗套，毛泽东这个观点体现出来的不是别的，其实是一个刀尖上的舞者对自己应付极端状态且有把握进退自如的"舞艺"充满了自信，如此而已。

最终得以适可而止，中国在其中所起的作用是决定性的，毛泽东在这场战争前前后后的所有应对，体现出来的是处理国际关系尤其是波谲云诡的大国间关系时，能够准确理解和运用居一执两时中，堪称"用霹雳手段，显菩萨心肠"的经典范例，用他自己的话说就是"打得一拳开，免得百拳来"。

同时，朝鲜战争让全世界尤其是美苏两个超级大国都认识到中国变了，中国人变了，因为他们惊奇地发现并不得不承认，作为国家柱石，中国的军队完全变了。自晚清民国时期列强习以为常的那支羸痿弱旅，业已脱胎换骨成为赳赳雄师，美军打不过这样的军队根本不丢人，他们只是不习惯失败而已。

朝鲜战争爆发的时候中国警告美军不得越过三八线（把朝鲜半岛一分为二的北纬38°线，北半部属于社会主义阵营），否则将出兵参战。美军统帅五星上将麦克阿瑟根本不相信中国敢以卵击石，打一场必败无疑的战争，所以对中国的警告付之一笑。等到越南战争的时候，美军地面部队始终不过一七线（当时把越南一分为二的北纬17°线，北半部属于社会主义阵营），原因虽然众说纷纭，但是说美军没忘记不久前朝鲜战争"不听话"的教训是主要原因之一，恐怕并不过分，而懂得记住教训是改变坏毛病的前提。

让早就认为自己是高级动物的人类不能不稍有遗憾的是，美国的"听话"只能说明人还远远没有脱离动物性——对强者心存敬畏，直至匍匐臣服。这个事实也说明从现实到人心，丛林法则依然是人际关系的终极法则，而不受理智约束和调整的丛林法则始终是人类文明发展过程中明显的羁绊和潜在的隐患。要想从根本上扭转人类文明发展的这种尴尬且危险的局面和悲哀的前景，菩萨心肠不可常葆，霹雳手段难以久用，而那个具备可操作性的机制，则存在于并且只能存在于以恪守中庸之道为前提的和谐社会。

四、俯视

> 居一执两时中，天人之道，
>
> 舍得之法，捭阖之术潜藏其间；
>
> 警惕违和失中，主动顺时应势，
>
> 则可俯视苍茫大地，笑看风生水起；
>
> 但见因果相承，世事有始有终；
>
> 晓明万变归中，方可为我所用。

不解中庸之道的人，或者因为没有理想、信念而随波逐流，或者在内含极端倾向的理想、信念支配下，囿于个人或宗派的功利而坐井观天总是仰望，居一执一用一。从被洗脑而皈依某种信仰，到无脑执行，逐渐迷失自我，结果不能自拔，终于妄执。

对居一执两时中来说，可以用 A 和 B 表示其中的"两"——某些人在某时参与的某事，也就是发生在特定时间的特定人事。

A 是居一的主体，即某时的自我或自我正在做的事。A 可能是独立的，也可能是合作的。合作的情况下 A 是 A_1、A_2、A_3、……的统称，它们各自相对独立且都是 B 的对方之一。

B 是指与 A 的"某时"的同时，并且在该特定的时空范围内，相对 A 而言的所有对方或对方正在做的事。B 可能是独立的，也可能是合作的。合作的情况下 B 是 B_1、B_2、B_3、……的统称，它们各自相对独立且都是 A 的对方之一。

必居一的 A，要么为完善自我，要么为与 B 合作共赢，要么为在与 B 的竞争中取胜，当然，还包括与 B_1 合作而共同与 B_2、B_3、……竞争等，无论哪种情况，A 都需要执两时中。

执两是一种俯视，是主动跳出自我局限，对人事从更高的层次或者说在更大的时空予以省察，因而看到更加接近客观的现实，（尽量）做到不掺杂个人情绪的一种视角。

时中就是在此视角的基础上，及时做出的利弊剖析及与其相应的趋利避害的行动。

1. 首先要内省——省察 A，即省察自我

俯视 A 的要求是超越自我、战胜自我，亦即克服主观的情绪性影响，以无我、忘我的姿态反求诸己，如果发现自己有违中庸，所谓时中，就是随时主动归中。

现实情况是 A 作为"两"中之一，决定了 A 不是置身事外而是人在事中，仰望的习惯根深蒂固，井蛙之困挥之不去，所以超越自我、战胜自我绝非易事。宗教一眼就看破了 A 的这种窘境，断言"世人都犯了罪"（《圣经·罗马书》3：23），这罪，被另一门宗教称为业，都指向情绪。**情绪**是人的内在需求的外在反映，在宗教那里叫作情欲，有时为了和罪、业等量齐观，干脆称之为卑贱的情欲。

如果说人与其他动物，尤其是与石头相比有所不同，就在于人这个"自我"有着丰富多彩的各种情绪。喜怒哀乐是情绪，甘是情绪，苦也是情绪，所以尽管超越自我、战胜自我的方法多有，各不相同，但是从结果来看，都可以归结为对情绪的控制——或主动或被动的克制、发挥，而那些总是被情绪控制的人因妄执而仰望，他们很难做到俯视，因而很难做到时中，也就谈不上主动归中了。

控制情绪常常成功，情绪失控屡屡坏事。那些控制不了自己情绪的人，尤其是情绪被他人控制的人无法超越自我，也就不可能做到俯视，既看不清自己早已失中，更看不清他人的真实用心，难免被人蛊惑，心陷妄执而不得善终。情绪失控的人不惜玉石俱焚，情绪被控的人甘愿沦为炮灰。人的情绪一旦被别人控制就身不由己且不自知，于是邪教可以通过挑唆、控制信徒的情绪（俗称洗脑）而为非作歹，领袖可以通过激发、调动群众的情绪而功成名就。

所谓俯视，有时只要站得高一点就可以，有时则需要有身在凡尘中，心悬九天外的宏大视角，更重要的是通过控制情绪做到无我，退而求其次要做到忘我，至少要做到"暂时的"忘我之后，必居一的"我"才有可能勘破舍得、超越自我，才有可能避免执两变成执一（妄执），此时对对方的俯视，尤其是对自我的俯视，才可以看清楚所处现实是否有违中庸，从而对是否需要时中，以及如何时中，产生比较客观的评估。

理想状态下，自我能够勘破舍得，甚至超越生死，彻底克服贪婪与恐惧对主观情绪所造成的影响，这样的俯视就可以看到比较接近真实的客观现实。此时的俯视，将冲破人与神之间的隔绝，使自我拥有不啻上帝的视角，从而使时中达到与客观基本相符的理想效果。

但是，理想毕竟不是现实，人毕竟不是神，不可能（长时间）彻底克服主观的情绪性影响，所以直面人性、降格以求才是符合现实的权衡状态。在这样的现实中，人因为有不可完全克服的情绪性，所以都会犯错误——基于这样的前提，就会涉及两个关键。

其一是如何避免犯错误或尽量少犯错误——所有做人的小常识、大智慧一直都在不遗余力地解决这个问题，并且效果越来越好。

其二是如何及时地发现错误并及时地改正错误——这就不仅需要俯视，更需要俯视之后的居一执两时中了。

2. 同时要外省——省察 B，即省察自我之外的所有对方

俯视 B 的要求是不预设立场，或者至少能站在对方的立场，发掘、承认、学习、借助（或回避）对方的优点或优势，并看破、利用（或回避）对方的缺点或劣势，所谓时中，就是根据对方的不断变化的客观情况，取长弃短，顺势而为。

老子说："天地不仁，以万物为刍狗；圣人不仁，以百姓为刍狗"，近代儒学家熊十力说："本体必待修养而始显，修养功夫只是去私"，古今圣人和贤者都指明了守中俯视的关键是要克服情绪化，就是要做到"不仁"，退而求其次也要做到"去私"，可谓拨云见日。

有人认为忘记过去就意味着违背初心，甚至意味着丢弃信仰，意味着背叛，但是，有些忘记却可能意味着超越。人生短暂，能超越自我者十不一二，而忘记过去的是是非非、恩怨情仇，无疑是放下了情绪性这个大包袱，满足了超越自我最重要的条件，所以见到有人得意忘形，有人好了伤疤忘了疼，便不由得心生羡慕，羡慕他们轻易就忘了自己的过去，迈出了超越自我的重要一步，但是且慢羡慕，因为据说只有那些从此发自内心不再和自己的过去纠缠、攀比的人，才能得到真正的解脱，有人把这一步叫作看破红尘。

在主夫看来，他们并未得到解脱，而是陷得更深了。因为那些狠下决心切割今生、苦修来世的人，他们想要的其实更多，他们只是从一个极端走向了另一个极端罢了。而真正超越自我的俯视之法一直在于出世与入世，或者说在于舍与得的两个极端之间，在于恪守中庸之道。

将相和

俯视的故事之一

《史记·廉颇蔺相如列传》（节选）

（赵王）以相如功大，拜为上卿，位在廉颇之右。廉颇曰："我为赵将，有攻城野战之大功，而蔺相如徒以口舌为劳，而位居我上，且相如素贱人，吾羞，不忍为之下。"宣言曰："我见相如，必辱之。"相如闻，不肯与会。相如每朝时，常称病，不欲与廉颇争列。已而相如出，望见廉颇，相如引车避匿。于是舍人相与谏曰："臣所以去亲戚而事君者，徒慕君之高义也。今君与廉颇同列，廉君宣恶言而君畏匿之，恐惧殊甚，且庸人尚羞之，况于将相乎！臣等不肖，请辞去。"蔺相如固止之，曰："公之视廉将军孰与秦王？"曰："不若也。"相如曰："夫以秦王之威，而相如廷叱之，辱其群臣，相如虽驽，独畏廉将军哉？顾吾念之，强秦之所以不敢加兵于赵者，徒以吾两人在也。今两虎共斗，其势不俱生。吾所以为此者，以先国家之急而后私仇也。"廉颇闻之，肉袒负荆，因宾客至蔺相如门谢罪。曰："鄙贱之人，不知将军宽之至此也。"卒相与欢，为刎颈之交。

负荆请罪

主夫解读：

超越需要心灵强大，但并不是说能言善辩、敢作敢当就能实现超越，因为超越绝不是靠妄执能够完成的，还需要相当的理性智慧，尤其要有办法也就是具备足够的可操作性。超越是俯视的前提，先有超越，然后才可能俯视。在日常生活中，儿童不大可能俯视家长，弱者不大可能俯视强者，学生不大可能俯视老师，下级不大可能俯视上级，……但是，随着时间的推移，所有这些不大可能都会变成有可能直至完全可能，这是成长、发展和进步的必然结果。

大多数人大多数时间为人处世不是廉颇，就是舍人，都是基于利己的主观立场，在个人利害得失、恩怨情仇的框架中进行思考和判断，这本来是人之常情。而利己是内含极端倾向的，廉颇身居一人之下万人之上的高位，居功自傲不能容人，已然心陷妄执。在这个中国人家喻户晓的故事中，蔺相如以国家大局为重，超越个人的功利荣辱，并由此窥破廉颇心结之所在，常人不能理解更不能接受的屈辱，他却能在超越之后"轻松"俯视。蔺相如的高风亮节不仅唤醒了廉颇，也足以让包括他的"舍人"们在内的大多数人心悦诚服。廉颇负荆请罪能够得到广泛认同，将相和彪炳史册的原因，是对知错能改、知错就改这种品德，也就是居一执两时中的高度认同。

廉蔺二人从势不两立到刎颈之交，成就了居一执两时中的一段历史佳话，向人们揭示出了"容天下难容之事"和有容乃大的个中奥妙，原来尽在俯视。

刁难

俯视的故事之二

"小姐！来！来！"顾客点着手指喊，又用同一根手指点着面前的杯子喊道："看看！看看！你们的牛奶有问题，糟蹋了我一杯高档红茶！"

"对不起！对不起！"服务小姐刚要说什么，经理制止了她，说："赶紧给先生换一下！"

一套新的饮品很快端上来，服务小姐轻声交代道："先生，这是您点的柠檬红茶，最好不要和牛奶同时喝，因为牛奶见柠檬会起变化。"顾客一下子红了脸，喝完茶匆匆离开时，在门口和服务小姐郑重说道："对不起啊！"

有旁观者问服务小姐："那么一个粗鲁的老土，你干吗不怼他，干吗那么委屈自己呢？"小姐一如既往地微笑着说："经理不放话换，我就准备解释了。我们店里时常能见到不大知道柠檬红茶怕见牛奶的客人，很明白的道理，他可能只是一时马虎，再说他跟我说了对不起，以后不会那么鲁莽了。"

在一个行业见多识广、阅历丰富的人，很多都具备外行人没有的眼界和格局，也就可以超越外行人的喜怒，即使刚参加工作的年轻人，经过"老人"的传帮带也能够很快入行，学会"俯视"。开茶饮店的人每年或者每个月都可能见到一两个缺乏或疏忽常识还自以为是的客人，她们对这些人怎么进门、如何离开、会有什么样的内心变化和言语表情都胸有成竹、见多不怪，所以处理这类"突发事件"时表现得训练有素、驾轻就熟，在保护了客人自尊心的同时化"敌"为友，消弭矛盾冲突于无形。这是因为丰富的经验足以让她们做到"俯视"，跳出个人一时的委屈，四两千斤云淡风轻。

第三节　中庸之道是最大的自然规律

一、心胸狭窄的一分为二

一分为二是矛盾论的哲学思想，可谓源远流长，深入人心，而居一执两时中是以中庸之道的万物归中为指导的方法论。

虽然"二"和"两"表面看是一回事，但是一分为二重在强调对立，否定之否定和对立统一都是论酸论碱不论盐。居一执两时中重在强调和合，因为事实的真相是与盐相比较，酸碱都是不稳定的，盐是酸碱共同的归宿，是酸碱相互作用并握手言和的第三种存在状态。对人来说，除了内含极端倾向并趋于极端状态时你死我活的被动归中，左右两派绝大部分时间都是可以通过主动归中而互相妥协，握手言和的。

对立统一规律认为"矛盾的斗争性是绝对的"，这种对斗争不区分方式、程度的绝对化，体现出了一分为二的狭隘性，从这样的结论里看不到中庸的客观存在，既不谈合作共赢，也不谈自律时中，专注于以斗争求发展，但是斗争的普遍性，不能等同于斗争的绝对性和敌对性，良性竞争级别的普遍"斗争"和恶性战争级别的特殊斗争不可相提并论，因为你死我活势不两立的战争级别的斗争，只存在于内含极端倾向并趋于极端状态的时候，除此之外，合作共赢可以是，事实上也正是大部分人大部分时间的生活常态，也就是说，矛盾是普遍的但不是绝对的，除了小时空的极端状态，在其余的大部分时空，矛盾都是可以调和的，求同存异是完全有可能的。要做到胸怀如此开朗，就需要认识到矛和盾之外的第三方——中的客观存在，并恪守中庸之道，才能更好地接受或主动追求合作共赢，才可能奏响和谐社会的主旋律。

一分为二，分清"二"的目的是二选一；而居一执两时中，分清"两"是为了更好更准确地归中，达到"允执厥中"。

一分为二是一种世界观指导下的方法论，居一执两时中是另一种世界观指导下的方法论，前者看问题侧重眼前，后者侧重眼前的同时更加侧重长远，二者的格局有很大的不同，是后者包容前者而不是相反。

一分为二以矛盾的眼光看待世界，人们借此区分了正负、阴阳，也区分了对错、敌我、左右派等，其中任何一方必须在相互的斗争中战胜另一方，才能使自己得到最好的生存和发展。

居一执两时中以归中的立场和眼光看待世界，认为无论正负、阴阳，还是对错、敌我、左右派等，都是事物在归中过程中的客观存在和表现。

一分为二以矛盾论的立场和观点，倾向于非正即负、非阴即阳，不是左派就是右派，还容易倾向于非对即错、非敌即我。一分为二认同物极必反，但倾向于以我为一方（正方），而且"坚信"另一方（反方）会向或者应该向甚至必须向自己这一方靠拢和转化，这种内含极端倾向的自以为是，不能排除一厢情愿，其实就是妄执，因为后来的结果有可能正好相反。

一分为二的矛盾论使人变得自私、狭隘乃至愚昧妄执，乔尔丹诺·布鲁诺就是被这种人推上了火刑堆，社会文化领域普遍存在的文争武斗，其中很大一部分属于这种情况。

居一执两时中也认同物极必反，但不是反方一定向正方靠拢和转化，而是无论正方、反方都会归中，都会向中靠拢和转化。靠拢和转化的速度，决定了正负、阴阳、对错、敌我，左右派等存在的时间，而它们存在的时间长短和它们各自内含极端倾向的极端程度有关，越是极端的存在，越是不稳定，越是短暂。

事物在权衡状态下的存在和发展，一方面是正负中和为零，阴阳中和为混沌，左派右派中和为中正；另一方面是相互之间的不断转化，即正之过为负，负之过为正；阴之过为阳，阳之过为阴；极左为右，极右为左……

所以儒家处世讲正负、讲阴阳、讲左右，但更讲究以"吾日三省吾身"的谨慎时时自我检讨，提防"过与不及"，恪守中庸之道，主动避免走向极端，但求平和的主动归中，力求避免发生灾难性的被动归中。

所以与一分为二的矛盾论相比，中和儒学的居一执两时中具有包容性和普适性，更容易接近和适应事物存在的本真，从而达到天人合一的境界。

以中庸之道的万物归中看，任何问题，着眼于眼前、局部的现状，都是一分为二的，但是如果着眼于长远和全局，则都是归中的。势不两立的结果在物是酸碱中和，你死我活的结果在人是两败俱伤。所谓好坏对错，都是人为的，是着眼于眼前、局部的现状进行划分的结果。因为从长远看，无论酸碱中和也好，两败俱伤也罢，都是自然现象，或者说都是自然现象的一部分，因而都受中庸之道的调整和规范。

但是，从人类自身的现实世界和人的主观能动性讲，与其势不两立、你死我活，不如求同存异，你活我也活，你好我也好。这样的发展观才是和谐的发展观，既不损害眼前，也更符合长远。

矛盾论之一分为二常常要面对物极必反——放任的自由经济；宁要社会主义的草，不要资本主义的苗；如果种族灭绝是罪，那么放任甚至鼓励生育呢？……"左倾"右倾不会长期正确，而极左极右则大概率是罪恶，就像强酸强碱不如弱酸弱碱稳定一样，这就是物极必反。

二、一生为三

中和儒学所说的恒衡因为没有时空而不可思议，对于这种状态，老子直言"吾不知其名，强字之曰道"，庄子的"泰初有无，无有无名"（《庄子·天地》）与老子一脉相承。《道德经》五千言，道字多有，含义不尽相同，但老子这里的道和庄子的无，应该都是恒衡的近义词。之后老子以"道生一，一生二，二生三，三生万物"深刻揭示了世界的起源、衍生和发展，言简理尽，精彩绝伦。其中的一、二和三都是有，一是从无到有的开端，可能是因为刚刚脱离不可思议的初中——道，是有的并不稳定的过渡状态，所以老子的"一"——大概就是无极，始终带着足够的神秘感。（这段话多处使用了应该、可能、大概等字眼，并且类似情况在本书中不止于此。主夫这种态度的本意在于遵循先师"知之为知之，不知为不知"的教导，坦然面对自己的无知和外物的不确定，存疑待解而不作强求，不加妄断。）

真正开始可以为人理解的"有"的世界是"二",它是从"无极生太极"之后开始的。太极是由简单并有限的物质即"阴阳"二气构成的,由无极生发出分离并对称的两个部分,阴和阳。无极与太极,也可以说无极与阴、阳,构成一组"三",这组三既是世间第一组因果,又是世间万事万物的肇始和起因,所以主夫称之为初三。

在阴阳这两极之中包含有无数级别的、等而次之的中间状态(偏阴或偏阳、右倾或"左倾"等),从而产生了丰富多彩的世间万物,也就是说产生了无数级别的"中",每一个级别的中都可以在各自的级别生发出分离并对称的阴阳两个部分,也就产生了无数级别的"三",具体表现为"太极生两仪,两仪生四象,四象生八卦"(《易传·系辞上传》)。这里的"生"不同于"分"。"分"是指一分为二,"分"之后"一"未必还存在,而"生"是指相生相克,"生"之后太极、两仪、四象未必不存在,很可能是同时存在,所以叫作一生为三。

"二生三,三生万物"的意思是阴阳交合而生三,万物都是在这种状态中产生的。"三"是源自"二"又特立独行的第三者,但是,和一生为三的"三"完全不是一回事。一生为三指的是"一生二"之后就成了"一生二为三",意思是现实中从此有了"一"和"二"共计"三"种事物。最大的"一"非"无极"莫属,其次,"一"是无数级别的"中"。

两仪四象八卦图

换成科学语言描述:除了不可思议的无极,"一"是各种自然规律及其具象,"二"则泛指受某种自然规律规范的所有特定事物。"一"的存在对"二"形成了约束,这约束强大到不可抗拒,也就是说只要时间足够长,所有的"二"都会向"一"(中)靠拢、回归——这又回到了本章第一节讲过的万物归中。

经典儒学的世界就在这样一种相生相克的

关系中产生了，并将一直这样存在下去。

这时，如果以宗教的思维理解世界，当然也能生发出善恶因果和生死循环。

孟子性善，荀子性恶，世硕有善有恶，告子无善无恶，他们各执一词，自成一家或一派，就自身立论的前提讲，都不无道理，左派不能更没有必要扼杀右派，反之亦然。但是，如果缺乏对中庸的认知，便不会注重主动克服自身固有的极端倾向，就会向极左或极右一直发展下去，直至双方不共戴天，屡屡因为被动归中而酿成不堪设想的严重后果。

任何事物都是一生为三的，不解中庸之道的人对此在认识上一直存在缺陷。

"一分为二"忽略了事物存在的第三种状态：中庸（初中、中）。这是事物存在的理想的恒衡状态（初中）和现实的权衡状态（中）。辩证思想一分为二的观点由于缺乏对中庸的认知，侧重于强调己方与对方现时现实的矛盾和对立，容易忽视自身内含极端倾向的事实，因而缺乏对事物的发展变化过程及其归宿的预见和包容，尤其缺乏对自身发展变化过程及归宿的主动调整。

人如果只知一分为二，就会失去中庸的权衡观念，就会由于内含极端倾向而趋于极端状态，并且会出现矫枉过正，从一个极端走向另一个极端。人只有知道一生为三，才可能知道用中，才可能做到时中，从而较大程度地避免"过与不及"，更重要的在于避免被动归中。

老庄关于世界的起源、衍生和发展的思想稍嫌朴素，而古人弥补这个不足行之有效的方法就是注入神秘力量，借神佛之口解世人困惑，以唯心主义的确定替代唯物主义（暂时）的无知。为此不知有多少先知先觉、高僧大德为了普度众生，默默奉献了自己的所有心血和智慧。他们包装善道著作等身，逻辑环环相扣，说理层层递进，时常妙语连珠，可谓用心良苦。

关于世界的起源、衍生和发展，大乘佛教的重要典籍《般若波罗蜜多心经》这样说："观自在菩萨，行深般若波罗蜜多时，照见五蕴皆空，度一切苦厄。舍利子，色不异空，空不异色，色即是空，空即是色，受想行识，亦复如是。舍利子，是诸法空相，不生不灭，不垢不净，不增不减。是故空中无色，无受想行识，无眼耳鼻舌身意，无色声香味触法，无眼界，乃至无意识界，无无明，亦无无明尽，乃至无老死，亦无老死尽。无苦集灭道，无智亦无得。以无所得故。菩提萨埵，依般若波罗蜜多故，心无挂碍。无挂碍故，无有恐怖，远离颠倒梦想，究竟涅槃"。

第四节　中庸之道是最高的人道准则

一、执着成仁，妄执成"神"

左右两派的人性论基于各自内含极端倾向、方向完全相反的假设，所以这里就一定要多加小心，因为他们真的敢把巍峨宏伟的政治经济学理论大厦，建在不完全正确，甚至是完全错误的、自以为是的、假设存在的基石之上！比如，右派理论认为人都自私自利且具备足够的理性，人们为了实现自私自利的目的选择竞争或合作，并且无须任何行政干涉就可以做得很好。左派理论认为人只要具备，并且一定会具备按照他们的理性推导出来的理想和信仰，然后变得最爱劳动，公而忘私。左右两派的两种基于假设的人性论就这样一边背道而驰，一边互相攻讦，到底应该一毛不拔还是大公无私，他们始终争得面红耳赤，把古老的性恶论和性善论发挥到了极致，但是，他们都忽略了下面这几个事实。

其一，假设不一定符合现实，在某些极端状态下，假设甚至完全不符合现实。从中和儒学天人合一的角度来说，人性中的"天性"不是唯心主义的，所以不太可能源自理想，服从信仰，相反，人的"天性"是唯物主义的，所以更应该源自客观，服从现实。

其二，客观现实不是理想世界，更不是童话世界，人性也不是单纯的，而是复合的、复杂的。

其三，用纯粹的性善论或性恶论描述人性是片面的，因为善恶都是因人心有时侧重利己、有时侧重利他，千差万别的各种算计。侧重利己的极端状态可以一毛不拔，侧重利他的极端状态可以从容就义，而现实中的人性全部介于这两种情况之间，并且总体上是向善的。

人性的向善论是中和儒学"十六字方针"的第一部分"从善如流"的主要观点之一。向善论与性恶论、性善论都有根本的不同。向善论讲究的是恪守中庸之道，所以既不像性善论内含理想主义的极端倾向，也不像性恶论内含实用主义的极端倾向，对善恶的分辨不像性善论和性恶论一样基于主观，更不认为善恶是先天的。向善论以居一执两的姿态俯视善恶，并以时中的方式弃恶扬善，不仅认为人性的起点没有先天的善恶，人性彰显的过程中的任何时候也不存在注定的善恶，因为善恶是相对而言的，人性向善首先是人的个体需求，同时也是人的集体需求，除了心陷妄执的极端状态之外，人性向善是人心所向，是大势所趋，所以是大同世界的出发点，是和谐社会的归宿。

为人处世，"左倾""右倾"二者虽必居其一，但只有恪守中庸之道，并认清中庸之道和理性的关系，才可以避免走向极端——中庸之道是人情事物存在的形式，因而是理性的框架、载体和试金石，舍此而谈理性，其实不是理想主义，就是实用主义。

理性是智慧的根据，那么什么是理性的根据？是经验、逻辑及由此派生的一切？

是的。

但这只是惯常的认识，**文明成熟的标志是"理性和智慧"学会把自己纳入中庸之道的框架**，但是直到中和儒学之前，由于中庸之道还不具备足够的可操作性，也就是缺少对万物归中的理论认知和对居一执两时中的方法把握，致使理性即使在表面上皈依中庸之道，实际仍然难以（彻底）摆脱盲目和妄执。

不了解中庸之道和理性的这种关系，尤其是不了解中庸之道的人，当他强调要靠"理性"指导行动的时候，"理性的"左派惯常以其所有理性保持并促进"左倾"，最终到达极左。"理性的"右派的做法与此对称相反。

只要内含极端倾向并拒斥中庸之道，哪怕"理性的"个体组成的集体也难免事实上的不理性。因为他们或者无法辨识这种"理性"所达成的共识本身是否内含极端倾向，及其可能存在的危害；或者无法辨识极端倾向是否（长时间）趋于极端状态，及其可能存在的巨大危害；所以不会采取主动归中的措施，无法校正自身逐渐走向极端的行为。

1.**执着**是指为了实现既定的目标而坚定不移，想方设法，不遗余力。

执着不仅是成功的态度，也是走向成功必备的品质，欲成大事者尤其如此。

2.**妄执**是指某种内含极端倾向并趋于极端状态的理想或信念。妄执的人会（逐渐）形成具有排斥性的理念，和执着一样，这理念同样可以表现为诸如各种理想、信仰、主义等，所谓排斥，就是居一之后，回避、拒绝执两，不相信自己之外还有真理，坚信终极真理在我，所以为人处世"直道而行"，拒绝主动归中。

中和儒学始终强调要避免妄执，是因为人为论断的对错好坏都是相对的，都不是绝对的，比如以下几种较为常见的情况。

对的错：在其实不知道何者为对的时候，曾经相信甚至坚信是对的、最对的，现在——也可能是"后来"才知道，当初错了，全错了——"好人"干了坏事。

好的坏：在其实分不清何者为好的时候，曾经相信甚至坚信是好的、最好的，现在——也可能是"后来"才知道，当初除了用心是好的，结果却是坏的，全坏了——"好心"办了坏事。

这种福祸相倚的转换边界宽泛模糊，难以准确把握，而以中庸之道的万物归中为指导，则有助于正确理解和主动时中，从而避免陷入妄执。与此对称相反的叫作祸福相倚。

塞翁失马

作者：刘安（西汉）

近塞上之人，有善术者，马无故亡而入胡。人皆吊之，其父曰："此何遽不为福乎？"居数月，其马将胡骏马而归。人皆贺之，其父曰："此何遽不能为祸乎？"家富良马，其子好骑，堕而折其髀。人皆吊之，其父曰："此何遽不为福乎？"居一年，胡人大入塞，丁壮者引弦而战。近塞之人，死者十九。此独以跛之故，父子相保。

译文

靠近边境一带居住的人中有一个精通术数的人，他们家的马无缘无故跑到了胡人的住地。人们都前来慰问他，那个老人说："这怎么就不能是一件好事呢？"过了几个月，那匹马带着胡人的良马回来了。人们都前来祝贺他们一家，那个老人说："这怎么就不能是一件坏事呢？"他家中有很多好马，他的儿子喜欢骑马，结果从马上掉下来摔得大腿骨折。人们都前来安慰他们一家，那个老人说："这怎么就不能是一件好事呢？"过了一年，胡人大举入侵边境一带，壮年男子都拿起弓箭去作战。靠近边境一带的人，绝大部分都死了。唯独这个人的儿子因为腿瘸的缘故免于征战，父子得以保全生命。

3. 执着的人有时会知其不可为而为之，这叫舍生取义；妄执的人却总是"知其可为"而为之，这叫执迷不悟，又叫迷信。执着是义不容辞，而妄执是刚愎自用；执着是人的重要心理素质，而妄执是人的致命心理障碍……

因为都内含极端倾向，执着与妄执表面上看起来总是难分难解，其实却有本质的区别，即目标是否具备可操作性，以及过程是否恪守中庸之道。（关于执着与妄执相互关系更详细的讨论见下一条的内容）

对的错、好的坏即福祸相倚，以及诸如此类的道理，只对右派中的左派和左派中的右派有意义。一来因为他们都不妄执，所以不拒绝时中；二来因为他们不是敌对关系，既有可能求同存异，又有可能相互转化。对右派中的右派即极右和左派中的左派即极左则近乎失灵，因为他们各自都心陷妄执，拒不时中。极右和极左是敌对关系，是天敌，一极出现并长时间存在必然诱出另一极；一极是保守的垄断者，另一极必然是激进的革命者；他们之间没有缓冲带更没有隔离带。对他们来说，如何在杀戮来临前保住性命？只能是先发制人，而且必须毫不犹豫。

极右和极左（长时间）固执己见，就是放任、纵容甚至一味追求内含极端倾向但不具备可操作性的理想、信仰或主义，这种有违中庸之道的做法，就是妄执。

在中庸之道的框架里，孔孟居中，一边坐着法家，法家对面坐着道家，而墨子的对面坐着的是杨朱……按照中和儒学球形中庸的模型，也可以说他们居于孔孟的上下左右，总之，他们济济一堂，百家争鸣，各执一词，各家各派各有所长，都（自认为）能在某些领域在某种程度上推演过去，测算将来并指导现在，其中某些门派总是试图找到一套理论，能够一劳永逸，放之四海而皆准，甚至许多门派坚信自己已经找到了这样的理论，为此他们发明的有公式，有指标，有图形，有论证，旁征博引，独树一帜，直到推论出让人深信不疑的唯一结论，但是，任何理论只要内含极端倾向又拒不时中，无论多么信誓旦旦，或快或慢都将被时间证明——不过是又一次固执己见而已。

拒不时中的最终结局是不得时中——对于内含极端倾向的目标或理想，如果走得太急太远太久，以致长时间趋于极端状态，经常会出现无可妥协更无法回头的情况。这些因为绝对化而自陷妄执的人，在"上进"的路上欠下了还不清的债务，甚至是累累血债——大勇之身可破十面埋伏，不智之心难过一湾乌江——不是每一次绝地都能逃生。

二、中庸之道分辨执着与妄执

1.人的需求——关于生理需求与精神需求的讨论

常听人说最难战胜的敌人是自我，没错，事实的确如此，而居一执两时中不仅可以克敌制胜，同时更是一种胜己之法。这种胜己之法具体可以分为三步：俯视自我，认识自我，战胜自我。第一步"俯视"作为一个专题已经在本章第二节说过了，而居一执两时中作为第三步战胜自我的核心则是本章，甚至是本书贯穿始终的内容，现在让我们共同来迈出第二步：认识自我。这一步承前启后，既要为第一步俯视自我提供超越的参照，又要为第三步战胜自我提供比较的依据，而认识自我的核心在于认识人的需求。

人为什么要工作？为什么有些人好吃懒做，有些人却是工作狂，他们之间有没有通同之处？

人为什么要享乐？为什么有些人醉心功名利禄不能自拔，有些人却能清心寡欲小富即安，他们之间有没有通同之处？

类似问题还有很多，每个问题在不同的时空框架里会有不完全相同，甚至完全不同的答案，几乎会给每个人都带来一定程度的困扰，因为这些问题源自现实，直指人心，通过逼视一个人的价值观，而追问其信仰。

逼视和追问是为了探寻现象背后的本质。无论如何，无论何时，对总是在路上并经常迷路的人来讲，信仰始终是人生的航标，在人一生不计其数的需求当中，信仰是，而且始终是无可置疑的奢侈品。

但是，宗教信仰以及所有受誓言约束的信仰都不允许逼视和追问，或者只在非常有限的程度允许向权威请教。信徒一旦加入，就会被以各种形式反复告知在信仰面前必须做到低眉顺眼，放弃怀疑，才有可能迈过心诚则灵这道门槛，才有可能逐步达到妄执的境界和级别，才有可能享受信仰的确定性带给人的精神慰藉。生活和工作中的喜怒哀乐，都必须无条件接受信仰的指导，因为信仰决定人的价值观。

中和儒学以其恪守中庸之道的态度，否定绝对价值和绝对意义的存在，在倡导适度信仰的前提下，反对无条件的盲目的信仰，形成了既兼容并蓄又不失鲜明特色的价值观，从而有助于每个人更好地认识自我。因为人生所需要面对的远不止工作和享乐，人有生理需求和精神需求两个方面、多层次的需求,每个人都应该从这两个方面认识自我。

生理需求是人的生存本能和生活需要,是指上下都有限,但如果下限(长期)得不到满足,则(几乎)不受道德约束的需求。

精神需求是人的发展本能,是指下限为零上限无穷的需求。

发展是为了更好地生活,精神是理性和智慧的综合,是包括道德律法文艺在内的所有人类文明的起源和归宿。

人类作为高级智慧动物,生理需求和普通动物并无本质区别,但是,大多数普通动物只有生理需求,少数"次高级"动物的精神需求与人类相比还处于萌芽状态。可以认为,人类文明的具体表现就是在生理需求得到(基本)满足之后,致力于使精神需求得到全方位的挖掘、深化并日渐充实、满足。

人作为"高级"动物,精神需求表现为对安全、舒适、尊严等的追求,从理智的角度看,甚至人类的生殖也受到了精神需求的影响。

虽然在温饱等生理需求得到基本满足之后,人类的表现和动物并无多大不同——追求生殖;虽然"越生越穷"在人类早已司空见惯,但"越穷越生"的人和位于食物链底端但生殖能力超强的动物的共同点在于,生殖让人类和动物一样都达到了繁衍后代的目的。不同在于,生殖总是同时承载着人类太多类似"积谷防饥,养儿防老"的精神需求,而随着社会保障机制的健全,在温饱满足之后,尤其是在安全、舒适、尊严等精神需求不需要生殖即可满足之后,独身主义和丁克家庭就较多地出现了。这或许是人类精神需求满足到一定程度,对自身动物本能的一种影响和改变。

生理需求依次有**食、色、衣、居、行、通**六类,都是围绕生存展开的。食为先,食是生理需求的底线,必先有食才可生存。食之后是色(性欲、生殖),色之后是衣(保暖),衣之后是居(居所),居之后是行(行动),行之后是通(人与人、人与自然之间的沟通)。

精神需求依次有**够、多、足、好、精**五级,都是围绕发展展开的。够通常是生理需求的起点,所以也被当作精神需求的基础,因为不够就可能危及生存。**够之后是多，多之后是足，足之后是好，好之后是精。**

生理需求的六类即食、色、衣、居、行、通都是物质或行为，六类生理需求每类都有够、多、足、好、精本身既不是物质也不是行为，而是衡量物质或行为对生理需求满足程度的递进的五个等级。**精神需求只能依附于生理需求而无法独立存在，并且等级越高，生理需求的成分越小，精神需求的成分越大。**这说明低级需求来自生理，而高级需求来自精神，人因有精神而攀比、竞争，因有精神而创新、发展。

为了便于形成进一步的认识，根据日常生活经验以及相关的俗语、典故，把六类生理需求和五级精神需求及其相互关系描述如下。

食的五级之够是不用忍饥挨饿即饱食，多是"白面馒头随便吃"，足是"大块吃肉，大碗喝酒"，好是"脍不厌细"，精是"食不厌精"。

色的五级之够是泄欲之后，多是"妻不如妾，妾不如妓，妓不如偷"，足是钟情，好是"色不醉人人自醉"，精是钟情且专一。

衣的五级可与居类比，此处不再单列。

居之够不过"三尺卧榻"，多不过"阿房宫，三百里"，好谓之"富润屋"，精到极致则是"何陋之有"①。

以下单讲居之足。

居可以有居所和居职两种理解。居所是指人的房屋居所，居职是指人在社会上的职务地位及相应的权威和成就感。

秦始皇说："朕为始皇帝，二世，三世至于万世"，可能是他不知道永远有多远，但是又有谁能知道呢？所以秦始皇的贪心并不可笑。

---

① 语出《论语·子罕》。原文：子欲居九夷。或曰："陋，如之何？"子曰："君子居之，何陋之有？"译文：孔子想去东方未开化之地居住。有人说："那里闭塞落后，怎么住啊？"孔子说："有君子去那里居住，还有什么闭塞落后呢？"字里行间充满文化导师的自信。唐朝刘禹锡脍炙人口的传世之作《陋室铭》，从另一个角度解读了"何陋之有"，既表现了士人常见的操守和洒脱，又体现出君子共有的使命和担当，顺则乘势而上大有作为，逆则安然自若乐观豁达，极大地丰富了孔子的思想。本书在此处引用这个典故，意在强调"居"的最高境界是成为一个君子：有适度的信仰，有良好的个人修养，能够主动改善、治理周围的环境，而不是一味地追求物质享受，更不能苛求于外物。

始皇贪心万世，是因为他不懂居之足。如果没有始皇的贪心并为此搭上自己亲骨肉的性命，如果没有那么多朝代的帝王像秦始皇一样，以大无畏的"无私"精神不计后果舍生忘死前仆后继地反复验证，世人也许永远不会理解"君子之泽，三世而斩"这个"浅显的"道理，没有那么多"无私无畏"的帝王一次次都被"斩"成悲剧的献身精神，也就不会有后世"帝王"——总统们、主席们但求来得辉煌，走得安然，以万丈雄心满腔热忱和充沛的精力投身于不过区区数年的一二届任期。

社会进步让人越来越懂得知足，不仅放下了"永远"当帝王的念头，甚至放下了"永远"大富大贵的念头，更重要的是，人越来越懂得知足，历经数千年的曲折，终于摆脱武选，找到了文选这种日渐成熟的方法。

行之够自食其力，行之多丰衣足食，行之足当仁不让，行之好乐此不疲，行之精功成身退。

通之够互相了解，通之多礼尚往来，通之足以诚相待，通之好知己知彼，通之精琴瑟和谐。

（1）进退之道——"行"的例释

当仁不让激流勇进，

忠诚敬业恪尽职守。

时事更迭代有英才，

举贤任能功成身退。

①功高震主

独裁者从登基坐殿的那一刻起，就成了天下最自私的人，没有之一。如果说盗亦有道是指强盗也有做人的底线和分赃的规则，那么盗得天下且最自私的独裁者，他的"道"必有过人之处，那会是什么呢？

为了稳固专制，这个盗得天下的人，他的"道"既不同于鸡鸣狗盗、江洋大盗，也不同于达官显贵，更不同于平头百姓，他的"道"最忌讳的是平等，也就是分权。

在民主制度下，在野党可以合法存在，不仅在平等的前提下公开和执政党分权，还可以通过选举把无能或犯错的执政党拉下马，自己取而代之，但是，在专制制度下，首先在野党是不允许存在的，其次，任何有政治洁癖的官员（大忠臣、大清官、八贤王）和丹书铁券①等，只可能在特殊情况下存在，在正常情况下是很难存在的，更不可能长期、普遍存在。因为这些存在直接威胁着独裁者本身的存在，时刻都让独裁者有如芒在背，必去之而后快；还因为对于一种内含极端倾向并自始至终都趋于极端状态的政体来说，这些存在象征着某种程度的平等、不合作，甚至是不服，象征着某种程度的分权和制衡，象征着专制的不彻底。

所谓功高震主，是说帮助独裁者打天下并居功至伟的那几个人，总是会分走独裁者的权力，然后在独裁者面前轻则自高自大，重则分庭抗礼，即使个别人现在谦虚谨慎，等太子继位之后也难免会翘尾巴。所有这些都会不同程度降低独裁者的权威，久而久之就会危及独裁者的江山永固，所以，独裁者对功臣不可能不猜忌，不可能不害怕。

尽管如此，因为看不穿，确切说是不愿意相信盗国者与盗财者的根本不同，不知死活的开国元勋都会留下来与独裁者坐地分权，然后呢？

虽然功成身退之说古已有之，几成定论，但史书上历朝历代功高震主不得好死的人为什么那么多？面对巨大的功利诱惑，像范蠡一样真能拔腿就走的人寥若晨星。从一路拼杀情同手足的生死兄弟，变成了尊卑分明的君臣，很多功臣不能正确面对，甚至不愿直面这种已经发生质变的人际关系，拒不时中，直至妄执。

他们无视玄武门之变手足相残的满地鲜血，假装没听到朱元璋那些柱石功臣们的哀叹，寄希望于用当年桃园里几个光棍的盟誓，锁住现在坐拥天下的大哥，岂不知处于人际关系最极端位置的大哥有个既

---

① 八贤王很大程度上是老百姓以自己的一厢情愿杜撰的北宋前期的历史人物。据民间戏曲记载，八贤王拥有来自先皇的王命金铜，可以上打昏君，下打奸臣，不受帝王控制并可以对帝王和所有官员进行特别督察、监管。

丹书铁券是古代帝王赐给功臣世代享受特权或犯罪免死的凭证，因为帝王的承诺用丹书写铁板上而得名。

不可告人，又解不开的心结——你这么位高权重，名满天下，会不会像他当初那样，也起了盗国之心？

②功成身退——永别了，武器

如果说普通公务员干好本职工作和其他行业的人一样，都是为了养家糊口，这是完全可以理解的，总是让人大失所望的是那些道貌岸然、心口不一的政客。作为大权在握的高级公务员，他们却只为自己和特定群体谋取利益，所以他们只是政客，不能称为政治家。政治家既不同于政客，更不同于普通公务员，政治家是有适度的信仰和稳定的价值观，并把它们付诸行动的人。无论村长还是总统，政治家最重要的品德就是作为身处重要岗位的公务员，他们行使权力能够超越个人功利，有强烈的使命感、荣辱感和责任感。

古今中外堪称政治家的人多不胜数，但是，多见文选上台、武选上位的政治家，居功至伟却功成身退的政治家，能有几人？近代有这么一个人堪称政治家中功成身退的典范。这个人不同于孙武范蠡孙膑张良刘伯温等人，他们的功成身退与其说是明哲保身，毋宁说是勘破"盗理"，不敢分赃。这个人不同于一走了之退回田园的陶渊明，这个人不同于以退为进回家钓鱼的袁世凯，这个人更不同于所有鞠躬尽瘁，死不让位的独裁者，这个为全体国民着想而超越了个人和党派功利的人，名叫何塞·菲格雷斯·费雷尔，是中美洲小国哥斯达黎加的大政治家。

下面的故事不妨名之为"费雷尔的18个月"，让我们一起来看看这个政治家是如何功成，又如何身退的。

许多拉美国家在名义上都是民主国家，实际上却是独裁者执政，而充满拉美近代史的就是在各个国家频繁出现的独裁和军事政变，但是费雷尔的改革让哥斯达黎加逃脱了这种宿命，并且让自己的国家走上了一条完全不同，对世人颇具启迪作用的道路。

1948年哥斯达黎加大选，前总统瓜蒂亚和候选人乌拉特票数几乎相同。瓜蒂亚授意立法大会宣布选举结果作废，支持乌拉特的费雷尔决定诉诸武力。他带领一支游击队和政府军进行内战，经过44天的激烈战斗和巨大的牺牲,"叛军"最终取得胜利,接管了哥斯达黎加政府,费雷尔担任了临时总统。

如果费雷尔顺其自然上位独裁——他完全可以这么做——这次内战就和中美洲司空见惯的其他军事政变没什么两样了,但费雷尔却不落俗套。他上台了,只是为了施行一系列不同凡响的改革措施。

成立无党派的最高选举委员会,专门负责监督今后的总统选举;

给少数民族和妇女选举权;

······

取消军队——这一条最重要。

没有了军队,不仅没有了军事政变的隐患,还可以把由此省下的大量资源投入到医疗和教育中,实现了全民免费医疗和义务教育。

取消军队堪称费雷尔改革的一项具有划时代意义的壮举。老子早就断言:"兵者不祥之器",从很远之时起,弥兵罢战、铸剑为犁一直是人类共同的梦想,如今却在中美洲被一个人在自己的国家变成了现实。仅凭此一项贡献,在整个人类的历史上,费雷尔都有资格与那些屈指可数的伟大政治家比肩。

为了把理想变成现实,费雷尔特别注重以法律形式固定改革的成果,从而彻底改变了哥斯达黎加的政治生态和国民心态,他因此被公认为"哥斯达黎加之父"。

真正难能可贵的是,18个月后,费雷尔践行诺言如期退位,还政于民——将权力还给了民选总统乌拉特。

(2)致命良友——"通"的例释

沟通对于任何具有社会生活习性的生物来说都是刚需,对于高度社会化的人类来说尤其如此,其重要程度无论如何强调都不过分。

如果把人的身体看作硬件,沟通能力就相当于驱动这个硬件运行的软件。"软件"严重落后的人,其实就是日常生活中那些横冲直撞、蛮不讲理的人。沟通对人来讲,无论对于生理需求还是精神需求,都是如此重要不可或缺,所以主夫把它和食色衣居行并列。下面这个故事说的就是不会沟通酿下的悲剧。

据《晋书》记载，公元 322 年，晋室重臣王敦发起兵谏，其弟王导及家族受到牵连。为了请罪，王导一大早带着王氏子弟在宫门前跪了一大片，等候皇上发落。这时很受晋元帝信任的高官周伯仁正好要进宫，王导希望周伯仁能替他说些好话，便小声央求他说："伯仁，今天我家这一百多口人的性命，就交给你了。"只见周伯仁就像没听见一样，飘然走过。

可是一见到皇帝，周伯仁马上夸王导如何忠诚，好话说尽，终于让皇帝信了他。周伯仁嗜酒，在宫里喝醉了才出来。在宫门口翘首以盼的王导，赶紧再唤伯仁。周伯仁这次不仅没搭理他，还一边走一边自言自语道："今年杀叛军贼子，换个斗大金印带在身上。"回到家酒刚醒，却连忙递进一篇奏折，又替王导求情，言辞极尽恳切。

不久王敦得势，总揽朝政，少不了分门别类赏功罚罪。轮到伯仁时，他征求其兄王导的意见，说：周伯仁大才，你看给个什么官合适？

连问数次。

王导不知道周伯仁为救自己曾经尽心竭力，内心非常恨他，就一直沉默不语。王敦见他这样就说：如果不配为官，那就杀掉？

还是沉默……

后来在整理中书省文件时，王导发现了周伯仁极力为他辩白的那篇奏章，稍加查问又知道了那天自己宫门请罪，是周伯仁在皇帝面前倾尽全力才保下了他全家。做了这么多，他和王导从来只字未提。

想到自己不负责地三缄其口，一股强烈的负罪感涌上心头，回家后王导对家人说："吾虽不杀伯仁，伯仁由我而死。幽冥之中，负此良友！"

周伯仁王导二人的交友方法不一致且缺乏沟通，都以为对方应该明白自己的心意，其实不然，在关键时候造成了无可挽回的巨大损失。

伯仁一派魏晋名士风骨，认为交友只要意气相投，就应该心照不宣——知我者，不因我言，而由我心。

王导不擅与人交心，主要通过外在言行判断敌友——爱要大声说出来。

相互之间有如此重大的不一致，注定难以沟通，无事或可相安，有事何来默契？

如果把王导比喻成校花，伯仁就是那个闷骚男，一成不变的悲剧主角。闷骚男娶不到校花，不一定是校花眼拙，实在是蜂蝶环伺，不缺佳偶。

通之够互相了解，通之多礼尚往来，通之足以诚相待，通之好知己知彼，通之精琴瑟和谐。这是沟通的五个级别。沟通的境界随级别渐高而递进，但现实中更多的是不同沟通级别之间的交往，沟通级别向下兼容需要胸怀大格局，沟通级别向上突破则需要自我升华。

沟通常见的问题，一种是彼此没有机会沟通，另一种则是夏虫不可语冰——因为层次不一致而根本无法沟通。这样的人在一起相处，平时小事经常尴尬，直至误解误判积怨成仇，而在面临关键抉择的时候，悲剧就无可避免。另外不能不引起重视的是，任何正常人通过训练完全可以提高沟通能力。比如，为了确保准确无误的沟通效果，在军队中，人们很早就设计出了口令复述的方法，后来在船舶操控、大型施工，尤其是箭弹发射等场合，都采用与此类似的方法，严格排除临场发挥、心领神会、心照不宣以及诸如此类的"高危"沟通方法，所谓默契合作也都表现为训练有素的、明确的口令、口令复述、手势、手势回应，以及各种各样的直观、双向直观的信号，用具备可操作性的技术手段和技巧，确保不会出现"我不杀伯仁，伯仁却因我而死"的情况。

从互相了解到琴瑟和谐这五个级别，涵盖了沟通的深浅巨细，用心品味领会，自会得其精髓。

2. 执着还是妄执

在正常状态下的时空中，人的表现以理性为主，情绪其次，而在极端状态下的时空中，人的表现经常以情绪为主，正常的理性受到感性压制而被迫退居幕后。下面让我们来说一下理性和情绪性的关系——大致相当于执着和妄执的关系。

（1）那么激动干吗

在正常状态下，百姓日常消费不仅需要有收入，还需要有信心。经济景气时国家兴旺，百姓收入稳定，有信心，敢消费——挣一个敢花俩、仨，所以穷人似乎不怎么穷，富人显得很富并且貌似有很多富人，但是，在经济不景气时几乎所有表现都与此相反，国家混乱，百姓生活缺乏保障，没信心，不敢消费——挣俩、仨不敢花一个，所以穷人显得很穷并且很多，富人好像一下子都消失了。

原因何在？

在于经济周期①，而信心作为经济周期的表面现象，其实是情绪伴随着经济周期在波动。信心和情绪都是内含极端倾向的，会超越经济发展的实际状况促进或抑制消费。在经济处于上升趋势时百姓的信心越来越强，直至爆棚，到趋势的顶部阶段普遍敢于加杠杆寅吃卯粮。下降趋势则节衣缩食，当趋势到达谷底的时候信心萎靡不振，百姓的情绪普遍都充满了悲观绝望。

为什么会这样呢？

其实不仅经济周期，人生遇到的许多事情都有类似周期性的规律可循，但是作为人来说，总是因为不能（完全）摆脱个人好恶等情绪性的控制和影响，在现实中的表现就是闭目塞听，固执己见，甚至对显而易见的大趋势都可以视而不见。不妨简单做个比喻，上升趋势好比上山，下降趋势好比下山，因为行进方向相反，所以在相同的位置，

---

① 经济周期是指经济活动沿着经济发展的总体趋势所经历的有规律的扩张和收缩，通常分为繁荣、衰退、萧条和复苏四个阶段，也可以在图形上用衰退、谷底、扩张和顶峰来形象地表达。经济周期理论门派很多，内因、外因各有侧重故说法不一，在本书百家归中（见第二章第五节）的观点看来，它们综合起来或许才可以较好地描述人类经济活动的规律。此处引用这个概念主要强调人的理性和情绪性都会随着经济周期而有规律地波动，而对这些规律认知、把握，可以为个人、组织的时中提供客观、科学的依据。

上升趋势的许多经验、规律，对下降趋势来说不是不完全适用，就是完全不适用，而那些不识时务、不辨大势的教条主义者，尤其是那些坚信自己内心方向始终正确而拒不时中、心陷妄执的人，就是那些四处碰壁、八方树敌、行事极端的个人或组织。当处于上升趋势的顶峰和下降趋势的谷底，即趋于极端状态的时候，人的应对因为充满情绪性而特别容易激动，举措不是不完全合乎常理，就是完全不合常理，教条主义者和妄执的人尤其过分。

（2）拼命的理性

除了妄执级别的信仰，人在日常生活中失去理性，情绪占据上风的妄执大致有这么几种。首推毒瘾发作和醉酒不睡，这两种人随时可能情绪失控而丧心病狂，干出无理失德的事情，甚至闯下塌天大祸，与此相比，无处不在的色迷心窍和利令智昏只能屈居第二，而最具战斗力或毁灭性的是激情。许多理性状态下无法想象的结果在激情状态下完全可能发生。冲动是激情的入口，热血沸腾是助激情腾飞的跑道，不顾一切是激情到达终点前的冲刺。千万不要以为这三个步骤有多么复杂、漫长，实际上瞬间就可以全部完成，然后，既可能因为背水一战、破釜沉舟而造就彪炳史册的奇迹，也可能是一次次或大或小的激情犯罪[①]。

在妄执的极端状态下，人很容易失去理性，情绪占据绝对上风，最极端的表现就是爆发战争，敌我双方不惜殊死一搏。战争虽然是违背理性的情绪性行为，但是，作为极端状态下处理敌我矛盾的常见手段，激烈的、你死我活的战争本身最讲究的却恰恰是理性——拼命的理性，绝不可能是正常的理性，而是非常的理性，是从价值观到方法论都不同寻常的"理性"。

这种非常的、不同寻常的"理性"是这样的："主不可以怒而兴师，

---

① 激情犯罪是行为人在精神上受到刺激或人身受到攻击后，头脑一热而实施的一种爆发性、冲动性、无预谋的犯罪行为。

将不可以愠而致战；合于利而动，不合于利而止。"对常人来说真正有难度的是下一句："怒可以复喜，愠可以复悦。"这不就是喜怒无常吗？有此一问的人显然囿于常理（正常的理性）而失之迂腐，因为战争不能以常理推敲，这里的"喜怒无常"就与常理恰恰相反，正是极其理性的表现——喜怒只因国家利害，无关个人情绪，因为"亡国不可以复存，死者不可以复生"，兹事体大。最后的总结："故明君慎之，良将警之，此安国全军之道也。"①

综上所述可以知道，正常状态下人的理想、信念及其所有的坚持都可以认为是符合理性的，是执着，但是，人经常因为过于执着而导致内含极端倾向并（长时间）趋于极端状态，情绪性战胜正常的理性而渐成妄执，直至被动归中。这是因为人受制于认知局限，对于某个特定的执着和妄执的区分和界定"标准"，从不完全知道到完全不知道，这种情况不仅在个人身上普遍存在，即使是集中了各方面人才的集体，甚至国家都不可能在任何时候、任何问题上都能摆脱认知局限，所以不可能完全知道所有的执着和妄执的区分、界定"标准"，就不可能完全摆脱妄执。（认知局限在本书第三章第二节第二条之3有专门论述）

面对以上的现实，人只有正确理解和运用中庸之道才有可能分辨执着与妄执，也只有恪守中庸之道才有可能避免妄执，尽管如此，那些受制于认知局限，事实上内含极端倾向并（长时间）趋于极端状态的人、集体，有很多还是不可能完全避免被动归中的命运——现实生活就是这样，永远不可能（长时间）完美。

（3）联通理想的桥梁

妄执的人不是自取其辱，就是被敌人利用。他们之中因为成见而妄执的人易受暗示；因为无知而妄执的人易受哄骗；因为狡猾而妄执的

---

① 这四句话在《孙子兵法·火攻篇》中是连在一起的，意思是国君不可凭一时的恼怒而兴兵打仗，将帅不可凭一时的怨愤而与敌交战。符合国家利益就行动，不符合国家利益就停止。恼怒可以重新欢喜，怨愤可以重新高兴，（但是）国亡了就不能再存，人死了便不能再活。所以明智的国君对战争问题一定要慎重，优良的将帅对战争问题一定要警惕，这是安定国家和保全军队的关键。

人易走反向；因为贪婪而妄执的人易受引诱；因为恐惧而妄执的人易受恫吓；因为迷信而妄执的人易受欺凌。无论多么聪明智慧的人一旦陷入妄执就会作茧自缚，对本来清清楚楚的原则问题、关键问题是非颠倒，睁眼如盲，机巧而愚。

之所以说"人非圣贤，孰能无过"，是因为执着和妄执都内含极端倾向，并且区分和界定"标准"受制于认知局限而时常模糊不清，"过错"便在所难免。对人来说，与生俱来的生理需求因为可以得到完全满足——比如一顿饭两碗米饭吃不饱，那就再来两碗，总有吃饱的时候——所以，生理需求不是内含极端倾向的。真正内含极端倾向的是人的精神需求，比如饱暖思淫欲，何处是"淫欲"的尽头？

六类生理需求和五级精神需求的类别和层级（阶层、阶级）是呈递进式变化的，每个层级都能容纳不同的人，每个层级都能满足不同的人。得到满足的层级如何，既是每个人都要面对的现实问题，同时也是关乎每个人的理想和信仰的问题。如何处理这些问题，不用怀疑一个享乐主义者和一个苦行僧的做法会有巨大的不同。

理想决定追求，没有理想的人是没有追求的人。理想应该是一个符合理智的目标，但有些理想只是"理智的"推理，在执行过程中才会发现理想中的目标缺乏现实性。"孤舟蓑笠翁，独钓寒江雪"①——即使理想遇挫暂时没有结果，士大夫依然应该始终如一，坚守执着，但是许多时候由于没有（足够的）可操作性，仍然坚守便是妄执，也就是说，**执着还是妄执，有没有（足够的）可操作性是重要的界定和衡量标准**，是理想能否实现的前提。

现实通往理想的必由之路上不可逾越的关键节点需要桥梁，并且全程走下来需要的桥梁不止一座。所谓成功的人，就是有理想重现实并重方法的人，也就是有想法且有办法的人。方法、办法就是现实联

---

① 语出柳宗元《江雪》。诗人被贬永州后精神压抑，借歌咏性情孤僻、固执的渔翁来隐喻自己的清高、孤傲，表达出柳宗元作为一个有理想、有抱负的士大夫，在政治改革失败后依旧凛然无畏，知其不可为而为之的执着精神。

通理想的大大小小的桥梁。

介绍一个有想法且有办法的历史名人：秦孝公。

孝公胸怀大志，欲复兴穆公霸业，使秦国崛起，可谓有理想——有想法，有大想法，但是面对函谷关外的战国六雄，却束手无策一筹莫展——没办法。

能够负重致远的人不会轻言放弃，没办法就要想办法，秦孝公就是这样的人，给理想架设桥梁——为了把理想变成现实，他做了一个对后世影响巨大的决策，颁布了著名的求贤令，正是这个求贤令让他从国外网到了策划大师商鞅。

有大想法的人终于找到了有好办法的人，孝公得商鞅如虎添翼，一对君臣珠联璧合，如此这般理想触手可及。两人坐而论道数日不倦，从他们起而行之那一刻起，西岐东望，已无六国。

从逻辑角度来看，区分充分条件或必要条件是否能够满足就可以判断某件事是否具有（足够的）可操作性，但是在很多时空，现实都处于不完全符合逻辑的模糊状态，即不确定、可变或易变，此时可操作性有三个衡量标准：顺应时势；风险较小且可控；利益较大且可靠。

顺应时势的重要性自不待言，且本书之后的内容多有涉及，故此处不再展开。

风险可控是指有明确的避险规则，并且必须严格执行，这里特别强调的是避险的执行力。避险就是**知错、认错并主动纠错，这是时中的三个具体步骤**，但主动避险常常意味着对决策者自尊和威信的损害，同时还可能损失相当多的现实利益，所以，很多人或者人在很多时候宁愿得过且过、讳疾忌医甚至文过饰非，也不主动纠错，而是朝着心理和现实阻力较小的方向，也就是依照内含极端倾向的惯性不断发展——左派因为一次次拒绝向右派妥协而一步步滑向极左，右派因为一次次拒绝向左派妥协而一步步滑向极右。

利益可靠重在知足，不知足则不知止，不知止则迟早都会追求利益最大化，追求利益最大化就容易滋生祸乱，轻则财聚人散，重则身败名裂、家破人亡——因为利益最大化内含极端倾向，并不具备（足够的）可操作性。有关可操作性的进一步论述见本书第三章第二节第三条。

3.指导执着，克制妄执

中庸之道的核心理念之一是"过犹不及"。误读中庸之道的人认为这种理念教人放弃执着，甚至是没有立场，错了，中庸之道和执着没有丝毫对立，恰恰相反，执着是中庸之道指导现实生活时大力倡导的做人的重要品格。

孔子说："一箪食，一瓢饮，在陋巷，人不堪其忧，回也不改其乐"。

孟子说："富贵不能淫，贫贱不能移，威武不能屈"。

荀子说："人无礼则不生，事无礼则不成，国无礼则不宁"。

……

可见儒家圣贤所求，尽显执着。

中庸之道的理想状态是既不执着更不妄执，即中庸，亦即"无过无不及"；中庸之道的现实状态是执着但不妄执，也可以认为中庸之道从头到尾只识别和防范一种情况——极端倾向；中庸之道自始至终只做一件事——**主动防止极端倾向（长时间）趋于极端状态**。

妄执就是内含极端倾向且拒不时中，从而有违中庸之道的人事，正如孔子强调指出的，"过而不改，是谓过矣"。

（长时间）趋于极端状态的人会有诸多因内含极端倾向进而情绪化的想法和做法，这些想法和做法经过人为炮制之后，总是假理性和智慧甚至真理的名义，化作形形色色"无可挑剔"的极左或极右的观念。

这些先天"残疾"的妄执观念常见的有完美主义，即求全责备；利益最大化，即你死我活；完全自信或自卑，即妄自尊大或妄自菲薄；信仰极端化，即推崇心诚则灵的迷信，以及机械论、教条主义；救世主情结，即大包大揽甚至包打天下；线性理想，即一根筋……

无可奈何的现实是妄执的人和执着的人一样，都会选择通过信仰盟誓、教育教化甚至家规遗嘱等形式力求扩大、延长直至永续自己"认准"的已成的现实或未竟的理想。

妄执及与其相应的观念必然内含极端倾向。这些极端倾向日常表述为：最××、极其××、强烈的××、超常的××、充分的××、足够的××，等等。

三、物无恒衡　人无恒善

中和儒学的中庸之道认为，恒衡是不可思议更不可把握的。因为人所处的环境是多维的，在特定的时空里相对于某个参照系看似恒衡的物质，相对于时间或其他参照系却是不停运动和变化的，这个物质运动的普遍现象被中和儒学称为**物无恒衡**。

孔子说："回也，其心三月不违仁，其余则日月至焉而已矣。"意思是颜回的心能很长时间不离开仁，而其他弟子只能做到短时间不违背仁罢了，可见一个人很难长时间保持正确。事实上，从小农经济的以官本位为出发点的专制制度，及与其相适应的"贫则独善其身，达则兼善天下"的经典儒学和实用儒学的各项道德准则，到工商业文明的以民主法治为基础的商业社会体系，及与其相适应的"成人达己，成己达人"的符合中和儒学的各项道德准则；从自由经济、计划经济的试错到日渐成熟的社会资本主义；从专制、专政到民主法治，人类社会的所有理论和实践所积累的文明成果，都在反复证明中和儒学的一个重要观点：**人无恒善**——有（最）正确的人，但没有总是正确的人，更没有永远正确的人。换言之，没有从来不犯错误的人，因为人的见识有限而世事难料，所以错误不可能根本避免，个人、集体组织、国家莫不如此。前进路上因无知而犯错误是正常的，并不可怕，可怕的是知错不改，是心陷妄执或为了一己私利而将错误进行到底，终至积小错成大错，导致被动归中的严重后果。

物无恒衡和人无恒善，作为中和儒学所理解的中庸之道的两个重要观点，是对自然规律和人道准则的认识，是中和儒学重要的立论基础，是对性善论和性恶论的扬弃。

同时也应该看到，物无恒衡、人无恒善在强调人事的相对性的同时，也强调人事在实际认知当中的可知性。事实上，人类历史的发展和演进过程，正是在对"恒衡恒善"的"信奉—打破—再信奉—再打破"的过程中不断前进的。如地心说—日心说；牛顿—爱因斯坦；宗教信仰—无神论；小农经济—自由经济—市场经济—计划经济—市场计划经济（社会资本主义）—和谐社会。

尽管物无恒衡人无恒善，但是由于恒衡恒善作为绝对真理具有无穷的魅力，人们总是禁不住在对恒衡恒善的推理、描述、憧憬、遐想和努力追求的过程中，寄托自己的信仰、理想和主义；尽管每一种恒衡恒善的设计都已经天然地带上了偏颇甚至妄执的烙印，但是这种设计一旦被"通过"，就无不被奉为圭臬——从经院哲学到信仰极端化，无不带有（强烈的）排他性，以至于**每一次思想革命成果的主导地位一经确认，总是迫不及待地走一条老路——革其他思想的命！**

儒家学说崇奉"礼闻来学，不闻往教"，即使儒学被中国古代的统治者采纳，上升到国家的意识形态高度的时候，也并未失其本真，既没有宗教所特有的传教士，也不追求对外输出，但统治者出于自身利益的需要，还是在国家内部采取了"罢黜百家，独尊儒术"的政策，还是革了其他思想的命。可见革其他思想的命是专制制度追求符合自身利益，实则不可能存在的"恒衡""恒善"的必然选择，尽管这种做法从一开始就有违中庸。

四、勿臆，勿必，勿固，勿我

极端是一种因为极不稳定而风险巨大的状态，尽管如此，却总有人在或被动、或主动地走极端，前者是因为情势所迫而不得不破釜沉舟，后者则多是在自认为可控的范围内游走于极端状态，甚至从一个极端走向另一个极端的情况。

如果还有什么可以作为一个人主动走极端的解释，就该是那些自以为是的人的通病——无知和莽撞。这些人通常是比较容易得到谅解的，正如耶稣所说："父啊，赦免他们！因为他们所做的，他们不晓得。"
（《圣经·新约》路加福音 23：34）但是如果有人长时间走极端而拒不
时中，无知莽撞加执迷不悟，也就是妄执，则必将导致被动归中，害
人害己，到天怒人怨的时候，上帝也无法赦免他们。

孔子为人处世讲究的是不主观臆测，不绝对肯定，不拘泥固执，
不自以为是，这就是"子绝四，勿意，勿必，勿固，勿我"（《论语》），
是说任何时候对任何人任何事都不可绝对化，因为任何人任何事在
一定的条件下都有可取之处，所以要虚怀若谷，不以感情用事，不
以成见待人，但这不等于没有做人的底线和做事的原则，孔子的本
意是在强调不可"听其言而信其行"，他认为恰当的做法是"听其言
而观其行"，时刻以中庸之道度人度己，审时度势，杜绝妄执，顺势
而为。

1. 中庸之道不是折中主义

折中主义是指通过对不同理论或不同方法的择优并综合，从而得
到最让人满意的理论或方法，也就是说，折中主义就是力求发现那个
遗传了所有祖先的所有优点而没有缺点的好孩子。

中庸之道与折中主义不同，它的目的不是发现甚至塑造一个好孩
子，因为在中庸之道看来，孩子并无确定的好坏，但是，那些喜欢玩
冒险游戏的孩子，并且游戏玩得越冒险越刺激则越痴迷的孩子，越可
能在危害自己的同时给别人带来危害。

中庸之道就是告诉孩子如何玩游戏是安全的，怎样玩游戏可能有
危险，性质如何界定，分寸如何把握。游戏是否适合某个孩子玩很重
要，但这不一定是最重要的，甚至可以认为不适合玩某个游戏的孩子，
在不适合的地点玩上了这个游戏，这些都不要紧，因为许多"不适合"
如果只是浅尝辄止，通常并无大碍，但是，如果这个孩子偏偏痴迷上
了这个游戏并且不能自拔呢？后果毫无悬念，这个孩子变成了不可救
药、令人厌弃的"坏孩子"。

历史上这样的"坏孩子"很多——希特勒、墨索里尼、东条英机

等，他们还没走远，同时代在他们的对面，极左的那几个孩子"坏劲"上来的时候，毁坏力也相当了得，与他们相比有过之而无不及。

通常来说，问题的关键首先在于游戏本身，其次，还在于这孩子为什么以及如何玩游戏，尤其是如何玩那些危险游戏的。就拿游戏的时间来说，都可长可短，但玩出问题，玩出大问题的都是因为长时间沉迷于游戏不能自拔，结果难免害人害己。

中庸之道告诉我们，问题不仅在于有多少个"不适合"，游戏的时间长短同样甚至更加重要。知错就改则错误并不可怕，可怕的是执迷不悟——将错误进行到底，集小错终致铸成大错。

折中主义企图找到或塑造一个完美无缺的好孩子，这种想法内含极端倾向而有违中庸之道，因为无论任何考试都有得第一的孩子，却不可能有任何考试总是得第一的孩子。

中庸之道的作用在于告诉一个孩子，如何做到在适合你的地点玩适合你的游戏，并且如何做到适可而止。不要超时，你，就是一个好孩子。

2. 常识就是底线——无条件的信任不理性

孔子说："君子不立于危墙之下"，稍加引申的意思就是你最信任的人坐在车上，并不是你也应该上车的足够理由，且不论车况如何，坐车前至少应该先搞清楚驾驶员是否合格吧？

一个未经任何培训的驾驶员遭遇突变会"毫不犹豫"地把车开下悬崖，和所有乘客同归于尽，哪怕让你上车的人和你亲如父子，无条件的信任只能让你们"父子"都在劫难逃。

这种情况侧重强调的是人的分辨力。

3. 不同寻常——无条件信任是首要的

除了失去理性的人，有时候有些事情不允许讲理性。比如，战场上的战士把自己的性命无条件地交给了长官；上车之后的乘客把自己一路的安全无条件地交给了驾驶员；未成年人把自己的前途无条件地交给了家长。人还会无条件地听命于自己认定的"绝对"权威：无条件服从自己宣誓效忠的组织；无条件诚心尊崇自己皈依的宗教等。

这种情况侧重强调的是人的执行力。

4. 任何时候都不可完全否定一个人——哪怕不共戴天

人与人的相互关系如何，首先看理想、信仰是否一致，其次是价值观、方法论。孔子说："道不同，不相为谋。"这里的道应该是指信仰，至少也是指价值观。

认同你的远大理想的，是你的知己；理解你的奋斗过程的，是你的支撑；失败之后收容你的，是你的亲人；成功之后艳羡你的，是你的信徒。但是你是否愿意承认：他们不一定是对的。在你一生中大多数时间的大多数人，是那些对你不认同、不理解、不收容、不崇拜的人，他们与你可能亦敌亦友，也可能非敌非友，但无论他们如何对待你，你是否愿意承认：他们不一定是错的。

别人对你远近亲疏，爱恨情仇，你对别人，也是如此。且不说理想、信仰不一致的人很难长期合作，就是那些有共同理想和信仰的人，他们的价值观、方法论也未必完全相同。仅就价值观来说，比较而言，人与人相互之间的价值观大致可以分为三部分：重叠部分，冲突部分和缓冲部分。重叠部分是价值观相同的部分，冲突部分是价值观相反的部分，缓冲部分则是价值观相似的部分。左右两派的价值观重叠部分越大，缓冲部分越多，合作和妥协的可能性就越大，而极左和极右两派价值观以冲突为主，重叠部分很小甚至没有，所以他们的价值观水火不容，而一旦丧失缓冲，各种冲突就在所难免。

任何时候都不可完全否定一个人，"我不同意你的观点，但我誓死维护你说话的权利"，只要不是极左和极右，通常都不会选择先发制人，不会认可你死我活两败俱伤的结局。"退一步，海阔天空"是左派和右派任何一派先行妥协，进而求得共同妥协的结果。左派右派的分歧和妥协不仅存在于任何一个组织内部或国家内部，随着国际化的深入发展，国际关系中左右派的分歧和冲突也在与日俱增，在不同的国家之间，虽然国情不同、发展阶段不同、面临的现实挑战不同，但是只要推动经济增长的利益相同，应对危机挑战的愿望相同，建设和谐社会的愿景相同，就完全有可能相伴而行。

价格不菲的山珍海味如果没有盐、糖的帮助，就无法成为美食在餐桌上彰显自己的内涵：人与人彼此之间，国与国彼此之间总能发掘出一点点，再多一点点的交集，并由此发扬光大而求得相安无事，做到相得益彰。

这种情况侧重强调的是人的格局、包容心。

5. 临界状态与非理性

如果说经验、常识、道德、律法等能够被人认知、认可、容忍的极限亦即各种边界、红线、底线，乃至国境线等都是正常人日常生活中的框架，而接近框架的一定区域或范围称为临界状态，那么，人的理性通常只适用于远离临界状态，而不适用或不一定适用于临界状态，也就是说在临界状态下，大多数人大多数时间的表现，更多具有的是情绪性。

远离临界状态的理性，通常与临界状态时不完全相同，甚至完全不同，相对于远离临界状态的理性，人在临界状态的表现从非理性到失去理性都有可能。

如果这种非理性表现最终成功突破了原来的框架，而进入了另外一个框架——比如某种革命性的成功——进入另外一种权衡状态，说明这种"非理性"原本是合理的，只是在原有框架的约束、压制下长期无法突破而已；否则，如果碰壁而返，甚至碰壁而死，则说明这种"非理性"很可能是，或者确实是失去理性了。为害四邻、祸乱社会的非理性在个体表现为作奸犯科，在群体就是极左派和极右派。

一方面，人类文明是由理性支持和维护的，但社会变革和技术革新不能靠墨守成规，经常要靠"非理性"才可得到突破和发展；另一方面，以居一执两时中进行俯视，可以清醒地知道，人的理性具有相对性，革命派的许多至关重要的理性在反动派那里恰恰都是非理性，反之亦然。

五、矫枉过正，然后呢？

1. 一分为二的治乱循环

《周礼·秋官司寇》的"刑乱国用重典"之说在后世流传甚广，小试锋芒如孙武练兵，大张旗鼓如商鞅变法等，都可以认为是对这种观点的精彩证明。古语还有一说，叫作"取乎其上，得乎其中；取乎其中，得乎其下；取乎其下，则无所得矣"。不妨理解成对前一句话的注释，意思就是矫枉可以过正，甚至矫枉必须过正。

初听上去很有道理，但是，如果用居一执两时中予以俯视，在看到这类观点的适用性的同时，不难发现其局限性。

第一，何为乱世？

在不同的时代，公平的衡量标准可能有天壤之别，虽然长时间不公平一定会出乱世，但界定是否乱世的显然指标不是公平，而是秩序，并且只有大范围、长时间失去秩序，才叫乱世。

第二，"刑乱国用重典"，这里的重典有着明确的适用前提——乱世（这里把乱国和乱世按同义词理解）。

"重典治国"理论在法制史上拥有非常重要的地位，这种理论认为刑罚的目的在于定规矩，树权威，使"民不敢犯"，从而"禁奸止过"，以建立并稳定社会秩序。

对于乱世来说，若"取乎其下"，难免因其弛废无为而一无所成，故通常都会选择从重从严从快，亦即"取乎其上"。因为上法精进效果宏大，所以许多新官上任都会借题发挥或小题大做，快刀斩乱麻，以达到立竿见影的效果——孙武斩宠姬立威，商鞅靠徙木立信，然后呢？

听说过擅杀滥杀的常胜将军吗？

治乱世可以用重典，治治世呢？

社会由乱到治史不绝书，但听说过严刑峻法下的长久盛世吗？

第三，不乏大智慧的古人，很早就有"刑罚世轻世重，惟齐非齐，有伦有要"，（《尚书·吕刑》）这种人治前提下对律法的精辟理解，人们也似乎更早已经习惯了宽严相济之下的治乱循环，习惯了把治世、盛世的"约法省刑""德主刑辅"和乱世的"严打"循环使用，直到由盛转衰，再也循环不动，也就是直到陷入死循环。

怎么办?

改朝换代，开始下一轮全新的治乱循环。

2. 一生为三的和谐社会

以上是基于一分为二的观点进行的分析和得出的结论，因为从理论到实践都无法避免死循环的最终出现，所以朝代更迭有了"历史周期律"之说，其实这都是缘于一分为二、你死我活的狭隘。下面请看中庸之道的一生为三是如何认识、理解和解决这些问题的。

第一，相较于中庸之道的一生为三，一分为二字面上是失三，本质上是失中。律法的轻重缓急，无非是对秩序的治乱有所影响，至于秩序的基础——公平，律法则力有不逮，表面上是因为"超出了"律法的调整范围，本质上是一分为二因为失中，天然就内含极端倾向，比如经济的利益最大化，比如政治的专制，天生就无视公平，有违中庸，而这些方面不仅不允许律法触碰，事实上正是律法在保护着种种"特权"。时日一长，两极分化不可避免，死结越结越多，律法次第失灵，最终陷入死循环，陷入居一执一用一的妄执。

这时，以既得利益者一方为主的对峙各方都因为丧失理性而情绪化，表现为只见一，不见二，更遑论三。这里的一是自我和自我的利害，二是对方和对方的利害——包括合作方和敌方，三是中，亦即中庸。

第二，中庸之道时刻提防极端倾向，尤其注意主动避免（长时间）走极端，但是，作为时中的技术性步骤和手段，并不反对矫枉过正，也就是某些时候可以（在短时间内）走极端，甚至可以（在短时间内）从一个极端走向另一个极端，那么什么时候可以呢?

不难想见，是指诸如乱军、乱世等极端状态下，为了整肃军纪、收拾人心可以杀一儆百，可以"刑乱国用重典"，但是，如果认为重刑万能而长期践行，便会因其内含极端倾向使严刑峻法成为常态，整个社会的人文环境越来越倾向于刻薄寡恩、缺仁少义。

以居一执两时中俯视"刑乱国用重典",可以发现另外一种容易被忽略的可能性,套用原话的文言格式可以表述为:"取乎其上,得乎上上;取乎其中,得乎其中;取乎其下,得乎下下。"

为什么会有"上上""下下"之说?——因为时间。

"下下"代表着极端的破败混乱,因其明显的不足取而避之唯恐不及,这里不予讨论,单说"上上"。短时间内易见"上上"这样超乎想象的速效、大效——把软弱涣散的宫女练成特种兵,把秦国这样的二流国家变成天下第一强国,这正是矫枉过正的特点,但速效、大效不等于长效,更不等于常效。

上法并非常法,一鼓作气不能久,严刑峻法不可常,所以必须刻意避免对内含极端倾向并趋于极端状态的"上上"功利的长期追求,认清"取乎其上"急功近利的特点和理想主义的本质,才有可能时中——主动归中,从而脚踏实地做好"取乎其中,得乎其中"的文章。

对于律法来讲,这"文章"其实不在文章中而在文章外,就是说并非依靠调整律法的轻重缓急,总是能够扶大厦之将倾,而是需要反省秩序缺失的根本——公平,而这需要的是政治层面的高度反省,及相应的政治、经济利益的主动调整、变革,但是做出如此举措所需要的前提是不懂万物归中的人难以接受,所以难以做到的,那就是——破除妄执的信仰,超越一分为二的狭隘,跳出你死我活的困境,在中庸之道的指导下进行主动归中,这里的中即公平。

第三,已经到手的就不愿意再拿出来,已经吃下去的更不愿意吐出来,这本来是人之常情,岂知公平不可长期违背,而在(基本)公平基础上的双赢、多赢和共赢,正是人际之间以中庸之道为指导,有关利益分配的具体表现。

既得利益者,既得利益集团,尤其是既得利益阶层、阶级总是因为惯性思维和一厢情愿而自陷妄执,他（们）坚定地认为到手的就是自己的,吃下去的就一定能消化,他（们）认为自己的利益就该（长期）最大化,到两极分化,矛盾激化得越来越不可收拾之时,妄执诱发的被动归中,终致他（们）付出惨痛代价。

乱世在既得利益者眼里,是礼崩乐坏、没有秩序,所以必须镇压,必须"刑乱国用重典";而在弱势群体眼里,是水深火热、没有公平,需要来一场革命,所以必须造反,无非拼个你死我活。

前者看到的是标,后者看到的是本。

问：谁能治标,谁能治本?

答：妄执的人只可能治标不可能治本,始终难免被动归中的结局,难以走出"历史周期律"治乱循环、朝代更迭的困境;恪守中庸之道的人,奉行居一执两时中,追求主动归中,责人之时不忘责己,才有可能做到标本兼治,实现社会和谐。

第五节 百家归中
——从儒释道的异同谈破除宗派藩篱

一、并行不悖

出离对错评对错,放下是非品是非。

庐山真容庐山外,远近高低各不同。

不容置疑不容易,日月长久日月功。

超脱左右始见中,持之以恒方显庸。

道家认为无为而无不为,故应顺其自然;法家认为法律万能,故应以法治国;儒家认为太刚必折,太柔必废,故应刚柔并济。

历史事实是秦国用法家而成就一统伟业,但不知变易,失于刚猛;初汉用道家而休养生息,但失于柔弱,不过几十年便内忧外患。

秦国用法家攻无不克，嬴政法祖有过之而无不及，焚书坑儒以吏为师而速亡，原因在于居一执一用一；初汉用道家而休养生息，武帝废止道家而尊儒，就是居一执两时中。秦朝短是因为陷入妄执有违中庸之道，汉朝长是因为阳儒阴法暗合中庸之道。汉朝既有外嫁公主的和亲怀柔，也有"明犯强汉者，虽远必诛"（《汉书·傅常郑甘陈段传》）的暴力挞伐，这就叫刚柔并济。

通常认为中国哲学有相当长的时期是儒释道法并行，这种观点其实有误。在长期的社会历史实践中，儒学以其实际运用的"居一执两时中"，通过无时不有的纠错，从而达到融会贯通，兼容并蓄，这正是儒学强大生命力的根源。古话说："不谋万世者，不足谋一时；不谋全局者，不足谋一域。"要想谋万世、谋全局就需要超脱自我，才能俯视百家，才能看清楚这样一个事实：不仅释道法三家归中，其实是**百家争鸣，百家归中**——三家异曲而同工，百家殊途而同归；归于中庸，至于和谐。

在中和儒学看来，**中庸之道是世间大道、人间大法，是无所不包、无所不容的终极框架**，百家归中是万物归中在人道准则方面的另一种说法。

百家归中作为社会科学的一种探索，凭借中庸之道的大智慧，得以敞开胸怀，破除宗派藩篱，广纳百家，找出极端倾向得以存在的原因并建立自我修复机制，可谓求仁得仁。百家归中很好地解释了以儒家文化为主流的中国传统文化为什么拥有强大的同化能力和融合能力，并因此拥有其他宗派和外来文化无可企及的延续能力和凝聚能力，所有这些很可能都是儒家文化自觉追求中庸和谐的必然结果。

儒家思想的核心理论历经数千年政治和社会生活实践的检验，行之有效，常青不败，究其根源，就是因为儒家极力避免"过与不及"，恪守中庸之道。法家、释家和道家则因为与生俱来的"过与不及"而有违中庸之道，虽然时而可以各自独当一面，但都难堪大用，更不堪久用。

法家究其实质是中庸之道这个时空框架中的一极，刚正不阿，一往无前，但"五常"之中缺仁少义，所以刻薄寡恩，是中道之"过"。

释家和道家究其实质是中庸之道这个时空框架中的另一极，"五常"化身菩提萨埵和天尊道君，劝人向善但出离世俗避实向虚，是中道之"不及"。

以此类推，还可以认为一毛不拔、贵己重生、强调个人绝对独立自主的杨朱是中道之一极；而摩顶放踵、急公好义、为人处世主张兼爱非攻的墨翟是中道之另一极。

这种情况很多，因为人在现实当中时常需要面对的既有心理方面的贪婪和恐惧，也有经济方面的萧条和鼎盛，还有政治方面的极左和极右。这种各自居于一极且两两相对的情况不仅随处可见，数不胜数，并且几乎都有相应的理论体系作为自己的支撑。

考察这些理论体系的共同之处，那就是无论杨朱、老庄、释家，还是墨家、法家都为自己的存在设定了特定的理想化的前提，在这些前提下它们的煌煌高论各成一家之言，不仅逻辑畅通，而且都洋溢着无可辩驳的大智慧——按照它们设定的前提，可以合乎逻辑地推导出社会稳定，天下安宁，百姓幸福的美好生活，问题是他们的前提成立吗？

所幸，这些古圣先贤距今已有数千年，他们"无可辩驳"的理论自古及今都拥有各自的忠实信徒，并且都有付诸社会实践的机会。且不说法家强大的操控能力，释家、道家深邃、高妙的哲学思辨，就是一直纠缠不休的杨朱与墨翟，至今依然难分难解且胜负难料，它们中的某一方有时化身为无政府主义，有时化身为自由主义，另一方则时而倡导大公无私，时而大力践行平均主义，它们言行不输先贤，依然振振有词，甚至更加条理清晰、头头是道。偶尔遇到合适的社会环境，便会大放光芒，但是，为什么这些理论始终不能成为稳定存在的主流文化呢？

一是因为它们赖以存在的前提内含极端倾向，二是因为只有极端倾向趋于极端状态——比如天下大乱或盛极而衰的时候，才是（最）适合这些理论发挥作用的时候。它们那些在极端状态下才可能适用的理想化的前提，及其所支撑的理论体系和指导的实践都很难形成长期、稳定的存在。

不妨一起来看看它们给自己预设的前提：老庄无不为的前提是无为；墨翟兼爱的前提是公而忘私；法家立世的前提是弃绝仁义；杨朱的一毛不拔同样是有前提的，那就是"悉天下奉一身不取也"[①]；……这些前提都充满了人为想象、事先设定的理想成分，不是不完全合乎现实，就是完全不合乎现实。尽管如此，历史和现实还是给了它们很多表现机会，因为它们代表着人心、人性期望中的某种充满吸引力的，几乎不可抗拒的理想追求，只是这些理想追求趋于极端而与现实状态相去甚远。

那么，现实状态又是什么样子的呢?

答：现实状态其实就是杨朱与墨翟、道家与法家等两两相对的极端状态的中间状态，有时偏左多一些，有时偏右多一些，表面上影响、调控它们的是人心、人性和自然规律，根本上它们都必须接受中庸之道的规范，做不到主动归中，则难免被动归中。

孟子说："杨氏为我，是无君也；墨氏兼爱，是无父也。无父无君，是禽兽也。"又说："杨墨之道不息，孔子之道不著，是邪说诬民，充塞仁义也。"（《孟子·滕文公下》）这话不仅说的到位，也只有恪守中庸之道的儒家才可能说出这样的话，因为儒家讲究居一执两时中，从而可以做到见微知著，并一针见血地指出理想化，尤其是极端化思想的

----

① 语出《列子·杨朱》，杨朱说："古之人损一毫利天下不与也，悉天下奉一身不取也。人人不损一毫，人人不利天下，天下治矣。"意思是说：古时候的人要损害一根毫毛去为天下谋利益，他不肯给；把天下的财物都用来奉养自己的身体，他也不愿要。人人都不损害自己的一根毫毛，人人都不为天下人谋利益，天下就太平了。

由此可见有人认为杨朱一毛不拔是极端自私的看法，忽略了杨朱立论的前提，是对杨朱的误解。

错误，及其行为的危害。

从对事物运动发展规律的认识和总结来看，中庸之道认为事物普遍具有归中性，其实这也不是儒家的独到，因为不仅释家的"寂灭"（不生不死之寂静安稳，亦称涅槃）与"中庸"相似，道家对中庸和归中性的认识就老庄的观点看也并不比孔孟落后，实际上很多地方更加深刻、透彻。在这里，儒释道并无明显的差别，可以说是千经同心、所见略同，充分体现了真理的趋同。

若论区别，在于释家由此开悟，断言"一切有为法,应作如是观"[①]。正所谓看破红尘，主动了却尘缘，走向了虚无。因为释家知道一切终究会归于寂灭——也就是归中。

道家则死守中庸不愿离开。因为道家坚信离开的终究要回来——所有离开的无一例外，都会回来；与其主动离开，不如主动回来；与其主动回来，不如干脆不离开——无为无不为的"妙境"正在于此，想必读者君至此也会对老庄有所感悟，于是，就地卧倒的庄子有足够的自信笑傲江湖，看群雄争霸，一时多少豪杰雄姿英发，此起彼伏，风起云涌——眼见他起高楼，眼见他宴宾客，眼见他楼塌了，无非是青史几行名姓，北邙无数荒丘。"五帝之所连，三王之所争，仁人之所忧，

---

① 《金刚经》有个著名的"六如偈"，整句话是"一切有为法，如梦幻泡影，如露亦如电,应作如是观"。意思是应该这样看待人所经历见识的世间万事，它们如梦、如幻、如水泡、如影像、如晨露、如闪电（"六如"）一样虚无、易变、短暂。意在宣扬佛教贯彻始终的色空思想，一切客观事物，各有因缘起落，不是恒久不变的，只要从足够大的时空来看，它们统统都像梦幻泡影、晨露闪电一样无常善变。

这种观念放在佛教为自己设定的、由诸多特定的前提所构建的独特的世界观来说，无疑是正确的。尽管这些前提及其结论的主体是唯心的，但是在某种次要的程度上又不完全排斥唯物论，恰恰是这种寓唯物于唯心的、执中而不走极端的做法，在增加了佛教复杂性、包容性的同时，客观上也增强了佛教的"科学"倾向和生命力，类似的情况普遍存在于其他各大宗教中。

任士之所劳，尽此矣。"（《庄子·秋水》）何似我污渎自快①！……于是，庄子有足够的资格对百家诸子指指点点、评头论足，间或夹杂着嬉笑怒骂，而除了消极人生，又有哪一家、哪一派能否定庄子。

好了，现在让我们从释家、道家回到烟火人家。你会发现尽管佛深邃，道高妙，但是缜密的思想让人深谋远虑，旺盛的体力让人不知疲倦，如果再加上无穷的功利和无尽的欲望，这样的人，怎肯轻易安然无为，怎能甘心遁入空门？而这样的人就是芸芸众生，他们形形色色，无处不在。与其和他们妄谈生死轮回，说什么原罪宿业，不如教人睁眼看世界，用心做人事，让人学会驾驭无尽的欲望和对待有限的人生，直面生老病死这"四大不自由"，尽量达到乐生顺死的境界，毕竟，人既不可能都有足够的修为得以享受污渎自快的低调奢华，更不可能都去佛前枯坐，树下等死，而这就要涉及儒家始终勉力奉行的入世思想，一种显然不同于释家、道家出世、救世或超世的思想。

老子说："名与身孰亲？身与货孰多？得与亡孰病？是故甚爱必大费，多藏必厚亡。知足不辱，知止不殆，可以长久。"②话说到这种程度已经非常明白了，那就是为人处世要"知足知止"，四个字说尽人生沧桑，道破世事百态，其实是在以老子的方式强调主动归中。

那些被老子打动、说服乃至成为老子信徒的人，朝着与功利主义相反的方向直走下去——为人清心寡欲，处世碌碌无为，而这正是老子小国寡民、"婴儿之未孩"（婴儿刚出世还没有学会笑）的言中之意。

---

① 污渎自快的故事载于《庄子·秋水》，同一个观点在《史记·老庄申韩列传》中庄子是这么说的："我宁游戏污渎之中自快，无为有国者所羁。"意思是我宁愿做一只活着的普通乌龟，游戏于污浊的小沟渠中而自得其乐，也不愿做一只虽然尊贵但已经死去的神龟，被君王给的官职所羁绊束缚。庄子这种言行清高、崇尚自由的思想对后世的知识分子产生了深远的影响，比如陶渊明广为流传的"不为五斗米折腰"。

② 这句话出自《道德经》，意思是名声和生命哪一样更亲切？生命和财富哪一样更贵重？得到和失去哪一样更有害？过分爱名利就必付出巨大的代价；过于积敛财富就必遭受惨重的损失。所以懂得满足就不会受屈辱，懂得适可而止就不会有危险，可以长久平安。

正是这种明确的指向，以其明明白白的无为、清清楚楚的消极，在确立了道家思想重要的历史地位和不容忽视的现实影响的同时，其内含的极端倾向注定了道家思想既不可能是一种兼容并蓄的思想，也不可能为为人处世提供全面中正的指导。

那些没有被老子打动或说服的人——那些功利主义者，他们继续朝着自己既定的方向直走下去，在花花世界追名逐利，活得不亦乐乎。

前面说到的法家、墨家、杨朱的理论相比于释家、道家，或者对立，或者相似，但言行基于理想化的前提，所以不是趋于极左，就是趋于极右，方向相反，有违中庸则大同小异，故在此不做分别剖析。

《礼记·中庸》讲："万物并育而不相害，道并行而不相悖"，就是在说儒释道法墨杂是一家，是一大家，可以说它们是殊途同归，也可以说它们是并行不悖，如有所悖逆，表面上是左与右、极左与极右相互之间大大小小的矛盾，本质上是因为它们各自都不同程度有违中庸之道。

言及于此不难发现，从过去看到现在再看向将来，人类文化发展的框架和脉络越来越清晰，那就是：百家归中，沟通古今中外；千经同心，无论东西南北。百家归中，归于中庸；千经同心，同心和谐。

二、取长弃短

> 百家争鸣，各有短长。
> 针锋相对，护短损长。
> 时来顺势，短就是长。
> 百家归中，弃短取长。

法家主张公平、透明、严正，法家的社会是现实主义的极致，虽然无情无义，但是如果换个前提，把法律维护的对象从王权换成民权，法家的主张岂不是在很大程度上契合现代法治精神？

　　道家主张独立、自由、真理，老庄的社会是回归自然的理想社会，尽管无政府主义因其内含极端倾向而不可能成为现实，但老庄对自然和人生的思考不仅深刻，其实非常到位。

　　曾几何时，"杨朱、墨翟之言盈天下，天下之言，不归于杨，即归墨。"杨墨各以其极端的言行博尽眼球，一时几成显学。虽然内含极端倾向且不具备可操作性的理论，注定无法（长期）跻身主流意识形态，但杨朱主张的利己主义，墨家主张的兼爱、非攻、尚贤等社会理想，至今都不算完全过时，确切地说是仍然有些超前。

　　由此可见，一者古人有古人的认知局限，圣贤也不可能例外，再者，由于受制于宗派藩篱的约束，即使在同一个时空，不同宗派的观点也会具有不同的倾向性，所以，从中庸之道的立场出发，就要以"千经皆我注脚"[①]的胆识和气魄，以居一执两时中的客观和敏锐俯视人事，时刻注意放空自我、超越自我，时刻注意客观执两、超越宗派主义，也就是时刻注意主动归中，才有可能做到恪守中庸之道。

　　也就是说，如果追求全面、中正，便不可能是一家之言可以完成，需要融合百家，取长弃短才能做到，而这正是奉行中庸之道的儒家一贯都在身体力行的，百家归中则标志着在这方面有了更加系统而深刻的认知。中庸之道强大生命力的具体表现不是无过，不是无不及，而是在过程中主动的自我纠错，是对"过与不及"所内含极端倾向的自我修复机制。

　　中庸之道作为一种世界观和方法论，在西方也不乏类似的思想。历史上无论是群星璀璨的古希腊哲学家，还是万世景仰的乔达摩·悉达

---

　　① 南宋哲学家、"心学"的主要代表人物陆九渊曾说："学苟知本，六经皆我注脚。"本书虽不认同陆学中的唯心主义成分，但是非常赞同他所强调的不能拘泥于门户派别已有的条条框框，不能甘心做陈陈相因自束手脚的腐儒，所以在陆九渊观点的启发下放言"千经皆我注脚"，意在纵览古今，囊括中外，而后以实际行动破除宗派藩篱——把它们统统纳入中庸之道这个终极框架内，让各宗各派在框架内各归本位后再对它们进行俯视，便可以看清楚各自的长短，也就尽可取长弃短。

多，他们的许多思想都和"先秦诸子"，尤其和儒家学说不谋而合。

到了 16 世纪末、17 世纪初，儒家的中道思想真正得以传到了欧洲。民为邦本、民贵君轻，得道多助、失道寡助，财聚则民散、财散则民聚，水能载舟亦能覆舟等思想，自古及今几乎每一个中国人都耳熟能详。这些来自中国的"民主"思想成了启蒙运动的先声，欧洲许多思想家都受到不同程度的影响，在启蒙运动中发挥了积极的作用。法国霍尔巴赫主张以儒家道德代替基督教，沃尔夫主张以儒家伦理来补充基督教的不及，伏尔泰认为儒家是最合乎人类理性的哲学，莱布尼兹极力主张让中国文化与欧洲文化相互结合、沟通，狄德罗甚至认为中华民族的历史、艺术、智慧、政治、哲学趣味，无不在所有民族之上。1793 年"己所不欲，勿施于人"被写入法国的《人权和公民权宣言》，德国的费尔巴哈则据此强调对己以合理的自我节制，对人以爱，并试图把这种道德推广到家庭、集团、社会、民族和国家中去……现在回看这些贤哲当年的观点和理论，不能不产生取长弃短、百家归中的由衷感叹。

很久以前，正是这些人"创造"了救世主；不久以前，又是这些人打倒了救世主；他们是处于不同时代的人中圣贤，通过居一执两时中引领人类在探索中前进。

在没有救世主的世界，人何以为人？

何以心灵高尚，何来平静幸福？

失去神灵护佑的人，如何过好自己的世俗生活？

一个组织、一个国家如何和谐发展？

……

以上所有问题归结起来，就是如何让无时无处不充满着喜怒哀乐的现实生活，达到"致中和"的境界。

　　人不可能把所有喜怒哀乐都深埋于心，引而不发。既然不能把自己修炼到堪比顽石，就无法彻底解决必居一而顾此失彼的现实困惑，便只能在"时时不中，故须时中"上下足功夫。

　　"喜怒哀乐"的任何表达和处理都意味着或多或少偏离中道，事实上，正是对"喜怒哀乐"的表达尺度和处理方法的具体差别，显示出了不同居一的不同立场，从而区分出了诸子百家，其中，只有儒家明确提出了"致中和"，而致中和的前提就是"发而皆中节"——喜怒哀乐表现出来并且都有所节制，中规中矩。

　　那么，显而易见的问题在于，有没有人能做到"发而皆中节"？

　　答：理想里有，现实中无。

　　发而皆中节固然好，但现实中一者人无完人，再者百家争鸣，各行其是，所以总是难以避免发而不中节，并在人（们）喜不自胜或怒发冲冠的时候，困境甚至灾难不期而至。面对这不尽如人意的现实，有没有什么思想和方法能够取长弃短，使发而不中节最终达到中节的同等效果，从而使"致中和"不仅仅是一种理想，而是因为有了可操作性，具备了落地生根的现实性？

　　答：中庸之道就是这么一种思想和方法，只是自古及今一直缺乏深入、系统的探寻。

第三章　探寻中庸之道

讲道即是道，奉儒不似儒。

钻牛角开口便错，放极言四海皆准。

门派攻伐不共天，世事叵测漫无边。

和谐必由守中庸，时时不中时时中。

通过对居一执两时中的具体化和可操作性的探讨，以及通过对一致性的剖析，不同的人会有不同的收获。

普通人会看懂自己的生活，看清日常生活中诸多喜怒哀乐的来龙去脉，福祸相倚的内在机理。

企业家会看到内部管理之法和外部营销之道。

心理学家会看到双（多）重人格的来历。

军事家看到的是兵法诡道。

政治家则会看到如何构建和谐社会。

……

第一节　月有阴晴圆缺

一、残缺美

1. 人无远虑，必有近忧

有一种成功叫一阔脸就变，有一种失败叫一蹶不振。人生短暂，阅历总是有限，所以浅薄之人荣辱三天，信仰改变。这种人经常会让贪婪、恐惧等情绪占据上风，做出非理性的判断，认为现状会长期延续下去，而这种判断会影响甚至左右一个人对长远发展趋势的认知。

"一日夫妻百日恩"很可能是真的。因为"一日夫妻"要么是久旱逢甘霖，要么是换个新口味，即使不保甜至少能保鲜，短时间相互用心，彼此倾情，于是便有那么多"美好"印象，巧笑倩兮，美目盼兮，余音绕梁，不绝于耳，但是，依此类推得出的"百日夫妻似海深"却是个伪命题，因为这是一个典型的内含极端倾向的预期，是当事人主观的美好愿望，是痴心，甚至是妄执。多少自以为必将永恒的爱情，不过是本能驱动荷尔蒙泛滥的色迷心窍，爱蒙双目，经柴米油盐打熬，待色衰爱弛之后，方知海誓山盟能不能经得起时间检验，能不能由澎湃荡漾的爱情蜕变升华为平平淡淡但不离不弃的钟情。

"珍珠翡翠白玉汤"①是人生难得一品的"美味佳肴"，有幸一遇，弥足珍贵，留下美好的记忆，历久弥香。尽管以馊豆腐烂白菜为主要原料肯定做不出真正的美味佳肴，但是如果食客是一个快要饿死的人

---

① 传说，灾荒年间，小和尚朱元璋化缘艰难，数日无食，饿晕。一个好心的穷妇把他拖回家，用自己讨饭得来的碎豆腐、剩米饭和一撮青菜叶混合熬汤，救活了他。狼吞虎咽涓滴不遗之后，朱元璋问穷妇，刚才吃的啥饭？穷妇穷开心，告诉他刚刚喝了一碗"珍珠翡翠白玉汤"。

晚年的朱元璋念念不忘那碗汤的无尽美味，但是御膳房和民间厨艺大师经年考究，穷尽手艺，用遍了高档食材，最终没能给明太祖带来第二次满足。

呢？就像"一日夫妻"给彼此留下的美好印象，很可能都是错觉，或者就是错觉，"人无千日好，花无百日红"才更接近本真。

"人无远虑，必有近忧"很好地揭示了短期和长期的关系。

"糟糠不饱者不务粱肉，短褐不完者不待文绣"，意思是说连糟糠都吃不饱的人无心追求美食，破衣烂袄的人不会期待锦绣丝绸，这句话出自《韩非子·五蠹》，说的就是眼前利益和长远利益经常难以兼顾。

但是，问问有理想的人，眼前的苦难重要吗？答案是不重要。

问问有宗教信仰的人，相比来世的幸福，现世的苦难重要吗？答案同样是不重要。

因为虑远者和忧近者关注问题的重点总是不尽相同，经常大相径庭。面对得失，庆幸和沮丧都是内含极端倾向的情绪性反应，如不有意克制，都有可能自乱方寸，所以，得别急庆幸，谨防乐极生悲；失无须沮丧，当心错上加错。

居一执两时中，认识并主动纠正一厢情愿并内含极端倾向的理想、信仰，以及由它们决定的价值观、方法论，才可能合乎中庸之道，协调眼前利益和长远利益的相互关系，达到天人合一的自然境界。

2. 焦虑源自不完美

紧张不安的焦虑感和求全责备的完美主义都是内含极端倾向的，前者可以把任何事情和安全、尊严甚至死亡挂钩而惶惶不可终日，后者可以把任何事情都上升到原则高度而小题大做。受这些极端思想困扰的人，很容易就把原本从容淡定美满幸福的生活，过得心烦意乱、疲惫不堪，甚至痛苦抑郁、了无生趣。

医院在手术前通常会要求家属签字认可手术方案并承诺免责或承担风险，这种是为了切割责任常见的做法。虽然在医院看来，医疗风险就像河边的钓客看河里的鱼一样稀少，但他们知道河里肯定有鱼，他们只是不知道鱼何时咬钩。客观存在的医疗风险哪怕只是万一，医院也不会打包票，患者则不同，"万一"出现在自己身上，就是百分之百。正所谓"河里没鱼市上看"，患者就像逛鱼市的顾客，各种各样大大小小的鱼（风险）摆在那里，所以逛鱼市的患者和钓鱼的医院，看待鱼的心态自然是天差地别。

医患双方都会把"万一"和"百分之百"挂钩，医院的做法就是一纸协议，事先把问题说清楚，把自己摘干净，在患者来说那些"万一"若是真的出现，疾病在自己身上协议在别人手里，风险自负无人分担，只能自认倒霉。尽管许多时候明明知道风险有限聊胜于无，但作为患者紧张不安总是在所难免。事实上每一个习惯了独立自主的人在不由自主的时候，都会有类似的焦虑，也可以说很多人——其中包括你我，或多或少都有焦虑心态。问题在于这种心态内含极端倾向，会把小概率事件通过"合情合理"的联想和推理无限放大，直至产生趋于极端状态的焦虑，古人称之为庸人自扰。

现实生活中有许多原则问题，大到有没有以及有什么信仰，是否具备良好的教养、修养，小到要注重养成良好的生活习惯，所有原则各自都有其重要性，如果吹毛求疵，每一件事情都可以和这些原则挂钩，但是福与祸通常都是一天天逐渐变成现实的，而不是一天变成现实的，忽略时间的重要性，不注重过程或者不接受过程的曲折多变，一心只盯着结果，这样为人处世就是内含极端倾向的完美主义，当这种极端倾向趋于极端状态的时候，这个人不仅容不下别人，甚至容不下自己。这个人不知道，一个有信仰并且只有信仰的人，不可能是人，只可能是神。

二、左派右派相生相克——理想的实用主义与实用的理想主义

极左极右是左派和右派因为各自内含极端倾向且拒不时中，而走向了各自的极端状态，是典型的妄执。极左极右的极端信仰受誓言束缚，并不惜四面树敌甚至孤注一掷。不仅极左极右互为天敌，事实上他们各自都是人类公敌。他们在坚定地与他们的敌人战斗的同时，认为所有不坚定的人都等于资敌，因此不可能结成广泛的同盟，尤其不可能结成长期稳定的同盟，因为他们自身最缺乏的就是长期稳定存在的

基础。

不强求迷信或不受誓言束缚亦即不妄执的正常信仰，通常都不是铁板一块，其内容不可能（长期）保持单一的和纯粹的，而是复合的和复杂的，不同内容之间的关系不是相互促进，就是此消彼长，这是正常信仰的特点之一。正常信仰的特点之二是不仅有可能调整和变化，实际上是不断调整和变化的，也就是说，实用主义者和理想主义者的相互影响和转变是完全可能的。

在极端的实用主义者看来，利益是实在的，道德情感是虚无的，并且二者是主从关系，利益决定道德情感，而在极端的理想主义者那里，情况正好相反。这是二分法因为内含极端倾向并趋于极端状态时，典型的狭隘表现，因为它们的前提互不相容，结果必然各自以对方为敌。实际情况是这样吗？

毫无疑问，人有利益需求，尤其是需求实实在在的物质利益，但是，谁能否定人有道德情感需求？谁能否定每个人都有并且每个人都需要和眼前的物质利益很可能完全无关的道德情感？

虽然赤裸裸的功利交易无处不在，但并不能掩盖更不能否定随处可见的无私奉献。如果对"利益决定情感"做绝对化的理解，拔一毛利天下而不为，就是内含极端倾向的实用主义并趋于极端状态的表现，这样的人因为极端自私将寸步难行。

事实是目标远大的实用主义者有意无意之间便会带有理想主义成分，他们轻易不为眼前名利所动，常常可以克服巨大的诱惑和困难，其极端状态其实是彻头彻尾的理想主义，比如虔诚地相信轮回转世、相信乐园天国而苦度今生的宗教信徒。

理想主义必有自己的特色操守，而重视操守的理想主义者有意无意之间便会带有实用主义成分，他们容易囿于符合其理想的眼前的名利，更遑论抵制实现理想的巨大诱惑，其极端状态其实是彻头彻尾的实用主义，轻度如亦步亦趋循规蹈矩的教条主义，重症表现为自以为是且宁折不弯的信仰极端化。

人生百态就存在于彻头彻尾的理想主义和彻头彻尾的实用主义这两个极端之间，准确地说，绝大多数人绝大多数时候不是左派即理想的实用主义者，就是右派即实用的理想主义者，当然，根据左倾、右倾的程度不同，也可以把左派说成是实用的理想主义者，把右派说成是理想的实用主义者（这方面的内容在下一条"左倾与右倾"中有更详尽的论述），同时我们可以知道，认同两个极端绝不可为，就相当于认同中庸之道及其居一执两时中大有可为。

用实用主义的眼光看，**理想主义就是从眼前到长远，从不太可行到太不可行的实用主义。**

尽管看上去实用主义是与理想主义对立的一套生存法则，但是，只要这些法则各自的标准稍有松动之处，加诸时间，就会越来越易变可调，而除了那些躲在人烟稀少之处苦修来世与世无争的"废人"，以及对信徒用迷信和洗脑技巧，用誓言和规矩束缚手脚的妄执级别的极端信仰，正常信仰都不可能没有任何松动，正是借由这些"松动"，实用主义和理想主义在各自拥有极强的适用性、适应性和涵盖面的同时，也有了相互靠拢、重叠和转化的可能，才不会陷入妄执，不会一条道走到黑。

在不同的时空，实用主义的变体可以是本位主义，可以是利己主义或个人英雄主义，可以是怀疑论或不可知论，当然，也可以是理想主义。

实用主义不仅表现为对物质欲望的追求，精神需求的满足也不可或缺。对人来讲，这个世界没有最实用，只有更实用，所以与理想主义者不同，实用主义者的突出特点是他们从来不知道物质欲望和精神需求这两个方面的上限在哪里——实用之外还有更实用，这就是内含极端倾向。内含极端倾向就难免走极端，表现为贪得无厌，甚至不惜为此而冒险犯死。

理想主义者不一定妄执，但妄执的人一定是理想主义者。理想主义者不大可能认同"有奶就是娘"这类做法，但这样的事情对实用主义者来说却是理所当然，无师自通。

实用主义就是居一执一时变，这不仅与中庸之道的居一执两时中有质的不同，与妄执的居一执一用一更是不同。

实用主义居一的"一"是自己的立场，执一的"一"是有用、真实，并且必须是对自己有用、真实，亦即实用，亦即利己主义，"时变"就是围绕前面的两个一而随时变易。实用主义的居一执一时变，就是自己的立场要根据对自己实用的原则而随时改变。

妄执居一的"一"是自己的立场，执一的"一"是自己认定的"真理"，用一的"一"是一根筋，一条道走到黑，不知变易，拒不时中。

中庸之道的"一"是自己的立场，"两"是"过与不及"，"中"是中庸，"时中"是随时向中庸调整自己的立场。

各执一词

禅宗在中国颇受知识分子的喜爱和推崇，是因为相比于封心锁脑、简单粗暴的极端信仰，禅宗可以说是一种轻信仰。士大夫们以禅悟道，通过不失自我的左右推敲，在意会与言传、顿悟与渐悟①之间，领略那种作为一个思想自由、意识自由的人所特有的逻辑思辨和急智慢慧——那种快感岂不是一种至高至洁的精神享受？虽然是如此开明的信仰，流传后世的典故却依然少不了苦行苦修甚至暴戾血腥，但是，像下面

---

① 顿悟追求豁然开朗，即对某个道理因为某个机缘而突然领悟。渐悟讲究静坐参禅，在内心空灵状态下长时间思考而逐渐领悟。佛教禅宗自五祖弘忍门下南北分途，南宗主顿悟，北宗主渐悟，为此南北宗主慧能和神秀曾各作一偈，颇能代表各自主张。据说北宗神秀先作一偈："身是菩提树，心如明镜台。时时勤拂拭，勿使惹尘埃。"慧能回一偈："菩提本无树，明镜亦非台。本来无一物，何处惹尘埃。"可谓针锋相对，截然有别，而事实上顿悟渐悟一者强调结果，一者注重过程，二者表里相依并非对立关系，神秀慧能却不仅可以做到各执表里，分道扬镳，还可以做到各信众如云，皆有建树，不能不说是宗教史上耐人寻味的一件趣事。仔细想来，俗世间不同的学派、党派的异见争端，除了极左极右，很多时候又何尝不是如此？

这类轻松走心、雅俗共赏的故事所体现的，可能才是禅宗想告诉世人的意趣和境界：好像什么都说了，又好像什么也没说，一切全凭个人感受和领悟。

有一天，苏东坡到大相国寺拜访他的好友佛印和尚，不巧佛印外出，只好在禅房住下，无意中，他看到佛印题写在禅房墙壁上的诗。其诗云：

"酒色财气四堵墙，人人都往墙里藏；若能跳出墙垛外，不活百岁寿也长。"

看后，苏东坡另有所思，就提起笔来在佛印的诗旁边和了一首。他写的是：

"饮酒不醉最为高，恋色不迷乃英豪；世财不义切莫取，和气忍让气自消。"

又一天，王安石陪宋神宗赵顼游览大相国寺，他们看到了佛印和苏东坡的题诗，颇感有趣。神宗对王安石说："爱卿，你何不也和一首？"王安石欣然应命，只见他写道：

"世上无酒不成礼，人间无色路人稀；民为财富才奋发，国有朝气方生机。"

苏东坡

神宗大加赞赏了一番，乘兴也题了一首：

"酒助礼乐社稷康，色育生灵重纲常；财足粮丰家国盛，气凝太极定阴阳。"

这个故事中的人物僧俗界限分明。佛印超越凡尘，独树一帜，是实用的理想主义者，他试图用自以为是的大实用，换取世人难以放下的小实用。与之相比，其他三人显然都是肉眼凡胎，以致所持观点各有侧重但并不那么泾渭分明，他们都是理想的实用主义者，他们总是试图让实用变得真正实用或者更实用。

三、左右之间

阅读提示：以下关于左倾、右倾和"左"倾"右"倾的论述不是革命理论，也不是对革命理论的解读，而是一如既往地以中庸之道解析人事，所以定义也与既有理论可能会有所不同。

1. 左倾与右倾

左倾是指判断、决策和行动有比较激进的倾向。

左倾判断是根据已经表现出来的形势即历史的所有经验和规律，对"现在"和"未来"做出比较激进的判断。根据左倾判断进行决策后的行动就叫**左倾行动**。

左派是指立场左倾的人，也就是常见的改良派、改革派，极端情况下的革命派。

右倾是指判断、决策和行动有比较保守的倾向。

右倾判断是根据已经表现出来的形势即历史的所有经验和规律，对"现在"和"未来"做出的比较保守的判断。根据右倾判断进行决策后的行动就叫**右倾行动**。

右派是指立场右倾的人，也就是常见的保守派、顽固派，极端情况下的反动派。

左右两种倾向和行动的结果都只有或然性而没有必然性，但右倾判断和行动较之左倾而言，正确的概率偏大——左倾判断和行动基于所有历史的经验和规律，而右倾是在所有左倾判断依据的基础上，经常会多加一个或几个（保守的）验证条件。

也就是说，"昨天"的经验能否判断今天的是非或高低，需要"明天"发生的一切来予以验证，尽管这种验证在一定的时空之内仍然是概率的，但确实是对"今天"所有判断的验证。

甲乙两人雇了同一个神枪手打猎，规定谁先得到被击中的猎物，猎物就归谁。

甲只要听见枪响就奔向猎物，而乙在"听见枪响"之后，还要亲眼看到猎物已经倒地而亡（附加的验证条件），至少要看到猎物已经受重伤（次一级的验证条件），才会行动。显然，甲是左派，乙是右派。

比较而言，甲可能比乙多得到许多已经被打死的虎豹狼熊，但是所谓冒险精神，表面上是勇气问题，本质上是风险偏好问题，只要神枪手有一次失误，较之乙，甲的后果就不堪设想——谁能保证"神枪手"百发百中？

2."左倾"与"右倾"

采取左倾判断、决策和行动的人不等于左派，右派中惯于"左倾"的人不一定比左派的少，反之亦然，所以当年把"托拉斯爆破手"西奥多·罗斯福当左派的人显得如此幼稚，把锐意改革的邓小平打成右派的人更是何其荒唐。

也就是说，"左倾"并不是左派，他们是右派中寻求主动归中，或者抱着与左派妥协、合作的立场和态度的那部分人。"右倾"也不是右派，他们是左派中寻求主动归中，或者抱着与右派妥协、合作的立场和态度的那部分人。

当"右倾"遇上极右——右派中因为走极端而陷入妄执的那部分人，他们的敌意不因左派"右倾"的主动示好而有多大改变，也就没有"右倾"期望中妥协的余地和合作的可能。"右倾"在己方同样会遇到来自极左分子的"敌意"，只是他们妄执的方向与对方的极右分子完全相反，极左分子认定"右倾"不是投降主义，就是机会主义。如此一来，"右倾"的主动归中既不会被己方的极左分子理解和接纳，他们妥协、合作的态度在极右分子那里也不会得到善意的回应，事实上成了单方面无条件的让步，自己的所有努力最终都是一厢情愿，和投降实在看不出什么区别。

"左倾"的境遇与"右倾"相差无几。

"过与不及"之间有"足够"大的时空框架供左右两派生存、发展、合作、斗争，而极左极右却总是喜欢挑战这个时空框架的边际和极限。当针锋相对，矛盾不可调和的时候，极左极右都不惜把生死置之度外，不惜来一场大战。"右倾"和"左倾"夹在中间处境尴尬左右为难，但是因为关乎切身利益，甚至攸关生死，所以面对危局他们不可能闭目塞听无动于衷——这其中真的有机会也确实有风险。是力挽狂澜还是千古罪人，是改革派还是投降派，看似一念之差，其实并不简单。表面上考验的是一个人对分寸的拿捏和时机的把握，以及对形势的判断能力和对局面的掌控能力，实则考验的是这个人有没有坚定的信仰，并且能否在此前提下正确理解和运用居一执两时中。

说到这里，不妨让主夫来讲一个真实的故事。

妥协中诞生的美利坚合众国

1787 年美国制宪会议召开时，德高望重的政治家、科学家本杰明·富兰克林已届 81 岁高龄，而美国当时还是互不隶属的介于"国"与"州"之间的十三个"邦"，急需一部宪法来实现"联邦"，但是，由于各方意见相去甚远，历时三个多月的会议不时有人出言威胁，有人离场抗议，唇枪舌剑互不相让，时常吵得一塌糊涂。制宪会议上，以乔治·华盛顿为首的美国开国元勋们都以高超的智慧和影响力各自做出了重要贡献，尽管如此，如果说没有富兰克林制宪会议或难成功，恐怕并无异议。他在制宪会议上始终致力于调和各邦相互妥协，直至宪法签字生效。

富兰克林所发挥的至关重要的作用，现在看来可以概括为六个字：居一执两时中。

正是这种态度让他得以超脱一时一事、一党一派的束缚，而只有超越宗派利益，才有可能俯视包括自我和自我的宗派在内的个人利益和宗派利益；才有可能找到并凸显与会各方都需要的共同利益，摆出足以服众的道理；才有可能取长弃短，天下无敌。

什么叫极端？简而言之就是因为坚信真理在我，所以无法超越自我而与其他各方形成对立且绝不妥协的状态。妥协的过程则是一个消除或减少对立的、去极端化的过程，只有去极端化，才有可能取长弃短，求同存异。这里需要的是居一执两时中的高度智慧和机智灵活，绝非和事佬无原则的"和稀泥"，而整个会议期间富兰克林把中庸之道运用到了超凡入化的境界。比如，关于如何分配议会席位的问题，大邦小邦各执一词几近翻脸，是富兰克林出面调解的。不久还是同一个问题，坚持"原则"其实是在钻牛角尖、走极端的人们再次无法相让，甚至开始互相攻讦，还是富兰克林出面调解。关键是最后阶段，在宪法成稿准备签字的时候，有三个邦的代表拒绝，富兰克林在最后一次会议上对他们做最后的劝说，并为此发表了书面演讲。

主夫仔细研究这段历史并对照原文反复阅读这次重要讲话，从中看到的是在超越自我而"居一执两"之后，富兰克林的时中，就是以特有的坦诚、中正，俯视包括他自己在内来自各邦，代表不同利益的众代表，旗帜鲜明地支持那个包括他自己在内的大家都可以接受的，并不完美但"如此接近完美"的方案。

这篇演讲可谓动之以情，晓之以理，今日读来尤其能感受到什么叫高瞻远瞩、切中要害，以及"公道自在人心"的那种可以跨越时空的穿透力和心灵震撼。讲话不长字字珠玑，主夫不忍删节，全文照录如下，与读者诸君共享。

　　主席先生，

我承认，这部宪法有几点眼下我还不能苟同，但我无法保证自己永不赞同。活到我这把年纪可谓薄有见识，经验告诉我如有详情或经审慎考虑，即使是一些曾经颇自以为是的重大议题，若发现自己错了也要做出改变。因此，年纪越大，我就越倾向于自我反省，并更加尊重别人的判断。

多数世人和多数宗教教派一样，以为自己拥有全部的真理。但凡与他们不同，必是谬误。一个叫斯蒂尔的新教教徒在一次献词中对罗马教皇说：我们两个教会教义确定性的唯一不同在于，罗马教会是"绝对正确的"，而英格兰教会则是"永远不会错的"。而且常人大都像他们信奉的教派一样认为自己总是"千真万确"。这种满满的自信在一位法国女士那里表现得极为自然，在和姐姐发生争执时她说："我也不知道怎么会这样，姐姐，除了我自己，我还没见过永远正确的人。"

基于这些感觉，先生，我同意这部宪法，包括它所有的瑕疵，如果它们确是瑕疵的话。因为我认为我们需要一个总的政府，而现在还没有政府的形式，可是若能治理有方当是百姓之福。我甚至进而相信，这一次可能天下大治若干年，不过还是只能以专制收场，和以前其他共和形式的结局别无二致。每当世风堕落到其他任何形式的政府都无能为力时，就会需要专制政府。

我还怀疑无论再开多少次制宪会议，都未必能制定出一部更好的宪法。因为每当你集合了许多人，发挥了他们集体智慧的益处，同时，你也不可避免地集合了他们的偏见，他们的激情，他们的错误观念，他们的地方利益，以及他们的一己之见。莫非能指望这样的机制产生完美的结果吗？

可是先生，令我感到惊诧的是，我发现现在制定的这套制度居然如此接近完美；我认为，这部宪法会让我们的敌人惊诧莫名，他们正满怀自信地等着，以为我们也会和通天塔的建造者一样，每次总是劳而无功；以为我们各邦正处在分崩离析的边缘，此后每次见面，都不过是为了彼此掐断对方的喉咙。

为此，先生，我同意这部宪法，因为我不指望还能更好，还因为我也没有把握说，现在这部宪法就不是最好的。为了公益，我牺牲我认为宪法中还有瑕疵的私人意见。这些意见我从未对外透露只言片语，它们在这四壁之内讲出来，也在这里消逝。如果我们每个人一回到选民那里，就向他们报告自己对宪法的反对意见，力图获得一帮一派的支持，我们就可能阻挠宪法被普遍接受，从而失去所有的有益影响和巨大好处，这些影响和好处，是从世界各国和我们人民中间对我们自然的好感中产生的，而这种好感，只能从我们的全体一致中产生，不管这种一致是真实的还是表面的。

任何政府，为了获得和保障人民的幸福，必须有力量和效能。大部分力量和效能，取决于民众对政府、对治理者智慧和人格的良好印象。为此我希望，作为人民的组成部分，为了我们自己，为了子孙后代，我们采取全心全意、全体一致的行动，尽我们力所能及推荐这部宪法（如果得到邦联议会的认可和各邦制宪会议的批准），以便将我们的思想和努力转向安邦治国。

先生，总的来说，我禁不住想要表达一个愿望：制宪会议中每位对宪法或许还有异议的代表请和我一起，就此机会，略微怀疑一下自己的一贯正确，宣布我们取得一致，在此文件上签下他的大名。

3. 方法论

> 中长期应该右倾，
>
> 短期更应该右倾，
>
> 但实际行动经常与此相反。

（1）投机

机会主义者喜欢见风使舵，而**理想主义者和现实主义者其实都是机会主义者**，区别在于投机的程度不同，具体表现在看问题的角度和解决问题的方法。理想主义者比较注重长远利益，其深谋远虑的奋斗目标既可能是自己的现世、来生，也可能是子孙万代的平安幸福，并为了诸如此类的长远利益而甘愿放弃眼前利益。现实主义者比较注重眼前利益，由于现实无法跨越，决定了芸芸众生其实都是或多或少的现实主义者，并且都内含极端倾向。

右倾意味着保守，保守意味着稳定，至少意味着对稳定的主动追求，而这和左派尤其是左派中的革命派正好相反。

"右倾"本来应该是左派的一种主动归中行为，就像"左倾"本来应该是右派的一种主动归中行为一样，但是由于内含极端倾向，右派总是比左派期望的更加保守，就像左派总是比右派想象中有更多改革的冲动或革命的激情，比如"哪里有压迫哪里就有反抗"，比如"官逼民反而不得不反"等。尽管右派的保守并不总是带来稳定，尽管左派的改革或革命的"结局"往往并不乐观，但悲剧的结局并不能消除悲剧的原因，这个不变的原因叫作——内含极端倾向。

即使是无产阶级，"右倾"也是他们的习惯性选择。他们一贯保守的态度表现为朴实、勤劳并以此换取生存，假以时日而求得发展，但是如果现实的贫富两极分化导致的饥寒交迫根本不允许他们采取任何保守的态度，不允许他们有任何观望、中止或妥协、退让的余地，横竖是个死，倒不如拼个你死我活，鱼死网破之时或许还有一条活路——（长时间）趋于极端状态，让极端保守派不得不被动归中的那些激进的革命力量，就这样被激活了。

"戍卒叫，函谷举"，没有活路的"戍卒"不得不革命，不得不选择了风险巨大但相对主动的一条路。情势所迫，他们宁愿相信或者说只能相信诸如"王侯将相宁有种乎"之类的革命口号，但是陈胜吴广揭竿而起只是起了个头，那些蜂拥而来聚集在起义大旗下的人，绝非都是"戍卒"，更多的是机会主义者。

机会主义者善于见风使舵，所以喜欢跟风，而跟风的风险实在是太大了。多少并非必死不可的人，跟着死路一条的"戍卒"，轰轰烈烈地丢了性命。

成为王侯将相的理想，只是陈胜吴广为喜欢跟风的机会主义者画的一个大饼，等待他们的现实却是步步惊心，杀机四伏。现实和理想如此悬殊，如此不一致，却有那么多人跟风，前仆后继，如果总结历史原因，苛政猛于虎，官逼民反等对极端状态的描述，其实都是非常透彻的解读。

在国际关系中，当矛盾积累斗争升级到白热化之后，国家间实现成功兼并的例子在历史上多不胜数，而代价惨重的失败似乎更多。失败的原因多种多样，但有违中庸常常是失败的主要原因，远的不说，就说近代欧洲的德国纳粹主义和亚洲的日本军国主义，对邻国从蚕食到鲸吞，很快就以为自己真的成鲸了，于是做出了超乎寻常胆大妄为的举动，待惨败之日，才明白蛇吞象，太疯狂，自己原来并没有成鲸，还是原来那条蛇，只是当初被情绪激励而变成了一条妄执的狂蛇。

他们悍然发动了侵略战争，莫非也像陈胜吴广那样面临绝境，迫不得已？

不，当然不是。

真正的原因是他们都奉行内含极端倾向的理想并拒不时中，那几个思想激进并特别擅长演讲煽动的领袖，蛊惑大众跟风一拥而上，以致情绪失控群体疯狂，"天欲令其亡，必先令其狂"，就是对这类内含极端倾向并趋于极端状态的生动描述，处于这种状态下的个人也好，群体也罢，他（们）心里只有一个"必胜的"信念，脚下只有一条不允许回头的单行道，所以越走越远，拒不时中，直至走向极端，直至走向毁灭。

（2）模式

①外行、内行、专家、高手是指那些对某个行业或某类人事有不同程度的实践经验和见解的人，他们经过一定的实践检验、培训或反复论证，形成自己的、相对独立的操作模式，相关行动结果的"盈亏"都取决于这个操作模式。

②无论外行、内行、专家还是高手，人的所有行动其实都在依据某个操作模式进行，比如量入为出和不惜血本就是同一状态下完全不同的两种操作模式，或者是同一操作模式在不同状态下的不同表现。

他们之间的第一个区别在于这个操作模式是不是自己的。如果不是训练有素，没有自己的、相对独立的操作模式，则永远不可能成为任何行业的高手，而外行总是在根据别人测算出的盈亏或仅凭个人情绪采取行动。

第二个区别在于操作模式本身的不同。高手的操作模式能够及时发现错误并予以修正，即具备纠错功能，借此可以有效克服情绪性，达到超越自我直至无我的境界——这种功能在关键的时候可以保命，平常则有助于检讨是否内含极端倾向并预防极端倾向（长时间）趋于极端状态。其次，高手的模式能够使正确的操作得到有效、长久的贯彻执行。

高手、专家、内行、外行的操作模式的"功能"逐级下降，而外行的、失败的操作模式的特点往往就是任由情绪性泛滥，放任内含极端倾向长时间趋于极端状态，最终被动归中。

③一个人的世界观以及由世界观所决定的信仰，由信仰决定的价值观都需要相应的操作模式才有可能落到实处，在现实生活中表现出来，而当一个操作模式真正开始指导人的行动的时候，这个操作模式其实已经成为我们常说的方法论了。

④芸芸众生分布在各行各业，在某个行业异军突起或变乱丛生的时候，都是该行业高手大显身手的时候，但是，任何行业不仅普通人居多，即使行业精英也并不等于跨界高手，而大众经常喜欢一哄而起盲目跟风。由于没有自己的操作模式，这种习惯在大势平稳向好的阶段，专家、行家甚至外行都可以有很好的收获，一旦大势转坏，尤其是在极端状态，跟风便很容易失败，最终难免沦为炮灰。

（提示：第五章第四节"盈亏同源"有与"方法论"类似，但侧重点有所不同的讨论。）

四、时时不中时时中

1. 时时不中，故须时中

（1）时时不中

中庸是世间无时不在、无处不在又无法（长期）把握的理想状态；而中庸之道是所有理性和智慧的框架，因为它是所有人情事物的实际存在状态。

外在的物极必反是中庸之道作用于自然界的客观表现，内在的反躬自省则是人对中庸之道的主动运用，运用的结果可能趋近于客观现实，但不一定（完全）符合客观现实。

不同的人的理性往往缺乏统一性，同时，统一的理性一旦本身偏离中庸，其危害不亚于无知和愚昧。历史上和现实中许多极左或极右的事例，比如信仰极端化、专制独裁、无政府主义等都是有力的印证，所以，对同一件人事千变万化甚至"极不理性"的立场和表现，其实正是不同的人对现实的"合理"反应。

预期未来时，"公说公有理婆说婆有理""仁者见仁智者见智"都是正常现象。真正的结果都是唯一的，但许多结果在兑现之前，都具有一定程度的或然性，推断一个没有发生的事物或然的未来走向时，无论多么权威的预期或结论，其实都是概率的。概率的大小取决于这个结论成立的前提条件能否得到满足，科学研究如此，经济生活亦如此，人情事物莫不如此，"时时不中"准确描述了这类现实，所以，人只有用自己的全部理性和智慧（理智）时刻检讨、校正自己的行为，也就是时中，从而力求中正，做人，才可能与理想人格保持最大限度的一致性；做事，才可能与客观时势保持最大限度的一致性。

（2）时时中

古今中外坚定奉行军国主义思想和路线的任何利益集团从肇始到覆灭都有其必然性，正如《汉书·谏伐匈奴书》所言："兵者凶器也，争者末节也。……夫务战胜，穷武事者，未有不悔者也。"但是极端倾向作为人性深处的贪婪，兑现为恶果不是一蹴而就的，从潜滋暗长的萌芽到无法抑制的爆发，一般来说都需要经过一段时间，甚至有一个漫长而渐进的过程。

渐进的过程通常不是线性的而是曲折的，也就是说在这个过程中的人会有一次，甚至多次改正错误、悬崖勒马的机会。比如许多人津津乐道的"利益最大化"，似乎是从事任何行业做任何事情理所当然的追求，但正是这种内含极端倾向的完美主义的想法和做法，不知害死多少人。多少政商人士迷失在这种"无可挑剔"的境界之中不能自拔，行政追求集权专制，必然是以暴易暴；生产经营不为他人留利，必然要巧取豪夺；不主动分权分利的结果，从来都是先害人，后害己。

道理看似简单，但极端倾向的首要特点就是执迷不悟，一条路走到黑即妄执。外人事中或本人事后都可以轻易看明白结局的错误,以及正确的出路。回头是岸看似容易,当事人却囿于内含极端倾向的理想,"拒绝"主动归中,这便是无可救药,徒唤奈何。无论在任何时空,极左和极右都因为陷入妄执,而成了全知或不可知的受害者,而事实上,许多事物在许多时间都充满了不确定性,是测不准的。

测不准是指理论上成立,并在历史上多次被验证过的事物,现实中由于不确定性的存在,仍然不一定能完全准确地预测该事物。不确定性导致测不准,你根本不可能知道何处、何时是(最)高或大,何处、何时是(最)低或小。这个原因使许多人在许多时候束手无策、左右为难,陷入"开口便错、言语道断、心行处灭"的不可知论。军国主义者和追求利益最大化的人如果面对测不准而就此作罢,知难而退,则不失为一种纠错,甚至可以认为是悬崖勒马,上帝显灵,但是这是不可能的,因为他们心陷妄执,不能自拔。

事实上,那些明知不确定性客观存在,未来的时势不可能完全预知和掌控,却对自己的理想目标始终坚定不移拒不时中的人,他的每次决断都是在赌,不是赌左,就是赌右,赌左赌右都正常,但是妄执的人赌的是极左或极右,这在赌场上称为孤注一掷。

如果说不可知是一个极端,那么全知就是另一个极端。与悲观的不可知论者相比,认定时势全知的人同样难逃厄运,区别在于"全知"的人有一个"乐观的"过程,但最后往往死得更难看。历史上、现实中比比皆是的军国主义者和追求利益最大化的人,结局大多如此。

任何成功在结果兑现之前或多或少都是理想的。因为成败其实是由过程决定的,过程能否做到趋利避害决定着成败,还因为无论人、事都不可能做到完全的中庸,也就是说无论任何时候,不完全中庸才是常态,这就叫"时时不中",所以做人做事需要时刻保持警醒,随时调整自己的状态,讲究合作共赢,主动放弃内含极端倾向的"利益最大化"诉求,才能避免走向极端。主动归中就是在过程中随时主动向中庸靠拢,这就叫"时时中"。

2. 时中与战略定力

看过了上面的论述，有人会认为"时时中"就是随机应变，甚至是一日三变，这样的理解没错，还非常准确，但是不够全面。因为如果只注重灵活，轻则稳重不足，重则会失去原则、迷失方向。时中在实践中应该有战略和战术两个部分，战术具有阶段性、注重灵活性并且是为战略服务的。战略战术这些概念源自战争，尽管事关生死存亡的战争战略是无出其右的顶级战略，并且常常是一战之后还有百战，正所谓"黄沙百战穿金甲，不破楼兰终不还"，彰显的就是足够的战略定力，但是如果用长远的眼光来看，无论多大的战争其实都是实现某个更大目标过程中阶段性的战术行动，并且战争作为极端状态的终极表现，总体时间占比其实很小，从来不是也永远不可能成为大多数人愿意主动接受的生活方式，因为对绝大多数人来说，真正足具定力且堪称远大战略的目标永远是和平，是稳定，是发展。

与战术相比，战略注重的是有理想、有高度并且有足够的耐心，有远见卓识并且不忘初心，深自砥砺，笃定前行。战略方面拒不时中的风险固然远远大于战术上的固执己见，但是，战略上一日三变的人，其真实原因恐怕并不是出于时中，这样的人要么没有起码的战略定力而左右摇摆，要么就是因为不懂战略和战术的区别而进退失据。比这些情况更加严重的，一是那些因为根本没有战略，所以"随遇而安"的人，他们无所适从很可悲；二是那些战略目标内含极端倾向并趋于极端状态的人，为了达到目的完全可以不择手段，他们心狠手辣很可怕。

3. 妄执之后

（1）同道难免裹挟，道不同难免敌对

人际关系看似纷繁复杂，但是按照时空划分不失为一个化繁为简的好办法。时空的"空"在这里表示合作的深度和广度，极具深度和广度的合作关系就是所谓的命运共同体，而人际关系中的合作关系大致有如下三种。

①同源——共同的渊源

血缘关系和婚姻关系是人际关系中最具渊源的两种基本关系，除此之外，有些关系无论善恶，因为时过境迁，也都成了无法改变的既定事实，比如一起同过窗，一起扛过枪等。

②同利——共同的功利

功利本来是中性的，但功利的目标和实现的手段却可以区别善恶。

③同道——共同的情怀

同道是指在共同的世界观前提下，具有共同的理想，共同的信仰。

世界观是唯心的还是唯物的？理想是有神的还是无神的？信仰是极端的还是温和的？这些问题的答案及其对现实的利害，不在于是否内含极端倾向，而在于是否（长时间）趋于极端状态。同源、同利而不同道的关系难免不够稳定、紧密，但是，稳定、紧密的同道关系如果不恪守中庸之道，又难免走极端，因为没有什么情怀（理想、信仰等）是不内含极端倾向的。关于这个问题本书第二章第二节第三条的"必居一"已经有过较深入的讨论，此处不再赘述。

人都是自私的这种说法其实不够严谨，因为我们很难见到公益面前从来无动于衷、一毛不拔的人，却经常见到这世上除了至爱亲朋，还有一种人可以让一个人在紧急状态下甘愿为其舍生忘死——你们撤退，我掩护。这种人就是这个人的同道。同道有多种含义，这里指的是因为具备信仰以上级别的高度共同，所以具有相同或相近的价值观和方法论的人。同道们聚在一起成立一个组织，在付出巨大努力甚至牺牲的同时，经常会有更加巨大的功利收获。但是，如果同道们的信仰内含极端倾向，事情会如何？刘邦项羽因为同道而约为兄弟，但他们为什么不能避免反目成仇、你死我活的结局呢？

那些关系曾经温和，偶尔可以呼朋唤友，甚至可以称兄道弟的竞争对手，因为其中一方或双方的信仰内含极端倾向，必然渐行渐远，直至变成势同水火的敌对关系。昔日的"朋友"变成敌人，良性竞争变成了恶意攻击。

同在一个组织的人，为了顶住敌人越来越猛烈的进攻，为了维护越来越多的既得利益，为了对得起奋斗路上那么多伙伴前仆后继的牺牲，同道们事实上已经只能前进不能后退了，任何犹豫就是畏缩，任何反省等同叛变，同道关系越来越荣辱与共生死相依，谁也离不开谁，谁也不敢离开谁，谁也别想离开谁。

同道们凭着这种一往无前的精神，可以不断提升整个团队的功利等级——可以创立任何工商业、政治、军事的奇迹，可以保家卫国，可以开疆拓土，当然，也完全可以改朝换代。但是，一模一样的劲头只要方向稍偏，就可以造就一个邪教，或者可以造就某个极端组织，也完全可以造就任何超乎想象的恐怖分子……

总之，随着共同利害的不断累积加深，尤其是随着追求目标的不断提升，同道们从初期合作时相互欣赏、认同的简单关系，变成了只允许前进不允许后退，再后来变成了只能成功而失败不起的命运共同体，容不下任何异见，更容不下任何异己，实际是在相互裹挟。

同道们相互裹挟，我绝不反思，拒绝时中，你也休想中途变卦，不达目的（我们）决不罢休。于是这些人的奋斗目标被不断地向上提高或向前拓展，于是他们的决心更大了，他们的信心更足了，他们的誓言更决绝了。

因为内含极端倾向的信仰和做法，本身有一种置事物的归中性于不顾的与生俱来的"极端"冲动，当这些人的奋斗目标达到一定高度，极端冲动使居一陷入妄执，从而拒绝执两，致使过程不得时中，假以时日，敌对势力日益积聚壮大，难免被动归中的命运。

（2）举国之力

关于君主的故事，充斥史书的是纣王虐杀比干，楚王放逐屈原，即使等而次之，也相去不远，不封言路甚至不杀言官已经是君主难能可贵的"素质"，而像唐太宗那样对犯言直谏的大臣"百般忍让"，魏征死后如断肱股感慨不已的君主毕竟世所罕见，因为人的自律性本来就有限，指望一个至高无上的人同时是一个自律的人，基本都是奢望，所以历史上多见平庸昏聩的君主，少见明君。因为不同于民主政体的多党竞争，胜者上位，届满交权和平让位，独裁专制因其集权思想和行为内含极端倾向，独裁者终其一生都在致力于不断追求个人威权直至登峰造极，一山不容二虎的信念，在每个独裁者心里都深入骨血几近本能。在大权独揽之后，为了维护既得利益，尤其是维护个人权威，独裁者都少不了搞个人崇拜——真龙天子、万岁万万岁之类自欺欺人的名堂不可或缺，玩笑不怕大，没人敢笑并有人当真就行。

尽管都是依靠暴力为威权保驾护航，从"玩笑"的水平还是能很大程度看出独裁者开明与否。"朕即国家"①摆出一副我是太阳我至高无上的嘴脸，而"奉天承运"②则刻意强调自己名正言顺，虽然本质上都是强权，但后者在声色上委婉了许多，实际上也开明了许多，其中个别相信"水可载舟，亦可覆舟"的独裁者，就真可谓英明了。

独裁专制体制的特点是可以举国之力干大事，比如修万里长城、开挖京杭大运河，比如汉灭匈奴、唐灭东突等，无不是独裁者一声令下而倾举国之力成就的宏图伟业，但是，凡事可否成功都需要审问前提，如此大事能够成功不可或缺的前提是——独裁者英明，至少要开明。昏庸的独裁者独断专行所干下的大事，轻则劳民伤财，重则祸国殃民。

历史上有影响的人祸，有多少不是出自那些既不开明更不英明，却有兴趣干大事的独裁者？他们总是把独裁搞成一言堂，弄得举国上下噤若寒蝉、唯唯诺诺、唯命是从、无脑执行。看看蜀丞相穷兵黩武

---

① 这话是自称"太阳王"的法国国王路易十四说的，相比于"普天之下，莫非王土；率土之滨，莫非王臣"更显独断专横。"朕即国家"是说：我路易十四是国家的象征，代表国家形象，体现国家意志，是国家范围内一切财产和权力的绝对拥有者。四个字不仅把话说绝了，事实上路易十四专权更绝，可谓名实相副，把内含极端倾向并趋于极端状态的专制统治演绎到了极致，并且一度使法兰西在欧洲再次辉煌，但是到他统治的末期国内两极分化严重，阶级矛盾已有不可调和之势。

② 奉天承运的意思是皇帝遵从天意，继承新生的气运，换言之就是皇帝受命于天，君权神授。奉天承运的说法始于明朝，但君权神授思想在中国由来已久，比如秦始皇刻在玉玺上的"受命于天，既寿永昌"。

六出祁山①，隋炀帝以怒兴师三征句丽，再看看历史上一座座宏伟壮观的宫殿陵寝，桩桩件件到处是独裁者倾尽天下一意孤行的亡国杰作。

历史上每个大有为的独裁者都是因为干大事，并且干成大事而彪炳史册，而许多祸乱天下的独裁者也不乏干大事的记载，与前者的不同在于他们干大事的前提要么是为了小团体的私利，要么只是出于个人好恶，甚至纯粹因为穷奢极欲。

内含极端倾向的独裁专制体制下，帝王、总裁、"总统"是最大的独裁者，封疆大吏州府县官都是独霸一方的小独裁者，青天大老爷和爱民如子的父母官渐成传说。大独裁者可以借助都察院、东厂、西厂、锦衣卫一定程度上约束小独裁者，但无法根本改变自上而下的大小独裁者的权力几乎不受约束和制衡的现实，而大独裁者本人一旦妄执，动辄举国，可谓一念兴邦，一念丧国，所谓天下兴亡、百姓福祸不过是大独裁者英明或昏庸，小独裁者廉洁或贪腐的附带结果。

4. 智与拙——四代帝王解同一个结

从异姓不封王到"众建诸侯而少其力"，再到晁错削藩，取得最终成功的是推恩令，这是西汉王朝四代帝王为了解开同一个结，为了解决同一个政治问题进行的跨时代探索、创新和拼搏，最后终于成功实现了中央集权，整个过程把居一执两时中运用得出神入化。

第一代汉高祖——自以为是的取长补短。

汉高祖开国之后肯定会反复检讨的一件事就是为何秦失其鹿。他很可能认为废弃周朝的封建制而实行郡县制，无情无义也就无法显现君恩笼络人心，是秦朝失败的主要原因，但秦朝采用郡县制的益处显而易见，不可能完全弃之不用，所以汉高祖对周朝灭亡，尤其是对秦朝速亡的教训进行时中，结果就是让秦朝的郡县制与周朝的封建制并存。

但是封建诸王之后，汉高祖很快发现为了赏功而分封的异姓王对

---

① 诸葛亮虽然多次北伐，但兵出祁山其实只有两次，"六出祁山"是演义概说。

他的江山构成重大威胁，不得不大动干戈，费尽九牛二虎之力予以翦灭。于是，汉高祖对异姓封王易生异心威胁社稷的教训再进行时中，结果就是绝不分封异姓王，而是放手分封同姓子弟为藩王。

汉高祖信心满满地认为，自己对政治体制如此取长补短和精心设计，有亲有情有恩有义，必将确保刘家的天下永固。

可惜事与愿违。历史事实是，汉高祖的江山远比周朝烂得迅速，好在远没有秦朝那样烂到不可收拾，而国内最大危机的制造者，恰恰是他最信任的同姓藩王。

晋武帝的祖、父司马懿、司马昭两代人韬光养晦多年苦心经营，轮到他代曹灭吴建立晋朝已是水到渠成，但他做事有始无终虎头蛇尾，大肆分封同姓藩王，作为开国皇帝犯了和汉高祖一样的重大错误而不自知，而西晋不像西汉一样代有英才时中纠错坚持不懈，以至于晋武帝死后不久的"八王之乱"直接诱发了五胡乱华，致使中原北望生灵涂炭，十室九空。

第二代汉文帝——众建诸侯而少其力。

到文帝时，王国势力已经严重威胁中央。淮南王、济北王率先谋逆，贾谊为此提出"众建诸侯而少其力"的建议，可谓推恩令的雏形。文帝在很大程度上接受了贾谊的建议，作为时中的一个有效措施，贾谊的策略兼集削藩的实际效果和推恩令的政治艺术，但因为只是在藩王死后，才让他的儿子们裂土封王，所以不能在短时间内解决问题，也就不能快速消除藩王作乱的隐患，仍然难免日久生变。

第三代汉景帝——晁错削藩，敢想敢干。

汉景帝即位后，藩王问题日益严重。《汉书》记载了枚乘对吴国强大国力的描述："夫吴有诸侯之位，而实富于天子；有隐匿之名，而居过于中国。夫汉并二十四郡，十七诸侯，方输错出，运行数千里不绝于道，其珍怪不如东山之府。转粟西乡，陆行不绝，水行满河，不如海陵之仓。"由此可见国家面临支强干弱、尾大不掉的状况，何其窘迫。

为了尽快解决藩王对中央构成的威胁，晁错建议削藩，同时他认为文帝削藩的慢动作已经跟不上时代的要求了，但晁错既不像前人贾谊那样讲究政治智慧，更没有后人主父偃那样的政治艺术，削藩就是很直白地削，结果激起了"七王之乱"，枉自弄丢了自己的性命。

汉初诸帝针对藩王问题采取的多次时中，只有晁错削藩不注重居一执两，其实是典型的居一执一，一意孤行，失于刚猛。

第四代汉武帝——推恩令。

到汉武帝时，主父偃建议令藩王推私恩分封子弟为列侯，而不用等到藩王死后由皇帝加封王子，客观上大大加快了削藩的速度。这样，名义上是对藩王广施恩典，实际上是剖分其国以削弱藩王的势力。这一建议既符合了汉武帝巩固专制主义中央集权的需要，又避免了激起藩王变乱反叛的可能，因此立即为武帝所采纳。汉朝廷不行黜陟，而藩国自析，彻底解决了藩王问题，为一个伟大帝国的长治久安奠定了坚实的基础。

推恩令把政治艺术发挥到了极致，明明是要削藩，偏偏美其名曰推恩，兵戈不动，轻松时中。

如果说汉高祖的取长补短不过是封建制和郡县制的简单杂糅，略显仓促粗糙且多有自以为是，间隔文景之治的诸多经验教训，轮到汉武帝展示其雄才大略，则显而易见地注重了可操作性，所谓取长弃短，不再只是形式上的简单加减和粗暴取舍，而是从政治体制到政治思想都进行改革。正是汉武帝政治改革所取得的巨大成功，为中国数千年的专制政治奠定了坚实的基础，直至这种政体灭亡，换过多次汤，再没换过药。

从四代帝王对同一个政治问题进行居一执两时中的探索和实践，可以看出，时中既不同于用中，更不同于走极端，而且时中不是只有向中一个方向。

从汉高祖矫枉过正，贾谊高瞻远瞩，到晁错直奔主题，落败身死，再到推恩令以退为进，四代帝王的做法各有千秋，最后的成功绝非偶然。

这段历史说明，解决同一个问题，可以有多个角度，原本一门心思削藩的国策，可以摇身一变成为"增藩"，反而轻松达到了归中的目的。

这正是时中不同于用中的地方，时中注重对时空要素进行综合考量，在空间方面不排除朝相反方向多走几步，尤其懂得并善于发挥时间的作用，使原本看似不可能根治的沉疴，终因药病相投得以药到病除。

第二节　但愿人长久

一、从知行合一到世界大同

人在攸关利害得失的时候都会有所权衡。眼前的利害得失因为显而易见，如有争夺很容易做到火力全开倾情投入；长远的成败荣辱易变难测，所谓的远大理想，时而触手可及，时而虚无缥缈，所有的坚持全凭执着，但执着的前提是什么？人们惯常把成功的原因归结为远见卓识，其实与其说这是成功的原因，不如说这是对追求成功者的鼓励，以及对成功人士的奉承，因为除了靠运气这类可遇不可求的偶然成功之外，执着并最终成功离不开两个前提：一是恪守中庸之道，二是知行合一。

能够满足这样两个前提绝非易事，尤其是极端倾向（长时间）趋于极端状态的时候，也就是眼前的"所有"事实都支持某种判断的时候，支持这种判断的言论就会占据上风，极端言论无论多么偏激，在同样极端的人那里都会得到选择性倾听，被视为金玉良言，起到"醍醐灌顶"的效果——因为眼前的"所有"事实都指向同一个方向，这个方向长时间地发展，让无数摇摆不定的人改变了态度，当初的反对派扭脸变成了推波助澜的同盟军。

神话

20世纪80年代日本房地产狂热时，有两大"神话"支撑着所有投机者。

第一个神话是"土地不会贬值"。岛国日本人多地少，土地不可再生，所以被认为永远是稀缺的，土地价格被狂炒而不断暴涨，"地王"每隔几个月就刷新一次。有人按1990年行情计算的结果是卖了东京可以买下整个美国。现在看来那只是一个没人当真的传说，一个曾经存在过的美丽的大泡泡，但在当时，实体企业和金融机构都因为看不破——其实是不愿意看破——这个几乎透明的大泡泡，而不计成本地跃身进入土地市场，短线交易，奋勇博傻。

第二个神话是"东京房价不会下跌"。经过战后几十年强劲的经济增长，日本跃居世界第二经济强国，许多日本人坚信不久日本将取代美国成为世界第一经济强国，政府永远会支持房地产，日本只有一个东京，是吸引着全国乃至全球人口流入的世界级中心城市，刚需强、后劲足，即使有泡沫也不会破裂。

两个"神话"越传越神，于是从机构到个人争相购置房产，共同期待在持续的暴涨中大赚一笔。面对做企业一年的利润不如一块地一月的涨幅，并且"年年如此"的事实，实体经济纷纷抽出资金大举进军房地产。

然后呢？

1990年之后的二十年，日本主要城市住宅用地价格腰斩之后再腰斩，房价急跌之后持续阴跌，经济萎靡不振，被称为"失去的二十年"。

历史会重演，但不是重复。重演的不仅是房价，还有人性的特点——内含极端倾向的贪婪和恐惧随着房价的涨涨跌跌而轮回。当然还可以换个地方，在中国把当年日本的繁华与落寞重演一遍，也未尝不可。

在房价爆发式上涨的几年间，有一个无可辩驳的购房逻辑在中国流行着——你不买房把钱存银行，你的钱就会被银行借给别人买房，你租着别人用你的钱买的房，用你交房租的钱还房贷，房子不断升值房主身价水涨船高，很快娶了原本属于你的女人。

有甲乙两个中国人，作为好朋友，他们对待房子的态度显然代表两个极端。

甲没法说服乙不要买房，因为乙有堂堂正正的理由，刚需。

甲没法说服乙不要买第二套房，因为乙有堂堂正正的理由，保值。

甲没法说服乙不要买第三套房，因为乙有堂堂正正的理由，赚钱。

……

甲没法说服乙不要买第 N 套房……

"多年"以来，乙买房了，乙保值了，乙贷款了，关键是乙炒房发财了，所以，甲错了，这么多年甲一直是错的。

类似的问题在 1988 年日本人也曾经百口莫辩——在非理性的极端状态，大家都沉迷在击鼓传花的游戏中，把价格炒得一浪高过一浪，谁能有两年以上的长远眼光？面对已经多年上涨，尤其是"近几年"越涨越快的房价，只涨不跌的判断"越来越"正确。因为"事实"明明摆在那里，面对"实实在在的"眼前利益，人很难抵御"最后一次""千载难逢"的机会诱惑。殷鉴不远，日本曾经的"泡沫经济"在泡沫破裂前两年的表现，不过是内含极端倾向并趋于极端状态时，陷入妄执的人被情绪控制之后的又一次群体性癫狂。

"神话"终归不是现实，有谁问过 1990 年之后的日本人，是否还相信那两个"神话"？

最后说几句看似题外的话。

日本房地产神话破灭距今已经过去二十多年了，但是，日本的经济没有因此崩溃，而是成功实现了软着陆，并一直在低调前行，韬光养晦，埋头苦干。事实上从很久以前的遣唐使、大化改新，到近代的明治维新，在长达一千多年时间里，这个国家反复经历了从无条件模仿到有条件取舍，再到自成体系、自主创新跨越式发展过程。今天，那个曾经八方出击、四处碰壁的日本，大有浴火重生之势。

迄今为止在养成高素质国民的基础上，日本建成了法制国家，拥有廉洁的政府，名列世界前茅的大学以及二十多人次获得诺贝尔奖。在这个国家食品安全、治安良好、环境优美、就业率高，医疗体系和平均寿命也首屈一指……在拥有所有这些之后，这个自二战结束便受制于人的国家没有骄傲，有的却是深深的危机感和养精蓄锐，伺机一举挣脱锁链、再造神话的极大耐心。

上下求索的屈原哀叹"举世皆浊我独清，众人皆醉我独醒"，终至愤而投江，湖北人和陕西人曾经势不两立。怒发冲冠的岳飞誓言"壮志饥餐胡虏肉，笑谈渴饮匈奴血"，中原人和东北人曾经不共戴天。现在看来不过是先人们因为无法打破国家间的壁垒，无法实现民族间的和解而产生苦恼。

只有时间能化解时代的死结。屈原解不开的秦楚仇怨，岳飞解不开的宋金死结，都被时间一一解开了。时间可以带着人类跨越时代的阻隔，但美好的未来并不能掩盖当下的矛盾，不忘初心不等于罔顾现实，因为有限的时间无法完全解决每个时代特有的现实问题。没有足够的时间，人间恩怨的死结无法完全解开，战争无法完全避免，于是就不可能不歌颂屈原的高洁，就不可能不激扬岳飞的气概。

天雨大，不润无根之草；道法宽，只渡有缘之人。如果把高僧的出世点化，做俗人的入世解读，机缘就是合适的人在合适的时间遇见合适的事情，并起而行之。屈原、岳飞的爱国主义何尝不是如此，因为他们守护的是国家利益，只要国家存在一天，就需要他们那种大无畏的勇气和虽死犹荣的精神。

撇开可行性谈理想，等于妄想；机缘不到谈理想，等于空想；万事俱备之后，能够不失时机付诸行动的人，才是那个真正的有缘人。

墨子非攻、向戍弭兵最多只能延缓战争，因为大争之世战争注定无可避免。近代民主和法治的推广和普及，无疑将带给世界持久的和平，因为和平是人类历史的主旋律。期望中的世界大同，从理想走到现实，需要等待那个机缘，等待适合它的那个机缘逐渐成熟并最终来临，不能脱离实际急于求成。任何制度建设，任何文明进步都不是空穴来风，都不是无根之草。

那么，世界大同需要什么样的前提条件呢？

一是雄厚的物质基础；二是广泛的民意共识，在新时代新形势下，国家消亡，世界大同或许需要一次类似"改土归流"①的大变革；如果还有第三个条件，那就是一定要有不世出的政治家而不是庸碌的仕途政客。他（们）既有足够的影响力又能胸怀世界，做到高瞻远瞩，审时度势，一旦万事俱备，必能不失时机。这样的政治家致力于打破国家疆界的精神和勇气，注定丝毫不亚于以身殉国的屈原和精忠报国的岳飞。

世界大同是大趋势，所有国家之间的壁垒终将一一打破，但要打破，需要无数人做出无私奉献，甚至付出鲜血和生命的代价。如果还有更重要的，那必是时机。时机重要，而时机都是由时间酝酿出来的，所以时间要足够。一百年够不够？不够，那就再等一百年。等待文明进步，等待人类成长，等待那个瓜熟蒂落的时机到来，等待那个不世出的政治家登高一呼。从此往后，世上再无一个国家是独立的——再无一个国家独立供养军队，再无一个国家独立发行货币，再无一个国家独立行使主权，世界再无霸权，人间再无战争。

如此美好的愿景与眼前（激烈）对峙的（极）左派和（极）右派，以及面对由他们主导下的现实，所有与之不同的观点，尤其是立足长远的真知灼见，如何做到特立独行甚至做到拨乱反正，而不是随波逐流？任何美好的理想不仅需要坐而论道，更需要起而行之，需要心无旁骛的执着精神。

问题是执着与妄执看似一字之差，却有本质不同——失之毫厘差之千里。它们代表着从历史上到现实生活中的伟大的成功者和悲惨的失败者。如果说胜败有其内在的必然性，那么，如何做到在结果出来之前，让自己站在成功者的一边而不是相反？在具体的实践活动中，如何做一个执着的有理想的人，而避免成为一个走极端的妄执的人？

---

① 土司是中国西南许多地方土著民族的首领。土司制度起于唐宋，运行过程中土司们为了地方利益，或者为了小团体的、家族的甚至一己的私利而形成事实上的割据，对抗朝廷号令，祸乱当地，积弊丛生。明清两朝为了消除土司制度的弊端，长期致力于"改土归流"，就是把世袭土司改为朝廷认命的可以流动的官员，但是，直到中华人民共和国成立，"改土归流"才真正取得了成功。

在中和儒学看来，执着和妄执的区别在于是否恪守中庸之道。妄执的人因为不守中庸，拒绝时中，才会一步步走向极端。

理想决定目标，成功要靠行动。所谓知行合一，就是应该做到行动和理想相容一致并恪守中庸之道，这样的知行合一才能称为执着。

二、一致相容，事无不成

一个人能否做到言行一致，内外和谐，要看这个人能否做到知行合一，所以有如下两种情况。

第一种情况叫作"知行不一，自欺欺人"，说的是明知该做的没做，或者做了明知不该做的。如果只是偶然为之且程度轻微，风过无痕，或许没有不良后果；如果长此以往不仅难免没有不良后果，个人精神也会从纠结到自责，再从焦虑到燥郁，内心虚无外感挫败，惶惶不可终日。

第二种情况叫作"知行合一，大事可成"，是说只要自己的行动（长时间）与目标、理想保持一致，就可能逐步达成目标，实现理想。因为这种一致性使知行合一落到了实处，不至沦为空谈。

集体能否做到言行一致，内外和谐，既要看一个集体的内部关系，还要看各自独立的集体之间的相互关系，这些关系主要有两种。

第一种关系不妨形象地叫作"狼多肉少，一致相侵"，说的是在不同主体（个人与集体的统称）的内部及其相互之间，有一致的目标却无法做到合作共赢，则难免形成竞争关系，甚至敌对关系，不得不共同面对一个相互侵害的过程。利益竞争和权力竞争都把这种一致相侵的关系演绎得淋漓尽致。

第二种关系可以叫作"志同道合，一致相容"，说的是在主体内部或者不同的主体之间，有一致的世界观便可能有一致的信仰，有一致的信仰便可能有一致的价值观，进而发现共同的利益，建立合作共赢的关系，并共同拥有一个荣辱与共相容发展的过程。

以下内容只针对第二种关系进行讨论。

人与自然相容，才能生存、发展；人与人相容，才能共存、共荣。

一致性不仅是人与人沟通、理解进而认同的前提，更是人与人相容，人与自然相容的前提。任何两个要素之间如果缺乏一致性便难于相容，而唯相容才可以同荣辱，共进退，幸福生活，和谐发展。不同要素之间短时间缺乏一致性，它们的相容性未必有质的变化，长时间则未必没有质的变化。

唯物辩证法的量变质变规律认为，并不是任何量变都能引起质变，而是量变积累到一定程度时，事物内部的主要矛盾运动形式发生了改变，进而引发质变。无视两个要素之间一致性的缺乏，尤其是长时间缺乏一致性的量变累积，还"坚信"它们仍然相容，便是极端倾向，是妄执。

对于人事来讲，**一致性**是指人事存在的时间（周期的短、中、长）、发展的空间（高或低，大或小，远或近，多或少等），以及参与者的心态（情绪及情绪控制的综合表现）这三个方面相容，相互之间没有矛盾冲突。换句话说，时间、空间和心态这三个方面相互之间的矛盾冲突越小，相容性就越好，一致性的程度就越高。

下面让我们一起尝试用一致性来分析一下大家熟知的"兔死狗烹"现象。

这个成语出自《史记·越王勾践世家》。范蠡、文种二人用大半生的时间齐心协力并全心全意地辅佐失势的勾践，在卧薪尝胆、励精图治之后终于灭了吴国。这时候范蠡规劝文种正视已经发生了根本变化的形势，告诉文种今时不同往日，让他像自己一样"逃亡"，而不是和得势的君王坐地分赃。原话讲："蜚（飞）鸟尽，良弓藏；狡兔死，走狗烹。"意思是说天上没有了飞鸟，再好的弓也会被收起来；兔子死绝了，猎狗就该被煮着吃了。暗指大功告成以后，曾经出力卖命、功高震主的人很可能会被杀掉。

文种不信，结果真的被勾践杀掉了。

历史上、现实中这样的例子很多很多，在文种的前后就有伍子胥、商鞅、白起等著名功臣，他们的下场和他相比统统都不遑多让，这些人的共同点大概三条：功高震主则主子不可能不猜忌；愚忠耿直且以此为恃；遭同僚忌恨而不自知。前两条或许可以躲过一劫，三条皆有则必死无疑。

功臣认为是分内应得的特权和享乐，君王却往往会觉得是分外的奢望，那么，如果能知道分内和分外的尺度，范蠡是不是就不用隐居了？文种是不是就不会被杀了？

答：是。

那么，分内和分外的尺度是什么？

白居易作诗："周公恐惧流言日，王莽谦恭未篡时。"说的是在主少国疑的时候，年幼的周成王和孺子刘婴对权臣周公和王莽的尺度没有任何不同，除了放任只能"信任"，因为他们都对权臣无可奈何。不同的是权臣内心的尺度——是忠还是奸，是辅还是篡？

谁能知道他们内心的真实想法呢？

时间。

除了时间，即使有人知道，也没人足以证实，所以白居易紧接着下一句诗指出："向使当初身便死，一生真伪复谁知？"但这首诗的真正重点是想强调一种识人用人的方法，叫作"试玉要烧三日满，辨材须待七年期。"这种方法突出强调了时间重要，但是，有没有哪个君王敢保证一段很长的时间过后，自己最信任的那个人会成为周公，而不是王莽？

没有。

于是当江山得失系于一念之间的时候，君王很容易错杀忠臣，更多的时候会故意诛杀功臣，所以这种时候从来都不缺冤魂。

史书常见柱石功臣不得好死，究其原因，很多都是对分内和分外的尺度无从把握，衡量个人的利害得失时君臣的参照系不一致，衡量尺度也不一致。当如此重要的一致性无从把握的时候，面对这种足以致命的不确定性，范蠡选择了逃避，关键是他"成功"了。后世很多明白人都在争相效仿他，但是，在主夫看来，范蠡的抉择其实就是居一执两时中——在超越自我之后，得以俯视自己和勾践的关系，他选择了主动归中，而文种无法超越自我，做不到俯视，也就做不到居一执两时中，结果等待他的是被动归中。

有人问：能够优势互补、取长补短的伙伴，恰恰是因为相互之间的不一致而更容易合作，这是否违背了"一致是相容的前提"这个判断？

主夫答：左右手因为互为相反的主体而相互独立，或者说是对立——不相容；因为目标一致而相互合作——相容。

前者的不相容是左右手的"异"，后者的相容是左右手的"同"，一致性是求同存异，而不是一味求同，也就是说一致性既不是容不得不同，更不是要消灭差别。

一致性未必是显然的，人际交往的关键往往在于对一致性进行人为的发掘并予以整合，通过大量艰苦细致的工作，使许多原本微不足道的一致性得以彰显，并达到整合的境界。

整合的境界是指对一致性相关要素的发掘、认识和把握，并在此基础上建立有根据但不妄执的趋同、自信和互信。

构成事物的要素是有级别的，高级要素是否一致或是否相容决定着事物的性质和最终的发展方向，高级要素的一致性比低级的重要并对低级要素起决定作用。

比如，**世界观、信仰、价值观、方法论是决定社会文明或个人文明自上而下四个级别的要素**。世界观、信仰、价值观等高级要素缺乏一致性是文明冲突的根源，因为世界观决定信仰，二者又共同决定价值观，最后被决定的是方法论。老子说："孔德之容，惟道是从"（大德的形态，是由道所决定的），说的就是这种递进关系。

两个人、两个集体、两个种族、两个国家世界观、信仰、价值观一致性的多少决定着二者相处的过程是和平还是斗争，方法论只是在高级要素取得相容一致，即有可能合作的时候，解决如何合作及合作得好坏等具体的问题。

鸡同鸭讲说的就是缺乏一致性，而除了中庸这一理想状态，绝对的一致性又是根本不存在的。所谓发掘并整合一致性，就是在某个特定的时间段内，寻求合作的各方发现有某个级别的要素相容，说明那个级别的合作具备可操作性，于是在那个级别展开相应的合作。

对人来讲，只要不是极左与极右，则任何事物在任何时间都可能具有某种程度的一致性。事实上，理想的实现就是时间和空间的某个夹缝中始终透出的那一线光明，恰好照亮了那些早有此意的人心。

考察整合的境界是否具备可操作性，应该注意如下几个方面的一致性。

1. 时间足够——欲速则不达

不止空间产生距离，时间也同样产生距离，区别在于空间距离完全有可能弥合，时间距离除了单向等待，却无法回溯。老照片记录的历史瞬间永远不可能完全复原，就像我们和恐龙生活在同一片土地上，却不可能回到它们的世界。

事物发展的趋势是由时空两个要素决定的，时空是对距离的描述，但是，无论趋势还是距离，人自己眼中看到的往往只有空间，反映在对事物的态度上就是只注重结果的好坏和成败，而意识不到或者是有意无意间忽略了时间（过程）对任何事物的结果起着决定作用。

对于以时空衡量的事物来讲，结果（或结局）总是体现为空间的终点，这里的空间是对大小、多少、高低，以及好坏、成败等的泛指。物理上的由 A 点出发到达 B 点如此，人事的功利从无到有，从小到大亦如此，能否到达理想的终点是最直白的利害，所以人的注意力不由自主地倾向于空间，有意无意间忽略了时间的作用，但任何事物的发生、发展和消亡都有其自身的周期，任何周期都必须通过时间表达，时间是空间得以展开的必要条件。

换言之，时间是实践的载体。

（1）假以时日，信仰是完全可能改变的

当年杀洋人烧教堂的义和团的团民可以走进教堂虔诚膜拜洋菩萨，

曾经一心忠君的人可能转而推崇民主——信仰是可能改变的，左派和右派也是可以互相转化的，只不过发生改变或转化的不一定是他本人，而是他的子孙。

检验"真理"需要耐心，而耐心需要时间，甚至只需要时间。

时间的作品层层叠叠，无一完全相同。理想和现实之间的任何差异只有借助时间才能表现出来，时间常常比行动本身重要。其次是**时空转换**：时空两个要素是可以相互转换的——某个事物"应该"由空间完成的变化，可以假时间之手来完成，比如水滴石穿。"应该"由时间完成的变化，可以由空间变化取代完成，比如基因突变。这里讨论的不是物理学的时空互换，而是人对时空两个要素的认知及其对人生理、心理的影响，所谓"应该"仅仅是人对事物发展和变化的主观心理预期。无论何事，时间既会让期望中的结果面目全非，又可能让你喜出望外，所以时间重要。

时间有时会换个面孔，这时人们把它叫作耐心。足够的耐心还是耐心，而问题是风险或机遇总是在你缺乏耐心，或刚刚失去耐心时便不期而至，这是为什么？因为人事发展的周期及周期内部各个阶段的表现，没有相当的时间不可能完成。常言道"三十年河东三十年河西"，换句话说，耐心是成就任何事情必需的付出，所以耐心重要。

欲行愚公移山之事，最需要的恐怕不是歃血割牲，不是海誓山盟，而是耐心。

①民主国家的善变与不变

政治信仰是完全可能改变的，在多党制的民主国家，这种改变更是没有障碍，是国家政治生活的常态。多党竞争实现了国家内部的政治平衡，同时，增加了纠错的敏感度和回旋的灵敏度，从而可以切实保障国家利益。民主国家不会允许当权者为了自己的所谓信仰，而牺牲国家的利益。执政党如果犯了重大错误，会很快被轰下台，由某个在野党取而代之。昨天还在游行示威的民众转眼间成了新一届政府的支持者，昨天还处于敌对状态的两个国家，马上可以放飞和平鸽。

实用是民主国家政党间竞争的重要筹码，实用主义是民主政治奉行的首要原则。面对眼前明明白白的实惠，任何理想主义者描绘的莫须有的高冷信仰或长远利益，都不得不一而再再而三地退让。于是实用主义即使不是民主国家每个政党的最高信仰，也必须是主要信仰，但是，实用的不一定是物质的，人不同于动物在于人不仅有生理（物质）需求，人还有丰富的精神需求。人的精神需求和物质需求时相从属，大多数时间精神需求受制于物质需求，但也会出现此消彼长的情况，在极端状态下精神需求可以制约、抑制物质需求，让人以苦为乐，甚至可以视死如归。

一个政党在野时间越长，说明什么？说明它的信仰越不实用。政党为了上位或连任，"不得不"一味地以眼前利益诱导甚至蛊惑选民，迎合大众，因为眼前利益经常比长远利益显得迫切和直白，因此长远利益便会在有意无意间被忽略、被掩盖、被牺牲，但现实绝不是只有眼前利益，所以，埋头于眼前利益的人和政党绝不能代表目光远大、胸怀全局的其他实用主义，而只是一心谋求眼前利益这种内含极端倾向并趋于极端状态的实用主义。这种时候的实用主义更容易认同"且趣当生，奚遑死后"的人生观，人们只求当下活出精彩，谈不到政治理想和信仰，所以，哪个政党对眼前利益的算盘精承诺到位，哪个政党就容易当选，但是做人做事总不能只讲对自己实用，一点不讲诚信，一点不要脸面吧？为人处世如何做到今天可以吞下昨天的旦旦誓言？

民主国家就能做到。

疾言厉色但内心充满功利算计的实用主义者，如果碰上无私无畏的对手，很难挺直腰杆，一不小心就会露出纸老虎的本来面目，尤其是面对不容损害的国家利益，民主国家完全可以做到不讲诚信，不顾脸面，而且可以做到既出尔反尔又无可挑剔——那个对不起您又斗不过您的家伙，已经为此付出了代价并承担了责任，昨天晚上已经被炒鱿鱼了，一同被轰跑的还有他的脸面、诚信和"他的"信仰。

今天刚刚上台的"新总统"，恰好是昨天还处于敌对状态的那个国家的独裁者的"老朋友"，独裁者甚至会觉得"老朋友"如此勇于替前任承认错误，简直不失为一种美德。既然死对头一夜之间换了舵手，自己也就大人不记小人过，如烟往事俱忘却，当然，只要以维护国家利益的名义，以上情况也可能以不完全相同，甚至完全相反的其他方式出现，比如总统同意的事情被议会否决了，比如上议院否决了下议院的提案，等等。

这种应变机制是任何专制独裁国家所不具备的。对手用选票箱在谈笑间风轻云淡就可以完成权力交接，任何一个国民都可以指出总统的错误，而议会可以平衡总统的决策失误，这些都是把时中在政治实践当中进行的行之有效的技术化，但独裁者没有任何退路，没有人敢指责独裁者的错误，对手却会利用他的错误打击他。在斗争白热化的时候，独裁者每次押上的都是自己的全部赌注，若非英明神武，次次有死无生。英明是独裁者最大的倚靠，其次是开明。英明的独裁者叫雄主，开明的叫明君，因为这些品质都难能可贵，可遇不可求，所以历史上明君不多，雄主则少之又少。

民主国家不大可能提倡大公无私、公而忘私等理想主义情怀。如果说非常实用和比较实用是两种不同的政治信仰，民主国家完全可以根据需要更换不同信仰的政党对付独裁者，而一心护国保民任重道远但稍有闪失就可能赔上身家性命的独裁者，面对换信仰如同换衬衫一样简单的政治对手，除了无奈，剩下的还是无奈。

②不以成败论英雄

尽管暴力可以在事实上征服敌人，但是长时间来看，"胜利"总是毫无悬念地属于占领道德制高点的一方，同时，一个不容忽视的事实，是不同的人、不同的时代道德标准会有所不同，道德制高点自然也会随之有所不同。上帝面前人人平等、众生平等都是宗教理想中的道德标准，而冰冷的成王败寇则是功利主义（亚丛林法则）的"道德"标准，有人问：丛林社会没有道德，还有没有标准？答案是：当然有，那就是更加冰冷的自然法则——优胜劣汰，适者生存。

人道主义作为道德的核心基础是随着人类文明的发展而不断成熟的，是在物质文明达到一定水平之后，人类共有的、逐步发展完善的精神文明。"温暖"的人道主义不仅内含极端倾向，并且总是与"冰冷"的自然法则背道而驰，当二者相去太远的时候，人道主义逐渐变成了趋于极端状态的理想主义，难免被无知、妄执或心怀恶意的人利用。

穷人和富人的道德时常会有很大的不同，这不是因为他们的人品素质有任何先天不同，而是因为富人作为社会的既得利益者，通常更乐意树立信仰、讲究道德，穷人却必须为了自己和亲人的衣食住行而埋头苦干，埋头得不到，就可能抬头做强盗——那些长期饥寒交迫孤苦无依看不到希望的人们，能成为温文尔雅彬彬有礼的谦谦君子，还是更有可能禁不住物质利益的诱惑，而沦为没有正常尊严的娼妓奴仆，或成了追求正常尊严的"反贼"，答案不言而喻。管仲说："仓廪实而知礼节，衣食足而知荣辱"，先贤把那么深刻的道理说得如此浅显、直白。穷富问题既可能是一个关于明天的理想问题，也可能是一个如何活到明天的现实问题，那些罔顾现实的理想如果不是蓄意欺骗，至少难免虚伪。

道德作为精神文明的重要组成部分，它的内容必然会随着物质文明的发展而不断发展，还有一种变化实属偶然，那就是从古到今不时可以见到（自以为）占领了道德制高点的人，根据自己的需求和好恶重新评判先人——把历史上的"胜利者"拉下马的有之，为历史上的"失败者"鸣冤叫屈的，亦有之。针对这种情况，一方面应该尽量做到执两俯视，避免用包括己方在内的任何一方宗派化、功利化的道德标准评判历史，唐突古人；另一方面也应该承认，不以一时的成败论英雄才是一个社会包容、进步的表现。

③温水煮青蛙

有人做过一个"温水煮青蛙"实验。第一个实验，先把常温环境中的青蛙投入40℃的水中，青蛙立即奋力从容器中跳了出来。第二个实验，以每分钟上升2℃的速度加热容器，到了一定温度以后，青蛙开始躁动不安，然后奋力跳出容器。第三个实验，把青蛙先放入装着凉水的容器中，以每分钟上升0.2℃的速度缓慢加热容器，结果发现青蛙因为水温的"逐渐"升高而在水中悠然自得，但是，当温度高到青蛙无法忍受时，它却已经无力一跳了。

在不知不觉中，青蛙被"煮"死在热水中。

这个实验告诉我们，内含极端倾向并趋于极端状态的方法有两种，一种是快速甚至是突飞猛进的，另一种是缓慢的，渐进的。前者显而易见所以容易刺激人和青蛙类似的防御本能，对潜在的危害加以防备，从而避免结果失控，但是后者则不同，很难把握甚至很难意识到，所以很难防范，即使熟知中庸之道的人也需时刻警醒，偏执狂则注定无处可逃。

青蛙可耐受的温度是有限的，超过某个临界值，青蛙就会丧失跳跃能力，很难逃出生天了。日常生活中的各种瘾君子，又何尝不是温水中的青蛙，一支烟接一支烟，一杯酒后又一杯酒，一次出于好奇而尝试的吸毒……尽情享乐尤其是长期放纵，毒害便由浅入深，直到不可救药。

所以，人又何尝不是温水中的青蛙，一个个漫不经心间被忽视的细节，一个个似乎无伤大雅的不良习惯，一次次小小的出格，还有在教科书中"不经意间"植入的宗派思想……在没有一丝警觉的情况下，"你"正在一点点地变化并日益趋于极端。

时间及其内含的渐变无处不在，无孔不入，而另一方面也可以说明，成败及其需要的应对，大多数时候是可以预见和可以把握的，因为成败，尤其是大起大落都非一日之功。

④信仰可以改变，但不可以随便

1919 年 5 月 4 日，北大学生梅思平和他的同学们高喊着"外争国权，内惩国贼"的口号，放火烧了与日本谈判失利的"卖国贼"曹汝霖的宅邸，然而，同样是这个"爱国青年"，在日本侵华时期却主动到汪精卫那里当了高官，于 1946 年因汉奸罪被枪决。抗日愤青梅思平扭脸就去做了降日汉奸，说明他不是信仰混乱就是根本没有信仰，而没有适度信仰的人是可怕的人。这样的人生活在轰轰烈烈的时代，很难经得起那种大浪淘沙般的洗练，原形毕露之后，不过是一个钻营善变、毫无原则的跳梁小丑。这样的人在和平时期做一个政客或可左右逢源，大争之世黑白分明不容苟且，大是大非面前胆敢投机取巧欺世盗名，枉自弄丢了性命。

无论乱世还是治世，都不乏梅思平这样的人，而梅思平的结局告诉人们的是——信仰可以改变，但不可以随便。

（2）降服心魔

超越群体经验的情况屡见不鲜，超越个人经验的情况更是司空见惯，社会文明的每一次跃进，整个人类都需要直面许多前所未有的、超越所有既有经验的新生事物，其中不乏考验，更蕴含机遇。所有已经发生的人事都具有确定性，而任何内含极端倾向的不可知或全知，对那些尚未发生的人事，都不一定能经得起时间检验。

①历史是对过去的描述。对过去的事情其实很难说是否全知，但乐观的人通过归纳获得"足够的"自信而趋向于认为过去是全知的。

②预期是对未来的描述。对未来的事情其实很难说是否不可知，但悲观的人通过归纳失去"起码的"自信而趋向于认为未来是不可知的。

③以现在为分界，过去和未来都是由这个分界界定出来的时间概念。《圣经》这样描述过去、未来和现在的关系："已有的事，后必再有。已行的事，后必再行。日光之下，并无新事。"意思就是人类所有的理性和智慧，其实都是在总结过去，把握现在，预期未来，并且过去、

现在和未来在一定程度上是可以被总结、把握和预期的。

④如果你以为过去是全知的，你错了，因为过去不是全知的，所以你现在依然被诸多的无知困扰；如果你以为未来是不可知的，你错了，因为你现在已经知道了那么多的道理，这些道理都可以成为通向未来的桥梁，所以未来不是完全不可知的。

⑤面对过去、现在、未来那诸多用我们已有的知识可以或不可以解释、把握和预期的事物，比起内含极端倾向的全知和不可知，我们其实经常有必要直面并承认自己的不全知，退而求助于时间，在主导事物发展变化的过程中，把某一个心存疑虑的步骤交给时间裁定，从而有效避免陷入妄执——**实践是检验真理的唯一标准，而时间是一切实践的载体**。

以上可以归结为四个字：魔由心生，也可说心外无魔。

无论过去、现在还是将来，事实都是独一无二的。人对事实的认知和真正的事实经常是有偏差的，所以人在总结过去和预期未来的时候经常偏离事实，甚至与事实背道而驰。即使此时此刻、就事论事，人也经常难以做到（完全）客观。

天使和魔鬼都不存在，二者都是人根据自己的好恶想象出来的形象代言，是人对过去、现在和未来的事实进行评估和考量之后，将抽象的主观善恶的具象化。

没有人是天生的现实主义者，也没有人是天生的理想主义者，更多的人或者说一个人更多的时候是这些主义的复合体。人一生的时间有限且不可逆，因为际遇的不同，一个人对人生对世事前后可能会有不同、大不同，甚至完全相反的认识和理解，这也是造就左派右派的原因以及左派右派可以相互转化的根源，这一切都离不开人的实践活动，同时，这一切必须借由时间承载才能得以展开，至于美丑善恶，至于对错好坏，时人在评说，后人将品味，"你"也在不断改变——不妨都交给时间。

你始终和风细雨，时间在流逝，不多不少。你掀起惊涛骇浪，时间还在流逝，不快不慢。时间自在，不因左派增一分，不为右派减一秒。

孔子说："知之为知之，不知为不知，是知也。"换个角度，也可理解为与其受极端倾向蛊惑而妄执于全知或不可知，不如假时间之力，待水落石出之日，事实胜于雄辩——**时间应该足够**。

2. 时机合适——好雨知时节

见机行事、伺机而动都在强调时机，但是对时机的利用，最终酿成美酒还是结出苦果，只有时间才能给出答案，这是时机和时间的关系之一种。

某个决定或行为实施之"时"是投资、投机还是赌博，看似取决于个人偏好，但那只是表面现象，实际上取决于这个决定或行为实施之前对风险的理解和判断，以及实施之后对风险的接受程度和过程控制，这个"时"就是指实施的时机。与投资、赌博相比，投机是介乎二者之间的一种更常见的中间态度。

"风险和收益成正比"听上去很有道理，其实似是而非。这个观点同样只说出了一种表面现象，且不说相同的风险由门外汉和专家操作，其结果不同，就是同一个人、同一件事，实施的时机不同，过程控制不同，结果也可能不同，可能大不同，甚至完全相反。

这道理恐怕没有一个行业，没有一次机会例外。这个"时"也是指时机。

这就叫"此一时，彼一时"——**时机应该合适**。

3. 前提满足——一把钥匙开一把锁

时间、时机都是成事的重要前提，事实上时间承载了人事的所有变化发展，人事成败的所有条件都蕴藏在时间当中，充分条件或者必要条件全部具备的那个时刻，就叫前提满足，就是可以决定人事成败的时机。

（1）认知局限

知识对事物认知的有限性和相对性即认知局限，表现为正确运用知识必须满足相应的前提条件。这些前提条件随着时空的变化而变化，而时空变化不仅是连续循环的，并且是不完全重复的。

这里的知识是指事物在时空之中连续循环而又不完全重复的变化中，在满足一定的前提条件时所表现出来的共性和规律。

面对连续而又不完全重复变化的时空，不是与之因应的知识的前提条件不同，就是适用的知识本身不同，从自然科学到人文科学，知识最大的区别可能不在于知识本身，而是在不同的前提条件下会有不同的认知，得到不同的知识。认识并注重知识适用前提的不同，才有可能正确认识并运用知识。把任何知识不讲前提条件地加以绝对化，必然陷入内含极端倾向的机械论或教条主义甚至信仰极端化。

知识就是力量吗？不一定。知识只有在满足自身特定的前提条件时加以运用，才是力量。那些不顾及前提条件，那些一鳞半爪、杂乱无章、以偏概全、自以为是的知识和经验要么让人故步自封，成为井底之蛙，更有甚者读书为书所误，深陷妄执而无法自拔。

世上从来没有万能的、放之四海而皆准的真理，人对自然的认知好比盲人摸象，因为所有知识都是有适用前提的，这就是**认知局限**。

如果舍弃适用前提而一味地推崇并热衷于践行某个理念，就是在追求**似是而非的真理**。每个内含极端倾向的理想，其尽头都是一条"死胡同"，一旦进入这条"死胡同"，就好比盲人骑瞎马，更大的危险在于盲人此时充满乐观和自信。

（2）任何存在必有特定前提

就人类对自然规律的认识和态度而言，从对规律是否具有确定性到是否"绝对确定"的追问，不仅可以区分什么是机械唯物主义和经院哲学，还可以区分什么是不可知论和全知全能，诸如此类不一而足。

以中庸之道的观点看，"确定"的规律只在特定的时空存在，换了时空则规律不尽相同或者并不"确定"；至于"绝对确定"，只存在于理想的前提下。

在一个结果发生之前，人经常需要面对不确定性带来的困惑，为了走出困惑，人试着为知识设定前提。

如果设定前提为全知，就可回避不确定性，这个前提把人引到了上帝脚下，神将为他预知万物。

如果设定前提为不可知，就可回避确定性，这个前提可以把同一个人引到混沌未开的境界，他便不知所措，不是胡言乱语，就是尽量像石头一样无语。慎到的"块不失道"说的就是这种思想的尴尬——动辄得咎，不若顽石。

同一个人之所以会有如此不同，是因为**任何存在必有特定前提**。

《四十二章经·十三》："沙门问佛：以何因缘，得知宿命，会其至道？"这种对往世来生从好奇打问到醍醐灌顶茅塞顿开的心路历程是唯物论者无法感受的，因为宿命论是唯心主义的。从超自然的角度解读规律本身，尤其是解读规律之外的事情是唯心主义的拿手好戏，而"宿命≈规律"，便成了唯心主义和唯物主义互通有无的基础。在唯心主义尤其是神秘主义那里，万事万物皆有定数，所以遵守宿命成了做人的本分，想要超越宿命就需神的救赎，前提是诚心皈依，而神是超自然的存在，无关宿命。

自然规律和社会规律都是规律，但确定性不同。纯粹的自然规律在特定的前提下是确定的，所以是可重复可验证的，这不仅使自然科学得以成立，也使宿命论可以被反复验证，但是，关于人类社会的强弱贵贱、善恶因果等现象所总结出来的许多规律却充满变数，确定性都比较差，既普遍存在弱肉强食的自然现象，人为的平均主义又会造成强肉弱食的反自然现象，宿命论的确定性便大打折扣，但人们必须承认任何确定性、规律性如一年四季、如生老病死等，都是过去的因结出了现在的果，因而都可能被解释为宿命或者被理解为宿命，而科学正是对确定性和规律性的证明和运用，那么是否可以进一步说，科学即宿命？

错了，"进一步"就错了，这就叫"特定前提"。

确定和不确定只有这"一步"之差——前提不同。科学是在特定前提条件下的"确定"，而宿命只是对"确定"的研究、总结和人为升华，比如生死是人生在世必须面对的"确定"，有人试图逃避这种"确定"，有人试图超越这种"确定"，宿命论便趁虚而入，意在贩卖神秘主义并在相当长的历史时期大获全胜，但是如今的现实是，愚昧、迷信的时代已经一去不复返了。

一个现实是，人类智慧的客观存在和"无所不能"，成就了唯理主义；而另一个现实是，任何人类智慧的发挥都必然缘起自感觉，这又成就了经验主义。

可以认为，唯理主义是中庸之道的一派，经验主义是中庸之道的另一派，诸如此类，可谓门派林立各有所成，他们沉迷于管中窥豹，且都乐此不疲。一派和另一派有时分别代表左派和右派，有时也可能分别是右派和左派。一派有时是左派中某种程度的右派，有时是左派中某种程度的（极）左派，另一派则正好相反。派别不同，意味着看问题的立场不同，而立场不同，是因为前提不同。

人这一生，最大的虚无是色空，最大的迷途是假真——前提应该满足。

是非颠倒的功利眼

贪与恐各执一念，利与害截然不同。

舍与得天理人心，功利眼颠倒乾坤。

一派认为：贫居闹市无人问，富在深山有远亲。另一派认为：海内存知己，天涯若比邻。

一派认为：宁为玉碎，不为瓦全。另一派认为：留得青山在，不怕没柴烧。

一派认为：先发制人，后发制于人。另一派认为：人不犯我，我不犯人。

一派认为：开弓没有回头箭。另一派认为：苦海无边，回头是岸。

一派认为：狭路相逢勇者胜。另一派认为：退一步海阔天空。

一派认为：车到山前必有路。另一派认为：船到江心补漏迟。

一派认为：良臣择主而事。另一派认为：恨不相逢未嫁时①。

一派认为：人定胜天。另一派认为：天意难违。

……

问：是一派正确，还是另一派正确？

答：先审问前提，然后可以俯视。凡事养成审问其前提的习惯，对错可以不言自明。

牛饮水成乳，蛇饮水成毒。任何存在必有特定前提，那些总以为有一把无锁不开的万能钥匙的想法，不知害死了多少妄执的人。

三、可操作性

如果说关于世界观、信仰、价值观的理论离不开可操作性，其实是在说关于如何验证世界观，如何实现信仰、价值观的方法论离不开可操作性。可操作性如此重要，以至于不管是迎合神的旨意，还是揣测人的心理，无论是研究自然规律，还是社会规律，都很难想象任何一个自成体系的理论如果缺少关于可操作性的讨论，那会是什么样子。就好像求神拜佛不讲究心诚则灵、轮回宿命，就好像中小学生的课堂文不讲礼义廉耻，理不讲公式定律，所以本书始终重视对可操作性的研究，而关于可操作性非常著名的、有着广泛影响的专门理论，当属布里奇曼的操作主义。操作主义涉及很多必要条件，诸如可量化、可重复和精确性等，都是对可操作性在科技层面的"苛求"，这样的可操作性表现了实验科学一贯的严谨态度，在一定的前提条件下具有足够的确定性，但同时又是保守的、封闭的，以至于类似知难而进（退）、义无反顾、背水一战等无论历史上还是现实中都屡见不鲜，其实是无处不在、无时不有的操作，在布里奇曼那里却因为不能满足操作主义的必要条件而"没有"可操作性。（布里奇曼，1882-1961，美国实验

---

① 这句诗出自唐朝张籍的《节妇吟》，字面上描写的是一位女子婉拒婚外情，本意是在表达对朝廷的忠心，谢绝某位意在拉帮结派的高官对自己的拉拢利诱。

物理学家、哲学家，操作主义的创始人，诺贝尔物理学奖得主。）

　　这些操作真的没有可操作性吗？当然不是，它们只是不符合布里奇曼的操作主义的要求。既然如此，这些普遍存在的操作，其可操作性在哪里？对于这个问题，唯心主义和唯物主义都有足够多的解答，它们在这方面的理论从连篇累牍的神学典籍到方方面面的科技论著，可谓汗牛充栋，但是内容都不尽相同——实际上几乎完全不同，而它们各自派生出无以计数千差万别的宗派，同样都各执一词且自以为是，而能够真正"圆满"地解答并解决可操作性这个问题的，恐怕只有中庸之道。

　　在讲究恪守中庸之道的中和儒学看来，可操作性首先应该认同操作主义所奉行的严谨的科学精神，但操作主义的累累硕果恐怕只体现出可操作性的一部分，确切地说，只是一小部分，中和儒学所说的可操作性之所以既兼容并蓄，又不无原则，是因为它还认同用发展、开放的眼光看问题，用努力、进取的行动解决问题，具体内容大致是这样的：第一，无论左派右派，无论唯心唯物，只要由此及彼具备完整、清晰的逻辑链条，就可以认为由此及彼（可能）具备可操作性——如有必要，尽可一试。第二，时过境迁，"真理"自会经得起检验并继续得到坚持，如果发现当初认定的可操作性其实是偶然的、不确定的，甚至是错误的，比如地心说、日心说，比如性善论、性恶论等；"当初"认为合乎逻辑的理论很大程度只是美好的想象，是充满浪漫主义的幻想，甚至就是一个错误，并不存在切实的可操作性，这时就需要纠错，从头再来。第三，这里有必要特别强调的是，纠错包括知错、认错和改错三步，其中知错是认错的前提，而认错是改错的前提。纠错有主动和被动两种情况，本书分别称之为主动归中和被动归中。

　　主动纠错亦即主动归中始终是恪守中庸之道的上乘表现，但是，改错不易是因为知错难，认错更难，主动认错尤其难，所以纠错作为个人行为需要一定的觉悟和修养，即恪守中庸之道；作为集体行为，尤其是对政治纠错来说，从技术设计到制度建设、完善，从武选向文选、从专制向民主的成功转变，离不开政治文明的不断进步，直到最终建成和谐社会。专制社会帝王的"罪己诏"为什么屈指可数？为什么以帝王为代表的特权阶层即使知错，主动认错、改错也几乎不可能，并且现代社会同样如此？这是因为纠错表面上是对一个人的自尊的伤害，或是对一个集体的当权者的权威的伤害，本质上却很可能涉及既得利益的丧失。

但是时代的步伐不可阻挡，随着人们对中庸之道的不断认知和自觉遵守，随着竞争、选举、弹劾等政治制度体系的设计、改革和运用日趋成熟、完善，试错、容错机制越来越"合理"，纠错也因为具备了可操作性，实际上会越来越"轻而易举"。

因为认识到现实是不完美的，并且承认人都有或多或少、这样那样的认知局限，所以中和儒学的可操作性秉持"时时不中，故须时中"的理念，即恪守中庸之道，具体来说就是居一执两时中，从而使"理论—实践—纠错—再实践"成为我们探索天理人心，研究自然规律和社会规律应有的态度和得到广泛认同的发展模式。

第三节　中产阶级

持而盈之，不如其已；

揣而锐之，不可长保。

金玉满堂，莫之能守；

富贵而骄，自遗其咎。

功成身退，天之道也。

——《道德经》

一、何来两极分化

两极分化古已有之，这种可能性每天都在向现实靠近，并且今后还会一直存在、发展下去。两极分化作为一种典型的极端状态蕴含着尖锐的对立和随时可能爆发的冲突，对人类文明来说始终是一个巨大的威胁。先贤们为此费尽心思不惜殚精竭虑，他们直面这种现象时，有信奉自然调节而主张放任自流的，有追求平等而力主（大力）平抑的，这方面有许多著名的理论，比较具有代表性的经典理论有自由资本主义、社会主义以及凯恩斯主义等，他们都认为自己找到了解决问题的（最佳）办法，事实上他们的理论确实对人类的政治经济生活起到了不同程度的指导作用，产生了深远的影响。

这些主义都深知对方拥趸的人性弱点和人事发展的规律，知道对方的"弊端"在趋于极端状态时的表现并深恶痛绝，同时又因为他们各自都内含极端倾向，在把自己的理论付诸实践的过程中，又都没有办法遏制内含的极端倾向趋于极端状态，结果要么造成两极分化，要么走向平均主义，为什么？因为他们都是基于一分为二的立场看问题和解决问题的，先天失中所以难以看到，或者不愿意承认自身的狭隘，门派攻伐时火力十足，却无法主动避免自己一步步陷入妄执的窘境。

两极分化现象在非常早的时候就引起了重视，《圣经·新约·马太福音》说："凡有的，还要加给他，叫他有余；凡没有的，连他所有的也要夺去。"即强者越来越强、弱者越来越弱，这就是著名的马太效应。

比马太效应再靠前五百多年，老子提出了与此类似但更全面的思想："天之道损有余而补不足，人之道则不然，损不足以奉有余。"不难看出，马太效应表达了老子思想的一半，即"人之道"，老子紧接着自问自答："孰能以有余奉天下？惟有道者。"后人逐渐发现国家职能在社会生活中起到了老子所说"天之道"的作用，这是老子有别于马太效应的另一半思想在实践中的体现，让强者自觉或不自觉地以"有道者"的身份"以有余奉天下"，整个过程是以国家职能的形式抑强扶弱，"损有余而补不足"，亦即取长补短。具体表现为日趋完善的税收、转移支付和社会福利等，它们都没有超出老子于二千五百年前设定的"天之道"的大框架，只是逐步细化而越来越具备了可操作性，但是，两极分化的趋势依然客观存在、无法根本消除，是因为穷人只能靠自己的体力、脑力谋生活，而富人可以靠经营利润、现金利息和资产溢价等多种收入使财富快速增值。富人钱生钱，越生越富；穷人人生人，越生越穷。在财富可以带来更多财富的社会，一个除了自己一无所有的穷人，和一个可以调动巨额财富的富人相比，他们个人财富增加的速度有天壤之别，两极分化由此而来。有善辩者说，有钱人赔钱跳楼，他们亏损时的额度同样比穷人大得多。他说得没错，不过另一个不争的事实也同时存在，那就是即使某个有钱人偶然血本无归，通常也只是发生在有钱人之间的财富再分配，和穷人没有太大的关系。作为穷人，浪漫洒脱者尽可一壶浊酒喜相逢，古今多少事，皆付笑谈中，但贫穷甚至赤贫的现实如何才能改变呢？

对无产阶级来说，首先要有可能并且应该是有很大的可能成为中产阶级，这种可能性可以成就一次次穷人变成富人的所谓逆袭，也可以造就一个个鲤鱼跳龙门的励志故事，但这种可能绝不应该只是偶然，或者被当作奇迹，而是应该具备"努力则上升"的必然性。

这种必然性只有基于畅通的中产阶级通道，才是可靠的，才是稳定的，才是成熟的。就努力本身所内含的极端倾向而言，在中产阶级通道严重堵塞的专制社会，既得利益阶层随着财富集中和优势积累将日趋反动化，所谓努力，长时间之后变成了他们投机钻营和捍卫特权的同义词。而阶层日益固化，占人口大多数、绝大多数的弱势阶层的努力长期、普遍无效，随着贫困加剧和希望破灭，他们将日趋革命化，所谓努力，最终只能是发动武选来打破专制社会的阶层僵局。专制社会就这样治乱循环，周而复始，而努力则上升能够长期、普遍有效的前提是依靠民主法治保持畅通的中产阶级通道。

有人大声疾呼："请回报劳动，而不是酬谢财富"，但是可操作性呢？面对劳动力日益"昂贵"的市场，是资本家的选择空间大，还是劳动人民持续获得高工资的时间长？答案是资本家会加大机械化程度替代人工，或者向劳动力相对便宜的地方投资或迁厂等。现实中诸如此类的事情时有发生，不胜枚举，所以经济"自然"运行的过程无时不需

道生一

要政府的适度干预，而行政职能的发挥考验的不仅是高级领导人是否具备随机应变的政治智慧，更是在检验整个政府是否具备包括所有法规、政策在内的相对成熟、稳定的政治经济技术，因为维护中产阶级通道畅通绝非简单粗暴的劫富济贫，或者一时兴起大包大揽的扶危济困。

相对于计划经济导致的平均主义，自由经济的主要弊病包括过度竞争、生产缺少宏观层面的计划性、贫富两极分化等，针对这些弊病，不同程度的改良和变革在许多国家都相继实施。为了避免过度竞争，有了规范市场的法治；为了避免供过于求的经济危机，有了宏观调控；为了避免两极分化，有了基于税收的转移支付等。转移支付其实就是由政府操刀的"劫富济贫"，就是政府对富人征税，再部分或大部分转移到穷人手里，以社会福利的形式保障穷人的基本生活，从而遏制两极分化。而这种手段的极端状态，其实就是平均主义。

说来说去，到底谁是两极分化的主要责任者？

有人说是富人，因为富人贪婪无止境；有人说是穷人，因为穷人懒惰不上进；还有人说是因为政府腐败、苛政猛于虎……各种说法都不无道理，但都因为有失片面所以似是而非。事实上造成两极分化的主要责任有时是富人，有时是政府，但是无论如何不太可能是穷人本身的原因。因为两极分化的距离一旦拉开，通常都会越拉越大，穷人和富人的关系越来越像羊和狼的关系，而羊和狼的战斗力根本不可同日而语，所以绝大多数时候不能把两极分化归咎于穷人。实际情况是所有这些原因的综合，并因时因地有所差异和侧重，所以两极分化不是一味地"劫富济贫"就可以解决，不是一味地反腐倡廉就可以解决，当然也不是一味地帮助弱势群体就可以解决，切实可行的手段是所有这些手段的综合，并同样因时因地有所差异和侧重，也就是说，遏制两极分化没有一成不变的做法，如果有什么做法堪称金科玉律，那就是，也只能是居一执两时中，只能是政府时刻致力于创造并维护畅通的中产阶级通道。

通过以上分析不难发现，中产阶级和中产阶级通道对于社会的政治经济生活如此重要，那么什么是中产阶级，什么又是中产阶级通道呢？

二、中产阶级独具权衡作用

在社会生活中，属于不同个人名下的财产有多有少，而不同的人对现存社会秩序的变革倾向——从改良到改革到彻底革命——又有不同。这种变革倾向与其名下财产的关系并非严格的正相关，也就是说通常不能用财产多少作为衡量某个特定的人是否革命的硬性标准，但是，说一个人的变革倾向强烈与否，很大程度取决于他的阶级身份，恐怕并无异议。

社会两极分化越是严重，革命和反革命对立和一触即发就越有可能，"朱门酒肉臭，路有冻死骨"就是对严重两极分化的描写。这种状况完全可能出现，但要想长治久安，这种状况绝不可长久存在。柏拉图说："穷人聚在城里，身怀白刃，有的负债累累，有的颠连无告，有的则兼有此两种不幸而充满愤恨，打算对付夺去他们财产的人——他们正打算造反。"这就是在（长时间）两极分化的状况下，穷人的现实处境和最终唯一的选择。这个剧情简单情节单一，并且每次都是新演员的桥段在历史上反反复复地放映过，可谓司空见惯。

柏拉图借他的老师苏格拉底之口说："我们的首要任务乃是铸造出一个幸福国家的模型来，但不是支离破碎地铸造一个为了少数人幸福的国家，而是铸造一个整体的幸福国家。"于是，他运用自己丰富的实践经验和严谨的哲学、政治思想勾勒出一个近乎完美的理想国。

亚里士多德

在此基础上，他的学生亚里士多德的大作《政治学》得以更上一层楼，对所有问题的思考无疑更加理性、成熟和完善，而不同以往之处在于，亚里士多德倍加推崇和勉力奉行的正是中庸之道。在几乎同一个时代，东西方如此之大的跨度，古圣先贤们的不约而同，如果说这是英雄所见略同，毋宁说是真理具有趋同性。由这种趋同性得出的结论，不因时间和空间不同而有质的不同。

亚里士多德认为唯有以中产阶级为基础才能组成最好的政体，中产阶级是社会稳定之源在他的《政治学》里，这是著名观点之一。

亚里士多德认为中产阶级"既不对别人抱有任何阴谋，也不会自相残害，他们过着无所忧惧的平安生活。……无过不及，庸言致祥，生息斯邦，乐此中行"。（亚里士多德著《政治学》）

他认为人的"善德就在行于中庸——适宜于大多数人的最好的生活方式就应该是行于中庸，行于每个人都能达到的中庸，……大家既然已公认节制和中庸常常是最好的品德，那么人生所赋有的善德就完全应当以'毋过之毋不及'的中间境界为最佳"。显然，只有中产阶级最有可能具备这种品行。如果说一个人的品行完全取决于他的阶级不符合实际情况，恐怕没人否认（长期）处于极端状况的人难免不做出极端行为，所以，避免两极分化始终是任何政治体制都无法（长期）回避的，但是，由于受制于文明发展特定历史阶段，直到近现代之前，人类社会的历史上多有自顾不暇的小农、小业主和小资产阶级，更多的是饥寒交迫的无产者，由此造成的战乱频仍、朝代更迭，都是因为没有能够长期稳定存在的中产阶级。

某些哲学以静态的方式进行阶级划分，并不符合社会实际的发展与变化。

对于资本家和工人来讲，工人为资本家付出劳动，资本家为这个劳动支付工资报酬，同时占有了该工人的剩余劳动，从而形成了资本积累。在这个交换过程中，资本对资本家占有工人的剩余劳动起了决定性的作用，资本使资本家与工人在既定的劳资关系中占有了主动地位。

资本主义理论认为资本的存在是必要的、合理的，而某些哲学认为资本的存在是充满血腥的、罪恶的。

这里有一个明显的分歧就是如何看待资本的存在性质。如果以静态的观点看，资本家永远是资本家，而且资本的逐利性是内含极端倾向的，所以资本家势必会越来越有钱，直至形成垄断，形成寡头经济，即某些哲学所说的资本主义的帝国主义阶段。这种可能在某些哲学的经典理论家生活的年代是不难想象和推定的，但事实是经过第一次世界大战，尤其是经过二十世纪三十年代西方资本主义阵营的严重经济危机，资本主义面对前所未有的困境和剧烈的动荡，进行反思和主动归中，当资本主义从一片废墟中再次抬起头，某些哲学预言中的那根"链条"不仅没有如期断裂，断裂的可能性反而很大程度上被克服甚至消除了。资本主义这次大难不死，涉险过关，一览无余地暴露了某些哲学理论以静态的方法划定人的阶级成分，以一分为二的狭隘眼光看待社会矛盾的局限性。

那么，应该如何合理看待并适度调整人的阶级成分，改变人的阶级属性，并借由这种调整、改变而缓解直至很大程度地消除社会矛盾呢？

当贵族作为一个特权阶级被人类文明"淘汰"之后，当官僚作为一个特权阶层势必被人类文明"克制"之后，当垄断资本作为一种容易产生特权的情况势必被人类文明"驯服"之后（洛克菲勒的标准石油被肢解在这方面具有标志性意义），就像文选的总统再也不可能把他的职权直接传给自己的儿子一样，事实上已经不能以是否拥有资本来划定并从此确定人与人的关系了，因为这种拥有的前提是智慧、风险、辛劳和奋斗，更关键在于"拥有"本身再也不是世袭罔替、一成不变的特权。

资产阶级与无产阶级之间的界限并不像贵族和平民那样截然分明，同时资本由于法律的制约，已经不可能无限扩张而形成（长期）垄断。

这就使有产者和无产者的身份互换成为可能，在不平等的社会中建立了一种"平等的"竞争机制，人在社会中的地位或可上下，上升取决于个人努力，其中当然包括几代人的努力。

尤其是在资产阶级和无产阶级之间，有了一个起过渡作用，至关重要的中产阶级，这个阶级的巨大作用时常会被提及并越来越受到重视，但是当初它的作用甚至包括这个阶级的存在都被某些哲学忽略了。中产阶级的上端连着资产阶级，下端连着无产阶级。中产阶级所占的人口比例越大，所占社会财富的比例越高，社会稳定就越有保障，这种稳定有时甚至需要以有限度地牺牲社会的发展为代价。

也就是说，人类历史发展中最具社会稳定作用的阶级，既不是以奴隶主、地主、资本家为主的有产阶级，更不是生活没有保障的奴隶、贫民、贫雇农和工人为主的无产阶级，而是中产阶级。

当一个社会的中产阶级不断萎缩的时候，就是贫富差距不断拉大，社会矛盾不断积累和社会动荡的时候，也就是走投无路的无产阶级造反或革命的时候，这就是失去中产阶级的过渡作用和稳定作用，保守派和革命派无以缓冲、直接对立的结果。

象征着经济垄断的所谓富可敌国的大奴隶主、大地主和大资本家如果走向极端，无立锥之地的无产者就会越来越多，他们肯定不会甘心坐以待毙。以中庸之道的居一执两时中的观点分析，有产者和无产者的两极分化，就是"过与不及"所说的"过"，过了，太过了，这样的社会不可能稳定更不可能（长久）繁荣。

所以任何乱世和盛世的转换，中间总会有一个亚稳定的社会形态。判断这个亚稳态社会发展趋向的有效指标，就是中产阶级的盛衰。

在农业社会，中产阶级是介于地主阶级和少地、失地农民之间，能自给自足的一个阶级。这个阶级理想的生活方式就是"三十亩地一头牛，老婆孩子热炕头"。

在工业社会，中产阶级包括两大类人。一类是指有能力优势，包括受教育的优势或经验优势，因而有就业优势和收入优势的人；另一类是指具有稳定的生活来源，即有一定的可供经营的资产，但不具备相当规模的人，即中小业主。

但是，直到近代，为什么有人认定小资产阶级（或中产阶级）是"摇摆不定"的？原因在于生产力落后，能够创造出的社会财富总量不足，贫困是大多数甚至绝大多数人的常态，中产阶级既没有足够的生存空间，又没有足够的发展时间，其实不是摇摆不定，而是很难存在，很容易萎缩，直到无足轻重，于是阶级的两极分化和直接对立就和改朝换代的周期重叠并常态化。

在专制社会尤其是农业文明时代，公务员和后备公务员也就是士大夫阶层是最具中产阶级担当和情怀的人。作为一个高素质的公务员，"苟利国家生死以，岂因祸福避趋之"的境界显然远远高于尽显愚忠的"食君之禄，忠君之事"。尽管如此，专制社会"普天之下，莫非王土"却是无可争辩的事实，所以天下首先是帝王的天下，其次是统治阶级、士大夫等"肉食者"的饭碗，而他们本来就是少数人，且并非都是中产阶级，两极分化其实自始存在，所以除非是外族的野蛮入侵，天下兴亡只不过是改朝换代的同义词，很难和"匹夫"扯上关系。另一方面，"匹夫"也是天下兴亡的决定因素，这和民主社会的文选一样，他们的人心向背可以决定专制社会的改朝换代，亦即武选的胜败。

改朝换代是专制社会财富再分配的终极手段，每一次武选的轮回大致都是这样的：从心怀"均贫富"美好愿望的匹夫造反——当权者嘴里的暴民或暴乱，到新的"真龙天子"横空出世，江山易主，僭主一朝得势就想方设法让自己的江山万年永固，摇身一变成了新王朝的开国帝王，于是一朝天子一朝臣，社会利益得到了重新分配，每次这样的大洗牌后，中产阶级的队伍都能得以扩充。

岂不知帝王天子是所有人中最自私最霸道的那个人，他的江山稳固必须依靠一个稳定但同样自私的既得利益集团。与文选契合时中相比，专制内含极端倾向且拒不时中——我是万岁，永不退位。要么你们弄死我，要么你们绝对服从我。这种立场从一开始就内含极端倾向并趋于极端状态，随着时间的推移，这个内含利益最大化极端倾向的既得利益集团，早晚成为社会两极分化中那个强势的一极，所以只有通过武选，即战争的方式才可能实现政府换届——又一茬暴民即将出现，又一次武选开始酝酿，社会大众为武选支付高昂成本的同时，末代帝王及其家族、既得利益群体必须面对的则是国破家亡。

霸道自私的帝王及其专制政权不可能接受权力的和平交接，而权力腐败不断加剧造成人祸的长期累积，或者天灾的偶然降临，不得不进行重大利益转移的时候，成本巨大的武选成了历史上改朝换代的不二选择。这都是因为落后的生产力容不下一个成熟稳定的中产阶级长期存在，重大的社会责任没有中产阶级担当，重大的社会矛盾没有中产阶级居间缓冲。

成熟稳定的中产阶级的阶级属性，既不同于由一朝天子一朝臣决定的靠特权维护的既得利益集团，也不同于等级社会"永无出头之日"的贱民，他们是前者的依托，后者的希望。中产阶级的存在，意味着不同阶级之间身份转换的现实性和可行性，体现的是奖勤罚懒优胜劣汰的良性竞争机制的存在，是社会赖以稳定健康发展的基石。随着生产力的日渐提高，"中产阶级是社会稳定之源"的真知灼见，已经不是先贤亚里士多德不可企及的理想，而是具备了现实的可行性。

弃绝武选，文选上位是人类文明发展的必然。文选的依据就是能者上，庸者下。对于一个政权来说，无论武选还是文选，成功够难，比成功更难的是成功之后能不能长期稳定发展，而衡量这个政权能否长期稳定发展的最重要标准，就是这个政权能否维护一个机制的存在。

这个如此重要又从未被人明言的机制叫作——中产阶级通道。

三、中产阶级通道

1. 既可避免弱肉强食，又可避免强肉弱食

中产阶级通道是指一个以财产划分的，上端连接有产阶级，下端连接无产阶级的个人在社会中的阶级升降通道。如果以财产的增减作

为划分社会成员阶级属性的标准，那么中产阶级及其上下端的各阶级是否都具有相应的容纳性，更重要的是该通道中社会成员的上升和下降是否都能保持畅通，是社会能否稳定和发展的关键。

在不同的历史发展阶段，有产阶级和无产阶级的构成成分不同，中产阶级通道的一端先后连着奴隶主、贵族、地主或资本家等有产阶级，另一端则先后连着奴隶、平民、贫雇农或工人等无产阶级，人类社会每次治乱更迭，都是一个中产阶级通道从堵塞到畅通循环往复的过程。

就中产阶级通道的容纳性来讲，无论任何社会形态，中产阶级都应该占据相当的比例。比例过低，说明中产阶级破产增多，占人口少数的有产阶级势力坐大，形成垄断，社会将走向"两极分化"，日益趋向于弱肉强食，长此以往必然影响社会的稳定。比例过高，说明占人口多数的无产阶级在缩小，社会将走向"平均主义"，具体表现为"高福利社会"以及极端状态下的平均主义"大锅饭"，日益趋向于强肉弱食，容易使社会的发展失去内在的动力。

畅通的中产阶级通道，是指无产阶级可能是但并不一定是既无住房，又无社会保障的所谓"房无一间，地无一垄"的赤贫，重点在于，无论是因为社会原因还是个人原因，他们必须是"暂时"处于该阶级；有产阶级也不再可能做到极少数人甚至某几个人（长期）富可敌国并世袭垄断，只要中产阶级通道保持畅通，阶级就不可能是一个人、一个家族一成不变的身份。

所以，中产阶级通道是否畅通是界定一种社会形态能否长期稳定、发展的前提。强大的物质文明是人类文明的基础，而以"从善如流，当仁不让，天人合一，中庸和谐"为原则和表现的高度精神文明，既能保证中产阶级通道畅通，又能从根本上摒弃社会达尔文主义亦即亚丛林法则，这样的社会叫作**和谐社会**。

只有有了畅通的中产阶级通道，天道酬勤才不是一句空话，同时，无论任何时候，中产阶级通道不畅通都是暂时的，人为的关闭更是不可能、不允许的，正如英国首相狄斯累利（1804—1881）所说："当茅屋不舒服的时候，宫殿是不会安全的。"

随着文明的进步，人们越来越认可和接受权力世袭完全不对，巨额财产完全世袭不对，以及诸如此类的观念。这是因为权力的性质本身就是公有的，而巨额财产的本质属性已经不再是完全的私有财富，而是具有相当程度的社会属性。巨额财产的私有属性在一定程度上应该服从于其社会属性，以法定税赋的形式承担不同于中低收入人群的社会义务。

表面上看，权力的独裁和巨额财产的垄断违反了民主和平等，更深层地看，是因为它们都从根本上妨碍了中产阶级通道的畅通。

2. 历史上一种典型的中产阶级通道

强势群体和弱势群体客观存在的原因有两个。第一个是个人之间由于体力、脑力、际遇以及努力方向、程度等不同而形成的强弱差别是客观存在的，这是个人原因；第二个是社会中的既得利益群体在占据主导地位，尤其是成为统治阶级之后，具有利用地位或阶级优势把强弱差别固化并不断扩大的倾向，能不能有效控制这种倾向，使其不至于趋于极端状态，并保证不会长时间趋于极端状态，则取决于社会的经济基础，以及由此决定的政治模式（本书后面提到的让道、霸道、王道和中道）能否维护中产阶级通道的畅通，而这些在很大程度上与每个具体的个人无关。

从"燕雀安知鸿鹄之志哉"到"王侯将相宁有种乎"，是中产阶级通道被人为堵塞之后，造成下等人和上等人你死我活的尖锐对立，绝望的下等人向上等人发出的呐喊和质问，但是陈胜吴广之所以为"庸者笑"，缘于他们的想法在当时的人看来实在是太离谱。等级社会之所以为等级社会，是因为下等人和上等人之间有严格的界限，不能用平权社会的标准衡量等级社会的现实。在当时的历史条件下，这界限的存在自有其存在的理论依据和现实基础，任何挑战都等同于以身试法，而陈胜吴广的理想和现实之间的距离是如此巨大，不冒杀头的风险不足以成。

　　功利主义是世俗生活的常态，而生死是功利主义的（最）重大算计，所以从来都是卖身为奴的人多，打家劫舍的人少。陈胜吴广之类以身犯死，戟指等级制的带头大哥，更是少之又少。因为等级森严的社会制度，上等人总是牢牢地掌握着杀头的工具——军队、警察。杀头的风险实在是太大了，所以上了梁山并做了大哥的宋江总是盼望招安，林冲不到走投无路不可能轻易上梁山。走上同一条道路的两个人，都在用自己的思想和行动诠释着很容易理解的人生追求及与其相应的功利算计。

　　农业社会生产力低下，发展是少数人才有的机会，大多数人一生辛劳只为可以生存。像李逵这样的人，在治世，他是底层勤劳勇敢的普通老百姓，最远大的人生目标不过是一家人衣食无忧。在乱世，上梁山之前他是饥寒交迫下的流氓无产者，上梁山之后他是统治者眼里的"反贼强盗"，对他来说一切都是为了生存，反正走投无路，上梁山却让他有了"很好的"发展机会，所以李逵脱口而出的话是："便造反，怕怎地！……我们都做个将军。杀去东京，夺了鸟位，在那里快活，却不好？"这是李逵革命思想的真实表达，但是林冲、宋江则不然。在宋江看来，这种动不动就夺取最高权力的想法简单幼稚不值一驳，他想的是"望天王降诏，早招安，心方足。"而林冲原本就属于东京的上流社会，被逼无奈才上了梁山。凡是希望过上稳定正常生活的人，都会认同上梁山前林冲的工作生活，理解上梁山后宋江总在想方设法能被招安。为了"大口吃肉大碗喝酒"而不惜杀人越货如李逵式的"英雄"只是极少数，陈胜吴广则是极少数中的极品，尽管他们都死在了功利主义的半路上，但"一夫作难而七庙堕"的辉煌让他们收回了足够的成本。如果说失败是成功之母，那他们就是所有开国元勋的榜样。人类如果没有陈胜吴广式的振臂一呼、揭竿而起的精神，就不会有改朝换代，有的只是永远的奴隶、永远的奴隶主，以及永远的等级制。

　　从陈胜吴广，到秦皇汉武、唐宗宋祖，怎能以表面的成败论英雄？他们一脉相承的是功利主义的基本境界——进取冲动，直至向巅峰进取的终极冲动，而他们参加武选的原因都是中产阶级通道堵塞。有没有一种方法，能够让抱有"鸿鹄之志"的人不造反就实现"王侯将相"的理想？这样的方法在"挽救"了无数陈胜吴广们宝贵生命的同时，一定也可以维护等级社会的长期稳定。

历史上真有这么一种方法，在相当程度上维护了中产阶级通道的畅通，这种方法叫作科举制。遥远的奴隶社会的奴隶主阶级，经过历代演变到魏晋南北朝化身为门阀士族，都是不同表现形式但一脉相承的等级制特权社会界限分明的统治阶级和上等人，而隋朝科举制的横空出世不仅很大程度上解决了阶级固化的顽疾，并使防止阶级固化从技术层面具备了相当大的可操作性，人类社会第一个由统治阶级主动建立而且可以主动保养维护的中产阶级通道就这样诞生了。

对于"终极冲动"自下而上的爆发来说，斯巴达克斯、陈胜吴广和亚历山大大帝、秦皇汉武并无本质区别，如果一定要有什么不同，那就是在参加武选的竞选过程中，前者败选了，后者胜选了，而科举制是自上而下平复"终极冲动"独特且有效的创举。

对于潜能无法估量的人来讲，尤其是等级社会的"下等人"来讲，是为他们摆出一条值得为之奋斗、进取的道路，通过"正当渠道"人尽其才，还是让他们通过造反自己杀出一条血路？无疑，科举制在等级社会的不同等级之间起到了这种难能可贵的沟通作用。

科举制就是除了皇帝龙椅之外的大多数官员岗位都向社会公开招聘，竞争上岗。这让无数优秀人才放弃了武选，同时也就放弃了造反的念头，在专制的前提下参加"文选"。通过参加科考大量涌现出来的秀才成了地方士绅阶层的支柱，他们享有许多"特权"，成了普通百姓与官府之间沟通的代言人，而举人、进士是通过科考优中选优的精英人士。秀才、举人、进士是大量文化人的楷模和成功典范，文化人十年寒窗苦读，在接受严格的应试教育的同时，也使"儒教"的理念以教化的形式得以系统化传播，深入人心。

不同于陈胜吴广以命相搏的公然叫板，"将相本无种，男儿当自强"

是统治阶级对陈胜吴广之类官逼民反的变相承认和另类呼应，但其本意绝不是鼓励造反而是做正面引导，为力求进取的人指明科举这个极具可行性的正当渠道，并借由这个渠道帮他们实现"朝为田舍郎，暮登天子堂"的目标。这个"正当渠道"的出现，是统治阶级通过深刻反思之后，精心设计并主动实施的，因为符合中庸之道而实现了多赢的结果。

科举制这一独具中国特色的创举，是一种典型的中产阶级通道，历史上对社会的稳定和发展起到了巨大的作用。

3. 畅通的中产阶级通道是和谐社会的基础

（1）长期显失公平的极端状况不道德

道德是一个人的信仰和价值观的外在表现，有私德和公德两个方面。人的公德取决于一个社会的中产阶级通道是否畅通，即社会各阶级相互之间是否具备开放性，舍此而强调公德就是虚伪。有许多手段可以让奴隶死心塌地接受奴隶主的压迫，但是，让当牛做马，苦日子过得生不如死的奴隶，保持符合奴隶主期望的优良道德，不是很难，其实是不可能。

只有让老百姓，尤其是（暂时）处于社会底层的老百姓，对社会公平和正义不失（起码的）信任，他们才可能拥有积极进取的动力和信心，言及于此，可知中国人能否普遍拥有高尚美德，中国梦能否梦想成真，同样都取决于中产阶级通道是否畅通。

如果按拥有财产多少自上而下划分各个阶级的人口，应该是一种上窄下宽的梯形结构。梯形的上部是一定比例的有产阶级，下部是一定比例的无产阶级，中间是中产阶级。中产阶级通道的作用就是沟通这几个阶级，使它们之间的人口能够产生合理的流动，流动，关键是流动。

中产阶级通道保持畅通，使它们之间的人口能够产生流动，意味着阶级没有固化，阶级之间没有不可逾越的鸿沟，但是，中产阶级通道畅通并不意味着有产阶级不能稳定存在，恰恰相反，在保持中产阶级通道畅通的同时，几代人处于同一阶级的现象不仅是正常的，其实是必要的。这种现象对上层的有产阶级有稳定作用——如果世代相传的"百年产业"比比皆是，"君子之泽三世而斩"的"三"相当程度上摆脱了定数而成为变数，就可有效抑制奢靡腐败及时行乐的浮躁情绪，克勤克俭、诚信敬业作为美德，才真正具备了榜样社会教化后人的现实基础。

（2）健康社会不仇官，不仇富

畅通的中产阶级通道造就努力则上升的信念和现实。

某些政治经济学理论突出强调资本家"榨取"了工人创造的剩余价值，单从为富不仁和两极分化的角度讲，这种观点不仅占据了道德制高点，也表现出了足够的预见性，但是另一方面，这种理论却有意无意地忽略了企业亏损、倒闭的可能、后果及其责任，用贪婪、贪得无厌解释资本家必须面对的投资风险，轻视、忽视经营管理的存在价值，这样的理念显然有失偏颇，而事实上对财富占有和分配在穷富两个阶层呈反比关系，风险回报 > 资本回报 > 劳动回报，许多人许多时候对这个现实的认识和观点都带有偏见。以居一执两时中之"执两"的视角，即跳出穷富阶层俯视财富问题就会发现，财富的占有和分配，与财富的消费不完全是一回事。

人们通常说的财富，都是包含生产资料在内的。历史实践证明，个人以私人的身份占有这部分财富并成为富人的同时，不仅意味着私有制，还意味着较充分的竞争和较高的生产效率。如果让大多数甚至是全部的人占有这部分财富，即实现所谓公有制，"解放"所有穷人的同时，意味着平均主义"大锅饭"，历史实践证明这是停滞低效的同义词。

所以，过分强调和追求包括生产资料在内的财富在人与人之间的算术平均，煽动仇富甚至杀富济贫，长期看对包括穷人在内的所有人都弊大于利。

政府的职能在于力求避免"朱门酒肉臭，路有冻死骨"这种极端现象成为社会现实，并务必杜绝这种现象长期、普遍地存在，因为这意味着严重的两极分化，但是少数富人的收入远远高于穷人的平均收入，并不一定足以认定两极分化的严重性。

提心吊胆的贼的风险是"好人"难以体会的，而苦心经营的富人的辛劳也是"穷人"难以体会的，但难以体会不等于无法理解，所以，健康的社会应该是"好人"不会嫉妒贼有肉吃，因为那些大块吃肉大碗喝酒的梁山好汉，以个人冒死犯险为代价让有产阶级噩梦不断的同时，其实也是整个时代的不幸。

邹容曾经大声疾呼："呜呼！我中国今日不可不革命，我中国今日欲脱满洲人之羁缚，不可不革命；我中国欲独立，不可不革命；我中国欲与世界列强并雄，不可不革命；我中国欲长存于二十世纪新世界上，不可不革命；我中国欲为地球上名国、地球上主人翁，不可不革命。革命哉！革命哉！"①当一个民族到了生死之际，当一个国家到了存亡之秋，当一个民族、一个国家被逼迫到不得不进行生死存亡的抉择，就说明这个民族、这个国家（长时间）趋于极端状态，革命由此爆发，革命者由此产生，而任何顽固的反革命分子都将难逃被动归中的惨重损失。国家、民族间的关系如此，人与人之间的关系又何尝不是如此？

只要有畅通的中产阶级通道，仇富就是好逸恶劳的近义词；平均主义是无产阶级的革命理想。如果在有产者和无产者之间有相当比例的中产者，并且保持中产阶级通道畅通，革命从何而起？革命者因何而来？

（3）排斥性与凝聚力

任何两个人之间都有或大或小，无时不有，无处不在的差异性。差异性的存在使所有分工、合作，包括中产阶级通道的存在都有了足够的必要。

面对任何有限利益的分配，倾向性不同的人首先会相互排斥，即使具有相同倾向的人，由于人与人之间的差异性，同样会产生或大或小，

---

① 语出《革命军》，作者邹容（1885—1905）是中国近代著名资产阶级革命家，自称"革命军中马前卒"。《革命军》政治色彩鲜明，富有战斗精神。邹容的文章用激烈的言辞号召人们起来推翻满清政府，建立"中华共和国"，在宣传革命、教育群众方面极富鼓动性。

无时不有的排斥。

排斥性越强的人对同类、同志、同党的认同条件越苛刻，所以越是极端的组织，意味着其内部成员的认同感就越强烈，这反过来使这类组织内部具有越强大的凝聚力。由此可见，凝聚力越大的组织，因为对异党、异教等其他组织的排斥性越强，所以不一定越"好"，其存在也不一定越"合理"，他们可能是黑社会，可能是某个邪教或恐怖组织，当然，也可能是某次武选大规模爆发前夕，正在酝酿着的"星星之火"。

上层社会地位的鉴别方法和标准，绝不仅仅是下层人士中随处可见的那些靠故弄玄虚的"虚荣心"支撑的表面攀比，支撑它们的不是世家出身就是真金白银，要么二者兼而有之。成为有产阶级——就是有足够多和足够高的门槛达到排斥的结果，不排斥不足以摆脱大众，不足以成为有产阶级，也就不会有足够的优势和足够的成就感、优越感。

有产阶级期望通过排斥的方式，保持持久的优势和优越感，大大小小形形色色的特权就是历史上和现实中行之有效的排斥方式，而中产阶级通道专门克制这种排斥性，从而有效避免两极分化。

从短期来讲，权力是解决问题有效且直接的手段，但从长期来看，权力可以对事物发展有一定的促进或促退作用，但不一定总能起到决定作用，决定社会发展趋势的是大多数人追求安全感，以及追求长期稳定、发展的内在需求，并由此而生成的强大凝聚力和内在的动力，任何阻力在这种强大的内在动力面前都不堪一击，这种动力在强权社会"定期"以武选表达，平权社会则定期以文选表达，都在客观上起到了维护中产阶级通道畅通的作用。

只有畅通的中产阶级通道，才能使这种强大的内在动力不受阻碍地得到充分的释放和发挥。

第四章　心与性

恪守中庸，人性自会向善；

适度信仰，人心不再浮躁。

（本章也是《中和养生》之修身、调心、养性三部曲的第三部，又名《养性》。）

第一节　人性偏，左右间

一、倾向性

利己是人的一种内含极端倾向的天性。

所有利他——从利家到利国都是广义的利己，并且不只人有这种广义的利己，小到蚂蚁大到狼，只要日常生活具有社会性的生物，这种广义的利己就是它们共同的习性。

在个人角度，内含极端倾向的利己通常表现为自我中心、个人利益最大化、唯我独尊等极端状态；在社会角度，内含极端倾向的利己让既得利益者总是趋向于政治独裁或经济垄断等极端状态，这种倾向性的存在使人不可能（长时间）守中，也不可能真正保持（长时间）中立，所谓中立不过是做出选择之前正在酝酿或观望中。

富兰克林·罗斯福总统说："我国将保持中立立场，但我无法要求每一位国民思想也保持中立，即使中立者也有权考量到事实，我们也不能要求中立者封闭脑海或良心。"第二次世界大战美国的这种"中立"确实很有代表性——不选择，未必不倾向。

无论"中立"也好，左派右派也罢，事实上任何一个人或一个组织对某个具体问题所表达的任何观点和采取的任何立场，都是在这个人或这个组织的世界观、信仰、价值观的综合作用下，对各种利益权衡之后形成的，而世界观、信仰、价值观的形成、秉持与调整，以及利益权衡的不同，决定了不同的人、不同的组织，或者同一个人、同一个组织在不同的时间、不同的条件下，所持的立场都不会完全相同，甚至会完全不同。

这就是说，面对同一个问题，同一个人、同一个组织的立场是可变的，而不同的人、不同的组织的立场是多样的，在各种各样的立场当中，任何特定的立场都是某种居一，而必居一决定了人面对特定问题不可能没有特定的立场，居一之后的立场偏离"中庸"的程度和发展趋向，叫作**倾向性**。

面对同一个问题，同一个人、同一个组织在不同的时间、不同的场合会有不同的倾向性，有时偏左，有时偏右，有时还可能会是极左或极右；不同的人、不同的组织在同一时间会有不同的倾向性，有的偏左，有的偏右，有的还可能会是极左或极右。

1.时机与耐心

时机是指通过对事物的研判，认为应该做出某种决定并采取相应行动的时刻。对任何时机的把握都会对此后的结果产生或多或少的影响。

"此后"的日子风平浪静固然不错，顺风顺水更好。这两种情况无所谓耐心，只要别无事生非就是美好人生，但现实的发展并不一定完全符合当初的判断。无论"天遂人愿"还是"事与愿违"，能有多长时间不忘初心并坚持当初的判断，叫作**耐心**。

"时机＋耐心"是人们做事的一般方法和通用模式。

正所谓不如意事常八九，是说事与愿违是大概率事件，而守得云开见月明无疑就是在说持之以恒、坚持就是胜利那种咸鱼翻身式的成功，至于这种成功模式背后历经千磨万难的过程，又岂可尽与人言。

有人辞官归故里，有人星夜赶科场，同一个时刻同一件事情为什么总有人看好，总有人不看好？倾向性不同而已。人生短暂，阅历有限，前所未有的希望或困厄无处不在，无时不有，这都会使不同的人对同一个时机做出不同的鉴别和把握。

前所未有的意思就是在"你"见到结果之前，对与其相关的所有付出和努力是否值得，总是缺乏明确的判断依据——比如1991年12月25日之前的苏联，为了维护霸道而穷兵黩武耗尽家财，进而对既有的信仰失去耐心而决定放弃，主流意识形态严重僵化，革命性的变革短时间内从一个极端走向了另一个极端，政治经济面对的是一个突兀的拐点，而不是平稳时中，以至于经济崩溃，国家四分五裂，原因何在？就因为选择任何"前所未有"进行居一，如果到了妄执的地步，倾向性趋于极端状态，必然拒绝执两，过程不得时中，结果被动归中。

所以对于前所未有的事情，许多结论性的预言，无论多么信誓旦旦，与其说是信仰，不如说是逻辑推理，是概率，有时其实就是迷信。

所以对于前所未有的事情，任何尝试不仅需要把握时机，更需要耐心。

2. 倾向性利益优化和心理认同

（1）出于生存本能和发展需要的**倾向性利益优化**，总是倾向于做出能使自己的利益不断优化的选择，其中"当然"包括利益最大化。

正是这种看似无可厚非的功利趋向，却由于内含极端倾向，在让人奋发向上的同时，经常会情绪化，直至妄执，干些火中取栗的蠢事，轻则烫伤"爪子"，重则引火烧身，所以孔子说："过犹不及"。

（2）出于贪婪、恐惧、安全感、自尊、目标设定或理想的需求，通过互相攀比、自我调整、自适应等过程之后，人习惯于表现出**倾向性心理认同**。倾向性心理认同就是对于自己是否要认同某个人，某种规则或风俗习惯，或某个目标、理想、信仰、主义等，总是倾向于做出和同志们相近，甚至相同的选择，而小到一餐一饮、举手投足，大到加入党派、皈依宗教，从半推半就到海誓山盟，从顽童玩到将军令，任何认同一旦确立，任何选择——包括生死抉择——一经做出，都有其相当的稳定性。

不同的稳定性有不同的惯性，稳定性越大惯性也越大，对反思和批判的抵触越强烈，贪婪、恐惧、安全感、自尊等内含极端倾向的情绪便由此而产生了。正是这些内含极端倾向的情绪抑制了理智的作用，让人不断滑向极左或极右，直至闭目塞听，盲从迷信，心陷妄执，一切听从"倾向性"摆布。

二货

《史记·汲郑列传》中记载着汲黯对汉武帝说过的一句话："陛下内多欲而外施仁义，奈何欲效唐、虞之治乎！"这是汲黯在当面批评汉武帝阳儒阴法，直白的意思就是在说汉武帝心口不一，口是心非。

本来儒和法不是完全对立的关系，私欲和仁义同样不是完全对立的，但是一心崇奉黄老之学的汲黯显然不这么看，当人的宗派思想趋于极端状态达到妄执之后，从人性、信仰到言行，所追求的都是单一的、纯粹的、静态的，他们认为人只有这样才是一个高尚的人，一个纯粹的人，一个脱离了低级趣味的人。这就是倾向性心理认同的稳定性和惯性的巨大作用。

欲望和仁义截然对立吗？这就像在问左右派是不是截然对立一样，更何况帝王和普通人的欲望和仁义有着非常不同的内涵。

做出倾向性心理认同的人，有人因为刻板，有人出于私心，他们追求原本莫须有但在他们来说内心笃定的某套理论或某种观念，轻则教条主义，重则信仰极端化，所以对这样的人——汲黯来说，完全有理由认为欲望和仁义互不相容，像尧舜这样无可挑剔且内外统一的儒家典范，当然不应该成为好大喜功"阳儒阴法"的汉武帝的榜样。如此明确且极端的倾向性，致使汲黯的单纯、高尚已近道德洁癖，而对这个心直口快、无惧生死、犯颜直谏的卫道士，汉武帝又爱又恨，在背后发牢骚说，太过分了，汲黯这个二货——甚矣，汲黯之戆也！

（3）以上两种倾向性的原因都可以归结为**倾向性的主观反应**。任何主观反应以及据此而做出的选择，都具有一定的倾向性。

倾向性越强，意味着偏离中庸的程度可能越大，也就意味着理想与现实可能越是缺乏一致性，而这都将进一步导致倾向性趋于极端，即极端倾向。

二、极端倾向

> 信仰有多极端，誓言就有多决绝。
> 裹挟有多周延，信徒就有多坚决。

每次翻看历史，每次审视现实，每次检讨人性，都会遇到同一个问题——那些人，那些战天斗地翻云覆雨的猛人，他们要不是认为自己在创造世界，至少也认为自己是在改变世界，他们做事有违中庸之道，不合常理，他们酷爱走极端，而且总是一去不回头，他们想要什么？

比如，亚历山大大帝和成吉思汗大帝都是天纵之才，举世无敌，他们有终极目标吗？

如果有，是什么？

再比如，德国纳粹主义和日本军国主义的理想，与当年的亚历山大成吉思汗相比有过之而无不及，实际上它们更加贪得无厌，先后弄砸了蛇吞象的把戏，生灵涂炭，帝国梦碎。

历史上和现实中总是会有一些人，或者总是有一些人会在有些时候，是潜在的甚至就是明目张胆的纳粹主义或军国主义者，面对无比巨大的功利诱惑，他们贪婪狠毒直至人面兽心，不惜以身犯死专走极端，有违中庸而毫无顾忌，对想象中"必将到手"的巨大功利，他们内心保底的想法是，万一成功呢？

他们万一真的成功了，他们还有终极目标吗？

如果有，是什么？

对照中和儒学的中庸之道不难发现，这些猛人、这些主义的共同特点是妄执，也就是一去不回头，他们的目标是征服下一个目标，所以他们没有终极目标。

对这些猛人的行为，有没有解释？

有。

历史上现实中对他们有太多研究、解释，可谓各取所需，见仁见智，但儒学、中和儒学的解释较有可能做到不失中允。

按照儒学的传统观点，当然的解释就是——过犹不及。中和儒学在此基础上进一步解释为——内含极端倾向的理想和行为，如果不加时中，总是会让左倾越来越左，直至极左；总是会让右倾越来越右，直至极右。极左极右分别是指左倾右倾这两个内含极端倾向的派别趋于各自的极端状态。

任何人都是某种程度上的功利主义者，而相信有终极目标存在的人都是有限的功利主义者，所以，需要警惕的不是执着的奋斗精神，而是内含极端倾向并（长时间）趋于极端状态。长期处在极左或极右的状态而不加时中，也就是不主动归中，最终必将诱发被动归中，付出难以想象的惨痛代价。

在这类问题上，传统儒学的"过犹不及"是对人事的静态衡量，而中和儒学对"内含极端倾向"的检讨和时中是对人事的动态跟踪和修正。中和儒学注重人事是在不断运动发展的同时，同样注重时间对人事运动发展的影响。

那么，什么叫极端倾向？

极端倾向是指某种总是力图将自身发展导向极端状态的倾向性。

极端倾向的两个极端方向无外乎"过与不及"，经常被人习惯性地区分为强弱、多少、大小、高低、贫富、贵贱等，人对这两极之中诸如强、多、大、高、富、贵等任何一种或几种极端的追求无论出于主动还是被动，通常都是以利己为出发点，以拉帮结派为手段，以能够在社会生活中（越来越）安全、舒适、有尊严为目的。

在以功利衡量的世界，从身外的得失到心中的期望，按极端倾向的发展顺序的历史表现，大致可以把人划分成这么几个**功利等级**：奴、贫、富、贵、王、霸、久、恒。

处于不同等级的人内心的功利期望大致可以做如下概括：为奴想贫，贫者想富，富者想贵，贵者想王，王者想霸，霸者想久，久者想恒。

期望中的功利等级可能是向上跳跃的，但在现实中人的功利等级通常是渐变的。极端倾向常见如下几种表现。

1. 贪得无厌

没有止境是极端倾向的外在表现，而极端倾向本身是人在生存和发展过程中生理需求和精神需求内在的、渐进的表现。一个人的出自本能的选择首先是生存，其次是发展，从生存到发展是下限有限，上限无穷无尽形形色色的欲望。人的想象没有止境，欲望就没有止境。这山望着那山高符合人的功利心，而山外总会有山，功利心便有始无终，永无止境。

于是这个人会不断提升自己的功利等级，于是这个人需要更大的决心，需要更足的信心，需要更决绝的誓言，于是这个人从执着变成妄执，越来越向极端靠拢，从一去不回头，到越陷越深无法回头。

因为左倾或右倾所内含的极端倾向，本身有一种让左派或右派置事物的归中性于不顾的与生俱来的"极端"冲动，当这个人的功利等级达到一定高度，居一就会陷入妄执而拒绝执两，致使过程不得时中，假以时日，这个人难免成为情绪失控的极端分子，贪求功利臻于极致，人挡杀人，佛挡杀佛。

2. 攀比

（1）如何取长弃短

静态来看，任何不同的人事不仅各有长短，并且任何长短只是相对而言的，都不是绝对的，攀比、竞争的动机和具体想法便由此萌生，很快喷薄而出。动态来看，人事相互之间的长短并非一成不变的，更不是绝对的，随着时间推移、世事变化，长可能变短也可能变得更长，短可能变长也可能变得更短，这些事实为攀比、竞争的计划和具体行动提供了足够的逻辑支撑和可操作性。

没有攀比、竞争就没有人类文明的发展和进步，但是，人与人相互之间的关系从一开始充满善意的比学赶帮超，很快变成了不择手段的互相伤害，说好的良性竞争转眼之间却成了势不两立，为什么会这样？这是因为任何攀比、竞争都是内含极端倾向的，所以取长弃短固然重要，但是因为在特定的时空框架内，长和短都不是没有极限的，所以为了预防和避免内含极端倾向并（长时间）趋于极端状态之后两败俱伤、前功尽弃的被动归中，攀比、竞争的过程中能不能主动恪守中庸之道其实更重要，也就是说，任何一个人或任何一个组织都应该学会把居一执两时中当作取长弃短的指导思想，因为这其中蕴藏着的是让这个人、这个组织能够做到无敌于天下的，关于如何构建和谐社会的根本大法。

（2）比较幸福和比较痛苦

寓言一则·笼林虎

笼中虎和林中虎互相羡慕、嫉妒，它们都认为对方活得比自己幸福，两虎换位后不久却都痛苦地死了，一只是饿死的，另一只是憋死的。

人的能力是有限的，人的精力更是有限的，所以会出现消极懒惰不求上进小富即安的心态，如果这种状况普遍并长久存在，恐怕整个人类会一直停留在农业文明甚至更落后的状态而裹足不前，但事实并非如此，事实是人的想象力没有止境，人的精神需求便没有止境。

除了利己之外，物竞天择的自然法则赋予人的另一个天性叫作竞争，而竞争的整个过程都离不开两个字——攀比。原本很痛苦的人可以从更痛苦的人那里给自己找到幸福的感觉，原本很幸福的人在更幸福的人面前突然感觉自己如此痛苦。这就叫**比较幸福**和**比较痛苦**。

这样的人、组织、国家，如果有信仰则容易沟通和理解，因为信仰，尤其是共同的信仰为人们提供了攀比的参照基准，如果没有信仰，便没有这样的基准，也就没有了共同的、稳定的价值观，喜怒哀乐全凭相互攀比，锚定别人，没有自己"客观的"衡量标准，他们总是左顾右盼缺乏自信，诚惶诚恐危机感十足，容易嫉贤妒能，时常会忍不住打压、破坏他人，尤其是与他（曾经）平等、亲近的人的幸福，人为地给他们制造痛苦，从中找到自己的"幸福"。

攀比表面看是虚荣心作怪，本质上是出于安全感的忧虑和竞争的天性。要么与世无争淡泊名利，要么甘拜下风口服心服，除此之外，攀比，小到个人的衣食住行，大到国家间的军备竞赛，无时不有，无孔不入。

"白日不到处，青春恰自来。苔花如米小，也学牡丹开。"这是清代诗人袁枚的诗，名《苔》，意在歌颂平凡中的伟大，彰显谦虚中的骄傲，短短二十字，以花喻人，说尽人间不平等，道尽人所特有的上进心，以及人性不惧逆境、渴望竞争的强悍倔强，意境幽深，回味无穷，后人甚至由此引申出了以不甘弱小、不服输、不自卑为主要内容的"苔花精神"。但是，生命无论贵贱大小，都是大自然的一部分，刻意区别家花野花的贵贱、牡丹苔花的高低，完全出于人自己的审美情趣和心理需要，而人心向往的高贵，人性感染的低贱，以及诸如此类内含极端倾向的好恶，皆源自物竞天择的竞争本能，化成攀比意识，在袁枚这里借花草解读人心，堪称高妙。但是有人忍不住发问：苔花为什么要对牡丹心向往之？除了图慕虚荣徒增烦恼，苔花能向牡丹学到什么？

答案恐怕只能是否定的，什么也学不到。因为苔花不是街边的乞丐，牡丹也不是人中的王子，它们根本就不是一个物种，如何攀比？于是又有人说：苔花从来不自卑，何曾想过学牡丹？自强不息自开怀，生机勃勃向未来。——这才是苔花的"自由"世界，攀比牡丹，岂不是自寻烦恼？但是且慢，这种思想其实是倾向于道家自娱自乐，自以为自由自在逍遥无为的思想，跨界攀比、妄自尊大固不可取，但既不能因此无视物种之间客观存在的生存竞争，更不能掩盖人世间无处不在的，同一功利等级，以及不同功利等级之间的攀比。

通过人与人之间方方面面的攀比，人会发现什么是强弱、多少、大小、高低、贫富、贵贱等，攀比结果对于相对落后的一方总是会起到开拓视野，激发潜能的作用，并且让这个人（或这些人）凭借已有的安全、舒适、成就感、尊严等在某个功利等级取得的幸福满足的感觉减轻、消失、荡然无存，甚至在攀比之后因为自愧不如而深感危机和痛苦。

于是相对落后的这个人（或这些人）内心的功利等级就这样被不断地向上提高或向前拓展，同时，需要更大的决心，需要更足的信心，需要更决绝的誓言。

因为左倾或右倾所内含的极端倾向，本身有一种让左派或右派置事物的归中性于不顾的与生俱来的"极端"冲动。也就是说，当这个人（或这些人）的功利等级越来越低，攀比之后的残酷现实必然唤醒他（们）主动归中的意识并付诸行动，再也无法继续维持下去的居一转化为极端冲动，常常会付诸很极端的行动，反之，当这个人（或这些人）的功利等级越来越高，攀比之后的极度优越感使居一陷入妄执而拒绝执两，致使过程不得时中，假以时日，这个人（或这些人）难免被动归中的命运。

人与人的攀比，低手容易妄自尊大，因为他知道自己有什么；

高手总是谨小慎微，因为他知道自己没什么。日常生活中，积极的人与人攀比，总是能找到与对方的差距，由此产生羡慕嫉妒的情绪，并转化成危机感或紧迫感，消极的人在与人攀比之后的感觉和变化则正好相反。因为积极和消极都内含极端倾向，而这个世界始终不缺高大上的榜样，所以积极的人总是一副生命不息、战斗不止的样子；同时，许多人都那么平平常常，所以消极的人完全可以不慌不忙、随遇而安。事实上无论积极还是消极，只是相对而言，虽然都内含极端倾向，但只要不是（长时间）趋于极端状态，就都是人生百态的正常现象。

3. 最残酷的武器

当一个党派的极端倾向趋于极端状态的时候，也是这个党派最振振有词头头是道而且斩钉截铁狂热追求信仰的时候，他们为了维护这种（短暂的）状态，总是发自本能而不遗余力地掩盖、打压、迫害，甚至残酷镇压所有怀疑他们的人、得不到他们信任的人、尤其是反对他们的人。

纳粹主义就是这种现象的典型性发作，曾经大行其道。纳粹主义在特定的历史背景下，以内含极端倾向并趋于极端状态的爱国主义和民族主义进行宣传和煽动，对当时风头正劲的另一个极端——国际主义，以大气磅礴不容置疑的雄辩，以针锋相对的斗争，与此同时，制造并推崇对强权和强者的盲目信仰，而且成功地蛊惑了民心，使独裁者得以登台弄权，搅动风云，践踏四邻，且贪得无厌。

鼓动、组织并领导走投无路的底层人暴动，杀富济贫直至推翻强权暴政，在历史上是极端倾向趋于极端状态时的常见现象，并由此完成独裁者不定期的武选换届。如果说以中庸之道的万物归中可以很好地解释和理解这种现象，那么，以中庸之道的万物归中同样不难解释和理解，为什么纳粹主义可以让其信徒在大规模迫害甚至屠杀无辜者、弱者的时候心硬如铁，没有一丝愧疚，一毫悲悯——因为当极端倾向趋于极端状态的时候，人的行为是情绪化的，而不是理智的，他们的一切行动唯元首马首是瞻，拒绝反思，从而得不到时中。

纳粹主义在近代的倏忽"成功"和遽然惨败，向人们显示了信仰一旦趋于极端达到妄执，其无穷的威力和巨大的危害，类似的现象历史上并不少有，而且今后很可能再有。

希特勒说："最残酷的武器，如果用后可以早获胜利，那么，对于人道的原则仍是不悖的。"他说的这究竟是人道，还是魔道？

好在有史以来，人类唯一一次使用"最残酷的武器"的机会，给了代表着正义的一方，牛刀小试，浅尝辄止。如果那个魔头，在那个时候拥有这种杀器，会是什么后果？

如果做人不守中庸，社会失去和谐，这样的魔头今后就一定会再有，而且，他同样会悍然啸聚起一群对自己无脑信奉、狂热崇拜的信徒，而那个"最残酷的武器"几经更新换代，已经比1945年的原子弹"小男孩"和"胖子"不知要残酷多少倍，至此总该幡然醒悟——这世界上人用来杀人的武器，没有最残酷，只有更残酷，这根本就是一条相互灭绝，终至毁灭文明的不归路。只是不知道热衷于互相敌对的人类，在下一次极端倾向（长时间）趋于极端状态之前，还能在这条路上走多久，如此而已。

想当年，当内含极端倾向的武士道精神趋于极端状态时，"一亿玉碎"①成了军国主义者癫狂迷失、情绪失控症状的非典型性发作，连强悍的美军都为之一怔——恶狗变成了疯狗，正常人难免踟蹰不前，怎么办？看来非打死不可了！

好在当真正的毁灭从天而降时，天皇虑及子民终肯告饶，那个试图拉着全人类同归于尽的"一亿玉碎"，成了军国主义者临终的一句狠话，万幸他们手里既没有"小男孩"，也没有"胖子"——好悬！

---

① 一亿玉碎是"二战"接近尾声，美国军队准备登陆日本本土作战时，日本军国主义的口号。当时日本大约有一亿人口，玉碎就是光荣牺牲，一亿玉碎就是宁愿举国战死，也决不投降。

三、情绪化

> 大喜失态；大怒失度。
>
> 大哀失神；大乐失智。
>
> 大爱失辨；大恶失知。
>
> 大话失信；大欲失命。
>
> 大惧无节；大瘾无德。
>
> 大信无疑；大雅无朋。
>
> 大孝无怨；大忠无己。
>
> 大义无惧；大勇无敌。

包括理想在内的主观预期通常是线性的，但客观现实通常是曲折的，自然、人生概莫能外。线性理想和曲折现实之间经常会背道而驰，发生方向性背离，即缺乏一致性。

理想背离现实的人不识时务，早晚自取其辱；理想背离现实的组织逆历史潮流而动，早晚自取灭亡。

在线性理想和现实大方向相同的时候同样会产生差异，即现实当中阶段性的、暂时的曲折所产生的方向背离。**这种背离比大方向的背离更常见，其实是自然、人生的常态。**

这种阶段性的、暂时的背离会反复、不断地产生，如果总是踏不对节拍，致使进退维谷，同样叫作缺乏一致性，而且因为这种状况的存在比较普遍，小灾小难日积月累，结局之悲惨比大方向的背离有过之而无不及，于是从初心动摇到目标丧失再到理想崩溃，伴之以情绪的波动、失衡，不合理性的冲动便不绝如缕，更进一步就是情绪失控。

理想和现实（长期）缺乏一致性却一味固执己见的决策叫作**情绪性决策**。情绪性决策成功是偶然，是运气，正常情况难免大大小小的失败，总有一天难逃一败涂地，这是妄执的结果。而所谓祸不单行，是指人在情绪失控的时候，经常会出现从一个极端走向另一个极端的情况。

为什么如尼采、海明威等著名的哲学家、文学家，他们给全人类带来光明自己却走入黑暗，最终疯狂甚至自戕？因为他们抛弃了既有的信仰，而自己思想所得的世界观、（准）信仰以及由此产生的价值观，给他们带来"足够的"意义支撑和心灵满足的同时，面对现实残缺和生命有限这两道关口，屡攻不克只能节节败退，狂躁或抑郁不请自来，任你是超人硬汉也难免折戟沉沙。

他们打倒了既有的权威，独辟蹊径不遗余力，成一家之言而烛照世人，岂知独行不易，竟至情绪性占据上风，自陷泥潭，不能顺死。

本书随后的内容将越来越多地谈到乐生顺死这个话题，而由于情绪性的存在，人能做到乐生已经很不容易，做到顺死则几乎不可能，因为人总是更喜欢趋吉避凶、趋利避害，岂不知现实的吉凶利害只在有限的时空或可趋避，而人的情绪性需求却是无限的，并且在极端状态下经常会无视客观现实，于是就有了下面这样的故事。

故事说的是一户人家生了小孩，阖家欢喜。摆满月酒的时候，免不了要抱出来给客人看，内心自然是想讨个好兆头。

一个客人说："这孩子将来必发大财！"他得到主人家的一番感谢。

一个客人说："这孩子将来必做大官！"主人家对他千恩万谢。

一个客人说："这孩子将来是要死的！"他得到的是主人家和懂事的客人一顿合力痛打。

这个故事告诉我们，无论说话还是办事，既不能张口就说，更不能随心所欲，在该不该和想不想之间有一个平衡点。"该不该"侧重的是事物存在和发展的客观规律，"想不想"则是人对事物认识和追求的主观愿望，这种主观愿望总是或多或少地承载着人的情绪性。第三个客人说话不分场合，这顿打挨得不冤，但类似的故事还告诉我们，许多时候主导人们言行的不是事实，甚至不是真理，而是人的喜怒哀乐，也就是情绪。

常人这样，那些人中龙凤又何尝不是如此。我们前面讲过汉武帝和汲黯的故事，随便翻翻历史上关于英明帝王的记载，这样的故事还有不少，而亡国之君的"杰作"更是层出不穷且花样繁多，共同特点就是主导他们言行的不是事实，不是真理，而是不可思议的个人好恶，其实还是情绪。

说到这里，不妨再说个故事。

从《史记》分散在《秦始皇本纪》和《李斯列传》中有关秦二世胡亥的记载来看，秦始皇设计的国家机器在他死后依然在高效运转，因为胡亥在第一时间就得到了陈胜吴广起义的报告，可惜此时胡亥已完全被赵高蒙蔽而失去了应有的理性。他不仅一心贪图享乐，连起码的是非也无心分辨，他坚决不相信陈胜吴广造反的消息，谁报告就杀谁，直到递上来的情报说：地方上出了些小盗贼，已被郡守和县令一网打尽，不足为虑。胡亥终于转怒为喜，重新笑逐颜开。

我们日常生活中其实和这些故事中的人一样，在发自内心膜拜理性的同时，许多关键时刻却屡屡被情绪役使而意气用事，且总是事中防不胜防，事后追悔莫及，而竞争状态同等条件下最后的赢家通常是关键时刻仍然不失理性的人。要做到这样，需要熟悉人所共有的两种情绪：贪婪和恐惧。

贪婪和恐惧作为内含极端倾向且方向相反的两种情绪，在关键时刻总是会很大程度影响人思考和判断的理性。贪婪常见的结果是希望越大失望越大，恐惧常见的结果是置之死地而先死——结果总是比期望的更差，总是比担心的更坏，为什么？因为当情绪，尤其是当内含极端倾向且趋于极端状态的情绪控制了一个人的时候，就是这个人心陷妄执的时候，这时的贪婪和恐惧严重背离中庸之道，在"过分的"情绪主导下，丧失理性的人的行为与现实的要求背道而驰，难免落败，中和儒学称之为被动归中。

面对无处不在无时不有的贪婪和恐惧，喜怒不形于色不过是基于历练的表面文章，而"不取于相，如如不动"①又绝非常人可为，切实可行的做法是——适度控制自己身上的这两种情绪，独处时"你"就可能心安理得；适度利用对手身上的这两种情绪，竞争时"你"就可能克敌制胜。

第二节　等等灵魂

每一个生命，

无论多么微不足道，

都充满机妙。

造物神奇，

不弃琐细，

用无数个世纪，

只为造一朵小花。

我只有赞叹，

之后，

还是赞叹。

一、城市文明

1. 越来越"简单"

一平方厘米大小的芯片，其中可以容纳数以亿计的晶体管，事实上这个数量还在不断增加。高科技最能体现技术发展的加速度，而支撑高科技的是整个行业的训练有素：学识精深、业务纯熟，充满奇思妙想的研发人员；大量经过长期训练学历高超知道怎样循规蹈矩的程序员、操作员；严谨的工艺和顶尖的工装设备等。这是高科技领域的

---

① 出自《金刚经》。不取于相就是不执着于世间的任何事物，如如不动是指面对任何事物都可以完全做到随缘、心静。这种境界要求人无希望心，无所得心，无胜负心，直至无生灭心，这显然已经不是人心，而是佛心了。

共同特点，芯片、软件服务都是其中的重要组成部分。

高科技是一个精细入微的行业，而这个行业以外的人则可能完全没有这种感受，有的只是对高科技带给他们各种方便和享受的由衷赞叹。就像走入魔幻世界对不可思议的魔术师大加赞赏一样，你需要做的其实非常少：在他们那里花一点钱，买张门票或者买个产品，仅此而已。他们的表演或产品能让你觉得满意，就是对他们辛勤付出的认可。作为一个消费者，到此为止你做的已经足够了，而作为一个社会成员，你，同样需要训练有素：从小接受基础教育，再经过中、高等教育，走上社会后，还需要下大功夫吃透细分在你名下的那"一点点"工作。你想养家糊口起码要是个内行，进一步则需要变成专家，至于名利双收则是极少数行业精英的"特权"——无论你是魔术师、教师、医生、官员，还是高科技行业的研发人员、程序员、操作员，或者是其他普普通通的市民，只要让自己在某个时间——长则终身，短则几年、几天，成为某个行业，至少成为某个岗位不可或缺的那个人，让外行眼里"不可思议"的事情，到你那里都不成问题，你就可以在城市里生存、发展了，至于其中的诀窍，早已被古人概括成了四个字"惟手熟尔"（欧阳修《卖油翁》）。

城市生活就是对自己所从事的工作因为训练有素而驾轻就熟、（暂时）无可替代的人聚在一起，有分工有合作，各自专注于"简单"重复的工作。虽然每个人的能力都很有局限，但金钱作为万能的交换媒介，让人可以在市场上购买任何自己需要的产品或服务，让每一个能力有限但因为有某种赚钱"特长"的人，他们消费能力范围内的任何需求，都可以得到最大限度地满足。

城市文明就是这么"简单"，而且会越来越"简单"。

2. 越来越"无聊"

现实世界已然精彩不断，而在不久的将来，城里人将过上另一种全新的生活。到那时，高智能、高投入、高回报且异彩纷呈的虚拟世界造就了一个庞大的产业，创造出无数就业机会，其中的许多从业者同时又是本行业的创造者、投资者和主要消费者。因为机器人大量替代了人的工作，以至于在老旧的眼光看来，日常的现实生活中不干什么"正事"的人实在是太多了。

虚拟世界存在的价值，就是让所有参与者在其中可以找到丝毫不亚于现实生活的紧张、"充实"的感觉，可以兴趣盎然、乐此不疲地打发掉大量的时间，同时，这个产业和任何有前途、吸引人的其他产业一样，人们在其中不仅可以消费掉大把的金钱，所有的投入也都可以像传统产业一样获得应有的回报。

3.越来越快

人类从只会打制石器到学会磨制石器，用了二百五十万年，这次技术革命用于划分新旧两个石器时代，之后是始于距今大约五六千年的金属器时代。

距今不到二百五十年的蒸汽时代，叫第一次工业革命；距今不到一百五十年的电气时代，则是第二次工业革命。

信息化时代起自 20 世纪 50 年代，满打满算距今不过几十年，可谓方兴未艾，而信息化、智能化以及未来由此而引发的"第 N+1 次"技术革命对生产方式和生活方式的改变，用日新月异这个词形容已经毫无夸张之意。

二百五十万年，六千年，二百五十年，一百五十年，几十年……正如马克思所说："资产阶级在它不到一百年的阶级统治中所创造的生产力，比过去一切时代创造的全部生产力还要多，还要大。"（《共产党宣言》）历次技术革命的时间间距在缩短，并且越来越短，这意味着技术进步带给生产力的发展不是匀速的，而是加速的，原因何在？在于文化，在于文化的可积累、可学习和可传承。

技术是文化的所有内容中没有宗派界限且具备规范性，因而成为适合所有人学习和传承的那部分内容。可积累、可学习和可传承的巨大意义，一是后人可以在短时间内获得前人通过漫长时间积累的某项技术，也就是说一个只会打制石器的人如果想学会磨制石器，不需要摸索远远超过自身寿命的200多万年；二是后人可以在前人已有的所有技术积累的基础上继续进步，并且在总体上只可能不断进步，不大可能退步。这就是技术能够并且正在以加速度发展的原因。

一次次的技术革命，一次次地提高了人类的生产力，一次次地改变了人类的生产方式和生活方式。人类通过被自己发现、发明的技术，从刀耕火种到马背牛车，再到汽车火车飞机等，发展速度越来越快。

技术把百分之九十的农民从土地上解放出来，他们被送进了工厂；技术即将把百分之九十的工人从工厂解放出来，他们被送去从事第三产业，或者即将出现的第四产业。

技术就像古代游牧民族的马背，正在驮着人类进行一场不知何处是尽头的游牧。同样是游牧生活，只是时代不同，方式不同而已。古代游牧逐水草，现代游牧逐利欲。古代游牧靠马背，现代游牧靠技术。利欲无止境，技术就没有尽头。

技术进步日新月异。技术过硬的人、公司和国家，犹如当年横行天下的匈奴骑兵，狂飙突进的蒙古大军，他们红运当头并且雷厉风行，大鱼吃小鱼的时代已经成为过去，现在是快鱼吃慢鱼的时代，那种抢到就是得到的紧迫感，让人来不及停留，顾不上反思，只要越来越快。

技术游牧从简单的打磨，到精细的手艺，到科技，再到高科技，从口传心授故弄玄虚的巫医，到无巧不能精细入微的专家匠人，再到如今一往无前学历超高脑洞大开的科学家，无孔不入无处不在的发明者、创业者，再加上给他们烈火烹油为虎添翼的风险投资人，其发展速度必然越来越快。

马克思一百多年前说过的话到今天依然掷地有声,发人深省,他说："资产阶级除非对生产工具，从而对生产关系，从而对全部社会关系不断地进行革命，否则就不能生存下去。反之，原封不动地保持旧的生产方式，却是过去的一切工业阶级生存的首要条件。

"生产的不断变革，一切社会状况不停的动荡，永远的不安定和变动，这就是资产阶级时代不同于过去一切时代的地方。

"一切固定的僵化的关系以及与之相适应的素被尊崇的观念和见解都被消除了，一切新形成的关系等不到固定下来就陈旧了。

"一切等级的和固定的东西都烟消云散了，一切神圣的东西都被亵渎了。"（《共产党宣言》）

但是，技术是文化但不等于文化，所以有技术确切地说只能叫有技术，不等于有文化。

许多文凭和资历只可以衡量一个人的技术，不可以衡量一个人的文化。技术不过是文化的一个组成部分，因为实用，所以枝比干大。

日益发达的技术，总是可以想方设法满足人类所有感官显在的和潜在的任何需求，但对人日益空虚的灵魂，却一筹莫展无计可施，因为那是文化的事，而技术不等于文化。

自信"我是太阳"的尼采带给世人的，究竟是一线光明，还是了无生趣？他一句"上帝死了"，人便不再有神照看，但绝大多数人没有尼采的境界，落得个灵魂流离失所，兜兜转转，不知何处是归宿，而这始终是个文化问题，不是技术问题。

文化不只是酒池肉林，文化不只是富可敌国，文化不只是天下无敌，文化其实是人之所以为人的所有涵养和信仰，技术可以让一个民族屹立，而文化，只有文化才可以让一个民族屹立不倒。

主夫从史书上抬起头，茫然四顾，当年那些风驰电掣横行天下的牧人，现在哪里？

没有文化、精通骑射的人其实野蛮，没有文化、技术过硬的民族难免成为过客，没有文化的人类呢？当今的技术游牧，文化跟上了吗？

如果说严谨的逻辑学给人类文明插上了翅膀，那么日益发达的人工智能是不是来折断这双翅膀的？

人类如此极尽技术之能事，不停留，不反思，从马上游牧的速度到技术游牧的加速度——是否该认真想想，有没有必要给技术，尤其是某些技术的发展装上刹车，从而控制速度？

虽然我行我素的阿米什人①勉力维护的，不一定就是传说中的世外桃源，但昂首阔步的现代人，在流光溢彩日益拥挤的都市放任速度与激情共振，是否该认真想想，追求越来越快的技术所内含的极端倾向是不是有违中庸？

技术这匹"野马"会不会脱缰？

电光石火间，主夫猛然想起《逍遥游》里的一段话，"肌肤若冰雪，绰约若处子，不食五谷，吸风饮露，乘云气，御飞龙，而游乎四海之外。"这是庄子对神人及其生活方式的奇妙设想。在技术游牧的尽头，主夫仿佛看到了这样的人，但那还是人吗？

恍惚之中有个声音告诉主夫，那真的是人，只不过和你们原来的人不太一样了，他们可以瞬间完成学业不再寒窗苦读，他们几乎不再从事体力劳动，他们定制容颜个个貌似天仙……

那个声音告诉我说：你该叫他们人工智能人，或者叫超人，他们是人与科技结合的"产物"，人借助科技的力量实现了"智能的腾飞"，科技借助人的肉体找到了"生命的意义"……

忽魂悸以魄动，恍惊起不是梦——超人，这是可以预知的人类未来吗？

上帝没死，只是失业了，因为被人类抢了戏，自己反而落入凡尘变成了某些人。技术加速狂奔甩落了人的灵魂，只剩下充满欲望的皮囊们，在都市里游荡。

但主夫相信不久的将来会有那么一日，当人性完善，灵魂复归本位的时候，人终将成为传说中的天使。

---

① 阿米什人是美国和加拿大安大略省的一群基督新教再洗礼派门诺会信徒，以拒绝汽车及电力等现代设施，过着简朴的与世隔绝的生活而闻名。他们不从军，不接受社会福利，或任何形式的政府帮助。

不能不说的另一种可能

几百或几千年以后，历经多次超乎想象的科学进步和技术革命——既往的每一次技术革命其实都是超乎想象的——人类或许已经实现了光速旅行。那时的人们遥想"古人"出行，天上是缓慢颠簸的超音速飞机，地上全靠大肆铺排的高速公路和轨道交通，速度慢得不可思议，他们可能会有和我们看古人交通只能骑马、步行一样的感觉：慢，真慢！

到那时，我们的后人会不会也羡慕我们正在拥有的，而他们永远失去了的"慢生活"？

二、文明与倦怠

1. 那些脱耕饱食的人

在"一夫不耕，或受之饥；一女不织，或受之寒"的时代，每个有体力的人都必须亲自操劳衣食，才可以勉强维持温饱。文明发展缓慢，人们的生活毫无新意，这一代人和上一代人的日子没有任何不同，而且这种日子还会在下一代继续。标准的慢生活，人在田园，靠天吃饭，经年劳累，无暇抬头，缺乏激情，更了无诗意。

文明的加速发展主要依靠人在衣食操劳之外的所有工作成果，尤其是不用亲自操劳衣食也不会挨饿的那些人的工作成果。脑力劳动和体力劳动的日渐分离，有闲暇可以用来思想的人多了起来，使文明得以加速发展。

脱离农业劳动的人的多少，可以作为衡量社会文明程度的一个指标。他们所占的比例越大，社会的文明程度就越高，这个比例可以叫作脱耕饱食率。生产力越低，这个比例就越低。刀耕火种的年代绝大多数人不能脱耕，几乎所有人都被锁在土地上；三五千年之后进入现代社会，这个比例反过来了，脱耕饱食率非常高，绝大多数人不用亲自参与与温饱直接相关的工作，也可以衣食无忧。

　　这么大比例不用亲自操劳衣食就能吃饱穿暖的人，他们饱暖之后想什么？饱暖之后干什么？这部分人其实就是现在的城里人。城里人想什么、干什么？

　　这些城里人，早就不用亲自狩猎了，作为猎人的后代，他们已经见不得血腥，并且开始保护野生动物了。他们早就不用亲自种地了，作为农民的后代，他们已经分不清麦苗和韭菜。他们和祖辈的生活方式之间隔着数百个行业，数千个工种，以及成千上万道工序，而他们就分布在某个行业的某个工种的某道工序的某个工位上，每月只要有那么几张花花绿绿的纸币，就可吃喝玩乐，就可衣食无忧。

　　他们就是脱耕饱食之后，勤奋工作却"五谷不分"的高级文明的创造者和消费者。

　　2. 无处不在的倦怠

　　这些城里人，不用像祖先那样脸朝黄土背朝天，一滴汗水摔八瓣，他们朝九晚五不用日晒雨淋，他们歌舞升平锦衣玉食，但是，他们失去了祖先辛勤耕耘的田园生活，同时，也失去了祖先简单生活的安宁恬淡。城里人聚在一起，互相攀比，进而挖掘、激发出了太多的，不，简直是无穷无尽的欲望和需求，再通过互相"满足"对方的这些欲望和需求，而共同"发展"。

　　这些城里人，这些脱耕饱食的人，虽然不必像先人们那样直接为一衣一食而劳碌，却因为开发出了太多的需求和欲望，而承受着先人们未曾体会过的各种压力和倦怠。从职责倦怠（包括职业倦怠和责任倦怠）、情欲倦怠、志趣倦怠，到生活倦怠——他们没有疾病却身心俱疲，甚至痛苦不堪，普遍处于亚健康状态。

　　对于这些城里人，食色是天生的镣铐，名利是自做的牢笼。他们不可能打开那镣铐，也很难迈出那牢笼。无尽的食色名利就像一条啪啪作响的长鞭，城里人就是长鞭下的陀螺，那长鞭一鞭接一鞭抽着陀螺，在方寸之间高速旋转——城里人不知道自己为什么旋转，但再晕也不敢停下，他们知道自己作为一个陀螺，停下等于倒下，于是，只见城里人日复一日年复一年，狗苟蝇营汲汲皇皇，却原地打转不知终究要去往何处，于是倦怠便油然而生且无时不有，无处不在。

这种倦怠不同于祖先田园劳动的体力疲劳和生理倦怠，而是人与生俱来的好逸恶劳、喜新厌旧，以及进取心充分满足，或者备受压抑所引起的心理倦怠。

追根究底，倦怠是由于人生短暂，生命有限；是由于人对生命这一"短暂"的自然现象，找不出任何绝对意义和价值；是由于人一旦背离中庸之道，对绝对意义和价值的所有思考和追寻的结果，不是皈依宗教，就是归为失落、坠入虚无。

那些一生执着，永不言败且一次次胜出的所谓强者，即使挣得不凡成就，纵然赢来显赫声名，但是在死神面前却无一例外地一败涂地，不得不拱手交出一切，尘归尘，土归土，那是怎样的一种英雄气短，那是怎样的一种失落虚无。

先人虽然生活简单清苦但信仰坚定，作为后人，却把他们的信仰弄丢了。不久之前，有一位自认为重新找到信仰的贤者，面对文化"落后"、心理"愚昧"的大众心急如焚，他大声呐喊，希望人们不再麻木沉睡，赶快从"绝无窗户而万难破毁的"铁屋子里醒过来，冲出来。时至今日，当可告慰那位贤者：当年铁屋子里的人大都醒过来了，冲出来了，他们的后代现在都变成了城里人。这些城里人活泼伶俐聪明智慧，文明光鲜擅长竞争，教育深耕细作，科技日新月异，文艺繁荣昌盛，物质上的任何欲求几乎都能得到满足。一切都在向好的方向发展，快速发展，只是发自心底的倦怠却是无处不在，灵魂日益空虚，信仰相比以前也是越发短缺了。

三、文明癖

1. 节欲内含极端倾向

大饥荒的年代，高傲和他的小伙伴在大山深处打到了一只野羊羔，他们扑过去，只见"它昂着稚气的头，雪白的大耳朵一动不动，瞪着惊奇、明亮而天真的大眼睛望着我，如同一个健康的婴儿"。高傲低头看着自己的猎物，内心充满痛苦。

挪威作家克努特·哈姆生在《大地的果实》中，有一段话描述人为了一口吃食如何残忍地杀生害命。"刀子插进去了。仆人稍稍推了两下，让刀子穿透皮肤，长长的刀刃似乎在插进去时熔化了，只剩下刀把斜插在它肥肥的脖子上。起初，这头公猪毫无察觉，它躺了几秒钟，思考了一会。噢！它突然明白过来了，有人要杀它，于是震耳欲聋地叫起来，直到再也叫不出来。"

把自然界的食物链从上到下盘点一遍，面对自己的食物如此扭扭捏捏，惺惺作态的，恐怕只有人类吧？有人用"猪羊一刀菜，谁也不要怪"表达自己的无奈。梁惠王以羊易牛，孟子称之为"仁术"，并进一步解释为"见牛未见羊，君子远庖厨"。主夫觉得面对无法回避的食物链，似乎只能到此为止，再多，不是犯了猪疼心理（本条后半部分有猪疼心理的定义），就干脆是伪君子。所谓天道人心，有时就是一层窗户纸，一念之差，便远离了极端倾向，尽显时中，文明由此得以产生、发展。

农民分工种地，屠夫分工宰杀，而有些封闭在城市里的小孩子，以为米面、蔬菜和肉食都是产自超市。这些孩子没见过耕种，没进过屠宰场，更没有亲手射猎杀生的经历。他们的时代，早已远离了野蛮血腥的游猎文明，远离了自给自足的农耕文明，他们刚刚告别了工业文明，他们属于商业文明，属于城市文明，他们从小到大一直被教育为何要敬畏自然，如何爱护自然，人类应该保护动植物，并与动植物和睦相处。

他们一直被"蒙蔽"着，从来没有意识到，所以从来没有反思过自己的一餐一食一直充满了怎样的"残忍"。

如果把一班不知肉从何来的小学生领进屠宰场，让他们参观动物被宰杀的过程，尤其要给出大大的特写镜头，让他们注意动物被宰杀时直如"健康的婴儿"一样的眼神，和垂死时恐惧无助的抽搐，然后看着这些惊恐万状的学生们的眼睛，告诉他们这些动物被宰杀的时候，其实是如何地痛苦，告诉他们，这就是他们每天都在吃的超市里那些肉食的来历，全部来自这些无辜的动物。可以想见这些学生们会多么追悔莫及，无地自容，然后趁热打铁，号召他们节欲并从我做起，从现在做起，戒食荤腥，彻底避免对动物的伤害。

以现代文明熏陶出的孩子们所具备的理解能力和接受能力，效果肯定会出奇地好，而且会非常稳定、长效。屠夫会成为一个千夫所指的职业。

这些孩子不但会身体力行，还会力劝家长和亲朋戒荤，长大成家后严格禁止子女食荤。由此及彼，推而广之，用不了几十年，全人类就都不吃荤了。

在此有必要特别提醒的是，参观屠宰场的过程应当是循序渐进的，必须有事前和事后及时充分的心理辅导，否则难免会有无法预测比例的孩子，因无法承受强烈的刺激而导致精神上的严重创伤。

第二阶段的教育，须对初中以上的学生进行，因为他们具备了更多的基础知识和更强的理解能力。

先让他们参观美丽的农田、森林和草场，然后告诉他们一花一世界，一叶一菩提，其实植物也是鲜活的生命。我们吃它们的身体，吃它们的根茎，吃它们的种子，用油煎，用火烤，磨面剁馅笼蒸水煮无所不用其极，如果它们有眼睛，同样会哀怨和乞求，会无奈和无助，同样会痛苦和抽搐，而这些都是由人类造成的，都是拜"你"所赐。

怎么办？

别无选择，唯一的办法就是节欲——戒荤，更要戒素，才能彻底杜绝人为的，给动物和植物造成的伤害。

真好呀，一个完美的世界就这么诞生了。人与自然和睦相处，受人类的感召，狼和羊也成了好朋友，大家见面如谦谦君子，其乐融融，其情洽洽，到处找不到一丝痛苦和伤害，当然再也不会有乞求的眼神和垂死的抽搐来戕害人类纯净、善良的玻璃心。

人类不伤害动物，不伤害植物，更不会自相伤害。

从此人类真真地远离了荒蛮。因为戒荤，不必茹毛饮血，骑射猎杀；因为戒素，不必刀耕火种，男耕女织；当然更不会有战争。

所有人最见不得的是鲜血，尤其是别人的，包括所有动物的鲜血；最受不了的是痛苦，尤其是别人的，包括所有动植物的痛苦。

不嗜血就没有了无奈，大家都不痛苦，自己也就没有了痛苦。

从此人类进入了文明的最高境界——童话世界。

……

可是，好端端怎么突然饿了呢？

因为有了理智，人类的思想可以归纳演绎，做到举一反三、触类旁通，这让人的理解力看起来像是无限的，但事实上人的理解力既不像悲观者说的那么有限，更不是无限的。

人的理解力是有限的，设身处地的"同情法"既是研究历史，也是人与人之间相互理解的有效方法，而同情心正是道德的起点，只有自己有过喜怒哀乐的经历和切身感受，才可以更好地理解他人的喜怒哀乐，做到通情达理。通情达理的人居家父慈子孝，经商诚实守信，做官廉洁自律，但是如果滥施同情，很容易让同情走向极端，那些嘴里吃着猪肉又替猪疼的人何其痛苦——这种心理可以称为**猪疼心理**。

扫地恐伤蝼蚁命，爱惜飞蛾纱罩灯，体现的是好佛之人慈悲为怀，知行合一，但是猪疼心理让人善良过度，近乎虚伪，类似拯救猪的冲动违背了自然法则，是文明的异化和退化，是"文明人"在掩耳盗铃。人性的进化意味着天性的"退化"，天性的本质是什么？是食物链，是动物性。人性的本质是什么？是文化，是文明。

起初，这文化，这文明让人类褪去了蒙昧，远离了野蛮，现在，这文化，这文明已经让人类忘乎所以妄自尊大，企图完全抛弃自己那"丑陋的"天性，以为心怀慈悲就是天使。排斥动物性的节欲是人性内含极端倾向的追求，当这种追求趋于极端状态的时候，情绪性就会取代应有的理性，让人以为自己已经完全没有了动物性，岂不知这种极致的追求已经违背了天性。古罗马的斗兽表演早就消失了，西班牙的斗牛表演用不了多久也会被禁止，因为人类追求平等，因为人类见不得血腥，因为人类越来越文明了。经过认真反思，人类一致认定猫戏老鼠对老鼠实在太不公平，绝不允许再玩类似的游戏了，未来的战争也不会再流血了，海陆空都是机器对战，失败的一方走出控制室，大开国门纳款认输低头求和，胜利的一方扬眉吐气，回去继续研制更加好用的机器。

文明在不断发展的过程中，人，尤其是城里人在褪去了蒙昧，远离了野蛮的同时，也失去了原有的大部分血性，这种天性的退化，不能不说是文明的代价。

猪疼心理的极端表现会把自己饿死，或者，被无处不在漫山遍野的被保护动物吃掉。因为猪疼心理，你可以不吃肉，因为动物保护主义，你可以不看马戏，但你不能和动物过分套近乎甚至把动物拟人化，把人性强加给动物。因为人的生理需求如此简单直白，食物链有其自身不可逾越的局限性。

当一个人被情绪蒙蔽了智慧，被"理性"压制了感性，当一个人沉浸在理想中，尤其是当一个人陷入妄执的时候，其中内含的极端倾向会让他的思想和行为拒绝执两，过程不得时中，逐渐远离中庸，而且越走越远，越走越远……

那种理想中的平等，因为内含极端倾向，不仅要逐步消灭人与人穷富的差别，在他们的理想中，人和动物的差别最终也都应该被消灭。这些人应该知道自然规律没有是非对错，不可强立善恶。自然规律可以被有智慧的生物认识和利用，食物链就是一种自然规律。道德是人类文明的具体表现，但因为内含极端倾向，如果追求极致道德而不注重时中，（长时间）趋于极端状态的结果，就是以道德的名义自缚手脚，直至害人害己。

"上德无德，是以有德。下德不失德，是以无德。"老子这句话不是已经把这个道理讲得很透彻了吗？

"上德无德，是以有德。下德不失德，是以无德。"这句话在老子的无为前提下可理解为："上德"之人顺应自然而无所作为，是有德。"下德"之人顺应自然而有心作为，是无德。老子"德"的前提就是顺其自然，不着人力。这个前提对人来说是一种放弃主观能动性的极端状态，是静之极；而人的实际状态却恰恰相反，总是把主观能动性发挥到极致，达到了动之极。动之极的人妄图代行上帝之职安排自然与导演人事，又无上帝之能，不过是急功近利，结果顾此失彼、左支右绌、口不对心、言行不一，故难免失德。

2. 环保内含极端倾向

近现代文明发达的主要特征，就是越来越多脱耕饱食的人，聚集成越来越大的城市。越来越多的人口离开山区，离开平原，离开农牧业，汇入进城的洪流。他们在城市的水泥森林中堆叠蚁聚，熙来攘往，过着越来越繁忙的生活，而如此高度文明以及如此大量聚集起来的人口，依赖的是越来越集约化、自动化、高效化的工农业生产方式，这种生产方式大量攫取、消耗自然资源，并对自然环境造成巨大破坏。

稍加揣摩不难发现，环保意识的背后，是人类对自己毁坏自然环境的强烈不安。人类知道由此可能给自己和后代的生存带来巨大的威胁，并知道那种来自大自然的惩罚，那种反噬，一定是不可承受之重。

少数先知先觉的人，他们对这种前景无比担忧，他们发出的呼吁、呐喊，引起了更多人的正视、焦虑甚至恐慌，于是，就出现了两极分化。一小部分人为了私利肆无忌惮地破坏环境，而另一小部分人则把自己变成了"公而忘私"的极端环保主义者，其余大部分人，则介于二者之间。

环保的危机感通过各种各样的途径直接映射或间接反馈到人心里，在那里，在那些文明人的心里，唤醒对未来的担忧，为自己的过度消费和竭泽而渔担忧，担忧和恐慌都发自内心，并激起负疚的涟漪甚至负罪的波澜。这些都将转化为环保的自觉意识、无穷动力，和日益大众化且合乎中庸之道的环保习惯和行动。但是，文明发展对极少数的极端环保主义者所造成的心理伤害，却是所有的环保努力都无法弥补的，他们无视社会的发展变化及其现实需求，沉浸在对"无公害"内含极端倾向的无止境的追求中。

四、失乐园

亚当和夏娃因偷食了智慧树上的禁果而被上帝赶出乐园，落入凡间。由于远离了乐园里的生命树，死亡从此出现了。

他们已经具有的智慧，不仅让他们认识和品尝了情与爱，还给他们带来了疾病和衰老，更可怕的是智慧让他们提前认知了死亡的存在，唉，这都是偷食禁果的副作用啊。

从浑浑噩噩的永生，到"智慧+繁衍"的人生，人类的始祖就这样从天堂来到了凡尘。

智慧的感觉是如此美妙，世俗的快乐是如此真实和充分，所以亚当夏娃并不为偷食禁果所带来的"副作用"而后悔。他们清楚地记得他们曾经生活过的那个乐园，还知道那里除了那棵照亮他们灵魂的智慧树，还有能让他们长生不死的生命树。为了重新找回失去的乐园和生命树，他们终其一生都在苦苦寻觅，但一无所获。

上帝关上了他们回去的门，却为他们打开了一扇窗——他们被上帝驱逐的时候，除了具有智慧并开始懂得爱，还有了生育自己后代的能力。于是他们便把坚信乐园存在的信念，以及寻找乐园必须具备的品德和规则，作为他们未竟的事业交由自己的后人来完成。

这些寻找失去的乐园的品德和规则，一直被后人口口相传并日臻完善，不知过了多少代，已经创造出文字的人们，把这些品德和规则，以及先人的故事以天启的形式编成了一本书，这本书的目的在于规范人的行为，约束人的灵魂，其中的核心价值观历久不衰，一直被人称颂并广为流传。

有人问，假设亚当和夏娃的这些后代有一天真的找到了那个乐园，如果上帝一定要让他们先交出被祖先"盗取"的智慧和繁衍能力，才允许进入乐园，他们会同意吗？

　　没有了智慧，人就没有了人所特有的感觉，没有了真情与个性，没有了爱与恨，没有了忧与惧，没有了判断是非对错和品味生活的能力，这样的人活着和动物，不，和石头有什么区别？

　　没有智慧的长生不死和行尸走肉有区别吗？

　　也许未来的某个时代，上帝终于被人类的执着感动了，让人类在保留智慧的同时，可以居住在生命树下。这个"说服"工作无疑要凭借全人类长期不懈的共同努力才有可能完成。

　　上帝没有想到的是，亚当夏娃被他赶走后，为了寻找和重归这个被他藏起来的乐园，已经一代代地繁衍出数量如此庞大的子孙后代。

　　这回上帝真的犯愁了。因为他决定不了是不是在允许人类定居乐园的同时，收回先前赋予他们祖先的，原本属于上帝自己掌握的造人的能力。

　　上帝知道人们已经习惯了生育和抚养后代，并从中获取了那么多乐园所没有的快乐，即使让他们定居乐园，这些长生不死但无爱无欲，不会生殖繁衍的人，还能像他们的祖先亚当和夏娃一样"快乐"吗？

　　本来当初上帝驱逐亚当和夏娃并赋予他们生殖能力时的主要考虑，就是让他们在哺育后代的辛勤和操劳中，寄托自己对"永生"的希望，淡化和忘记对死亡的恐惧，不要总是惦记着重回乐园，但是现在亚当和夏娃的后代，这些人类的表现似乎总是出乎上帝的预设——他们爱子女胜过爱自己，并从中得到了那么多的快乐。

　　剥夺他们生育和抚养后代的权利，他们会接受吗？

　　如同石头一样的永生与"智慧＋繁衍"的有限人生相比较，到底哪个快乐更多些？懂得痛苦的人与快乐的猪相比，到底谁更幸福？上帝都犯愁，他没有现成的答案。"天哪，"上帝一声长叹，"你们回来了——这么多人！"

　　永生的人类是否还需要智慧？是否还要繁衍后代？上帝决定把这个棘手的问题交给人类自己抉择。

第三节　适度信仰

一、人生的路

1. 苦行主义者的理想人生

理想人生是指理想主义者的人生。理想主义者首先是指有宗教信仰的人，其次是指有宗教信仰以外的其他信仰的人，再次是指没有信仰但有理想的人。

子牙蓑衣草帽直勾勾稳坐钓鱼台，韩信青衫长剑急慌慌直奔蜀汉中，或静或躁，或稳或急，他们都是典型的理想主义者。历史上真有其人，现实中这样的人更是多如过江之鲫。理想人生因为内含极端倾向而难免走向极端，功利主义、实用主义都不是它的极端表现，而只是理想人生的过渡表现，理想人生的极端表现是妄执。妄执级别的理想在本书中多有论述，这里单说妄执的一种特殊表现：苦行。

为什么说苦行是理想人生经过功利主义、实用主义的过渡之后的极端表现呢？莫非苦行还有对功利和实用的追求吗？

对，苦行正是对功利和实用进行极端追求的表现，因为最大的功利和最极端的实用无外乎永恒和永生，极端的苦行者正是为了达到这样的目的，才不惜放弃今生今世凡俗的幸福，无论结局是流芳千古还是天堂极乐，前者近乎绝对价值而后者就是绝对价值，对他们来说都是以"非常有限"的投入换取无限的收获，是一场无论怎么算都划算的交易，所以说苦行者本质上是极端的功利主义者和实用主义者，为此他们可以粗茶淡饭终日枯坐苦想，甚至可以孤独遁世、形影相吊，一生远离凡尘。

2. 存在主义者的活在当下

存在主义是流派众多、覆盖面非常宽泛的一种思想。虽然与宗教信仰对信徒的影响相比逊色很多，但有两个比较流行的存在主义用来安抚心灵的重要观点却不容忽视，一是留下自己的足迹，获得生命的意义，二是活在当下。

人常常因为分不清绝对和相对的关系，迷失于对绝对价值和绝对意义的探寻和追求，但是，除了宗教的应许，世上其实根本没有绝对存在，所以根本没有绝对价值，也就根本没有绝对意义。有人认为相对价值在绝对价值面前不值一提，相对意义在绝对意义面前不值一提——任何相对在绝对面前都不值一提，就像人在上帝面前渺小卑微不值一提一样。在这样冷峻的现实面前，这些人就难免心陷虚无，此时如果谈论什么"留下自己的足迹，获得生命的意义"，便是强行把无作有，生硬地从无意义中找意义，而"修短随化"的洒脱，怎能掩饰"终期于尽"的虚无？（王羲之《兰亭集序》有一句"况修短随化，终期于尽。"意思是说人寿命的长短随造化而定，最后都会归于死亡。）

活在当下在表面上让人觉得很真实，所以很有感召力，但同时也说出了无信仰的人的尴尬处境，他们的乐观豁达、直面人生终归底气不足，而目光短浅、互相攀比、庸俗无聊便成了常态。

活在当下因为内含极端倾向而难免走向极端，功利主义、实用主义都不是它的极端表现，而只是活在当下的过渡表现，活在当下的一个极端表现是激进与跟风（见第三章第一节的相关论述），而另一个极端表现是虚无主义。

佛说："世人常感不足，梦寐以求，乃成为渴爱的奴隶。"渴爱的意思佛教解释为非常爱慕。人有爱慕之心很正常，但是，如果以中庸之道看，爱慕之心内含极端倾向，而渴爱说的正是这种极端倾向（长时间）趋于极端状态，佛教认为悲苦的根源由此而来，并以一个"渴"字道尽其中的贪婪心态，可谓简洁中肯。只是佛教在识破开悟之后，从释然放下到决然放弃，走向了自己认同的另一个极端，而恪守中庸之道的做法是以时中的态度随时向中调整，为避免妄执渴爱而主动归中。

健康、亲人、财富、权力，酒色财气，喜怒哀乐，一切都会成为过去，不，是一切都将失去，这是任何人都将面对的现实，故应学会省察、品味、感受暂时拥有的一切，不可妄执渴爱，懂得适时收手，准备随时放手。这其实是中庸之道，理想主义很可能对此不屑一顾，而存在主义则不具备这样的人生格局。

王子在海滨做日光浴，乞丐在沙滩上晒太阳，他们感受到的，或者说他们享受到的有什么不同吗？

似乎有，又似乎没有。

王子心忧的是家国天下，乞丐在想去哪里能讨到下一顿饭，他们想的有什么不同吗？

似乎有，又似乎没有。

王子生死玄武门，乞丐创办大明朝，他们的结局有什么不同吗？

似乎有，又似乎没有。

对以上问题回答有或没有，代表一个人对功利的看法和追求，而功利和爱慕之心一样，都是内含极端倾向的。认为王子与乞丐有所不同的看法内含一种极端倾向，代表入世；认为没什么不同的看法则内含另一种极端倾向，代表出世；奉行功利主义、实用主义、理想主义等，当然也包括奉行存在主义的所有人，都生活在这两个极端之间。

当下活色生香，但人生何止当下。人生若是三杯酒，一杯留给未来，一杯当敬过往，还有一杯，举手邀天地，同来品日月。

马博士是一位信奉存在主义的心理咨询师，王先生被死亡阴影多年困扰，自己实在走不出来，偶然得到机会向马博士求助，希望马博士能够帮助他直视骄阳。

王先生说自己总是把日常生活和死亡、和无意义紧紧关联在一起，做任何事情都提不起劲头，了无生趣。

马博士问他，这种情况从什么时候开始的？

王先生能准确地说出那是他小学五年级一个春天的下午，父亲去世刚刚下葬，他坐在自家大房子的门口发呆，能听到妈妈在屋里压抑地啜泣。那时的王先生在想，既然人都要死，那就是说一切都没有意义，他的校乒乓球冠军，他的钢琴课，还有家里贴满一面墙的他的奖状，意义何在？他认为到现在还一直让他质疑的肯定还有那个春天的明媚阳光，因为他至今都能感到那天的阳光照在身上的暖意，但是它们终究都会消失，它们的意义在哪里？

马博士问王先生："你有孩子吗，多大了？"

王先生回答说他有个儿子，十一岁。

马博士问道："如果有一天，你儿子问你，既然人终究都要死去，那活着还有什么意思？你会怎么回答？"

王先生不假思索地说："我会告诉他人活着有许多乐趣。你可以学习很多自己喜欢的东西，可以干自己喜欢的事情，可以欣赏美好的音乐，和自己的好朋友在一起多么开心，还有，可以和爱自己的父母在一起……"

王先生说完之后自己先愣住了，他很吃惊自己这些想法是从哪里来的。人生原来这么有趣，以前怎么不知道？

马博士会心地一笑，他说：人生的大智慧一直就在你的内心，所以你可以轻松地为你儿子指点迷津。现在你最需要的是成为你自己的"父亲"。

王先生的思考是一个人内含极端倾向的功利主义追问，指向人生的绝对价值和意义，而王先生给他儿子的答复，则是一个人在亲情或者说是在道义"逼迫"下的实用主义权变，只涉及人生的相对价值和意义。马博士避实就虚，利用王先生的心理错位，用给一个儿子的答案搪塞了一个父亲的追问，在中庸之道看来，这就是存在主义哲学隔靴搔痒的尴尬。

活在当下及时行乐的"对酒当歌"，怎能堵住"人生几何"的终极追问？活在当下的说法之所以能够如此打动人，实在是因为人生苦短，人们对"确定性"又爱又怕的割裂心理挥之不去。他们留恋从前，焦虑未来，尤其当下难处。他们可以活在对从前的回味中，可以活在对未来的希望中，唯独不能气和心平地活在当下①——他们急于成熟，成熟之后又痛惜从前的青涩；他们年轻时虚度光阴，老来哀叹时日无多；他们不惜一切换取功名，功成名就之后却总想超然物外。

3. 中和人生与适度信仰

对于任何时候的任何一个人来说，目的和过程是不可能完全分割的，无目的的过程是虚无的，无过程的目的是妄想的，所以焦虑或虚无的情绪便容易在只重目的或只重过程的人那里发生。

只重目的的人偏重于理想人生，容易陷入极端倾向，直至妄执。只重过程的人偏重于活在当下，这种人犹如漂蓬断梗，外表浮躁内心迷失，难免随波逐流。对此，无论功利主义，实用主义还是存在主义，统统都无能为力，既往的历史和当下的事实都反复证明了这个结论，为什么？因为它们在内含极端倾向的同时，既不能解答有关终极的追问，也不能有效消解积压在人们心底的虚无。《圣经》中传道者说："虚空的虚空，凡事都是虚空。人一切的劳碌，就是他在日光之下的劳碌，有什么益处呢？"

面对这种情况，基于中庸之道的人生观，自古至今，一直都在默默地为人们提供心理支撑。从中和角度解读的人生观，认为只有在恰

---

① "气和心平地活在当下"与"活在当下"已然有很大的区别。气和心平是本书倡导中和养生的一个重要理念。中和养生分为修身、调心和养性三部分，修身以体育锻炼等务实手段为主，而气和心平无疑进入了务虚调心甚至养性的境界。成语心平气和的意思是不急躁，不生气，而气和心平，意在强调不生气是不急躁的前提，认为只有情绪和谐也就是气和，才可能心平。气在这里不是体外的空气和体内的血气，而是志气、心气等情绪。气不可一概而论，有志气、心气高并舍得吃苦耐劳在年轻的时候叫执着，若再能气和而心平，持之以恒，常常无往不胜；年老之后还依然故我，就可能是妄执，当然，这时的妄执更多地表现为一味追求长寿，害怕疾病，以及走不出既不愿面对死亡，又明知无处可逃的困窘心态，都很难称之为气和，气不和则心难平，"当下"痛苦不堪。

守中庸之道的前提下，才可以做到目的与过程并重，这种人生叫作中和人生。

中和儒学提倡的中和人生认为，人生不止当下，但也没有永恒，人生是一个具有一定长度的过程，这个过程需要适度信仰——既不能没有信仰，也不能被信仰绑架而放弃自由。

中和人生讲究的是善始善中善终。

（1）善始：人生无时无处不可以开始。

好的开始等于成功的一半，而人生的每一次选择都是一次新的开始，每一次觉醒都是一次心的开始。

（2）善中：善待人生的昨天、今天、明天。

有少数人走不出这"三天"，没有足够的耐心，他们尤其害怕明天，不愿意走入明天。这种对明天的畏惧感有时对这少数人中的极少数表现得如此强烈，他们战栗懦弱裹足不前，为了逃避明天，不惜今天就结束自己本来不长的生命。

多数人嫌这"三天"太短，他们非常希望有时甚至坚信今天之后有无数个明天，他们忘了昨天，忘了自己的来路，所以也不愿意正视明天，正视自己的归路，宁愿相信存在着一个有无数个明天的极乐世界。

其实人生的所有价值和意义都将在这"三天"得到淋漓尽致的显现，因为"三天"是人生在世最可以理解和把握的生命片段。能从昨天通过今天走向明天的人，就能从去年通过今年走向明年。这是一个承上启下的过程，人生不是孤本，更不是绝唱，而是继往开来的重要一环。

善待人生的昨天、今天、明天，就是首先要在这"三天"善待自己，其次要善待自己在这"三天"遇到的所有人，和参与的所有事。

昨天、今天、明天推而广之既可以理解为去年、今年、明年，也可以理解为前世、今生、来世，而过好前世、今生、来世，就是要善待长辈，善待自我，善待晚辈。

不能远见"三天"，就是活在今天，活在此时此刻，亦即活在当下。不能落实"三天"，就是自欺欺人好高骛远，就是理想人生，并甘愿陷人妄执。

（3）善终：不失中道地将事件了结，不失自然、尊严或安详地走向生命尽头。

任何一件事情，只要了结得不失中道，就是这件事情的善终。

任何一个人离去时或自然，或尊严，或安详，三者得其一，对这个人来说，就是善终。

中和人生不是内含极端倾向的冷冰冰的追问和回答，而是以中庸和谐的态度对人生的价值和意义进行解读；不是非此即彼甚至从一个极端走向另一个极端，而是教人如何克服内心的恐惧和贪婪，解读人生，从而理解生活。

源远流长的中庸之道作为一种世界观，在帮助人类认识世界、改造世界的时候，更接近方法论；在帮助人类认识自我、完善自我，并产生深刻而巨大影响的时候，更接近信仰。

二、路上的人

1. 有意义吗

（1）简单活着

这是一种自古及今被无数人，包括许多古圣先贤推崇和追求的，内含极端倾向的人生观——从简单到越来越简单，何处是简单的尽头？

盛德若愚，返璞归真恐非常人可及。

朴实无华，超越浮华的自信沉稳，需要涵养。

天真无邪，婴儿之未孩[①]，不可遇更不可求。

---

① "婴儿之未孩"出自《道德经》，历来解释多有歧义，此处取"（因为尚在母胎，所以）还不会哭笑的婴儿"之意，强调的是"安静""无我"。类似的境界在慎到那里叫"块不失道"，在庄子那里叫"圣人无名，神人无身，至人无己"，在佛家那里则成了"无我相"，以及经典儒学的"率性"等。总之都很难为，确切说是其实不可为的一种理想境界，本书力求对这种不可为有所突破，把这种境界叫作"俯视"（见第二章第二节）。

没心没肺地活着，简单快乐，像个动物。

节欲苦行、心如止水，终至像块顽石。

还能更简单吗？

自古及今，不断有人希望通过刻苦修炼，让自己达到越来越简单的境界。他们游离于社会的边缘，克制自我，不争不斗，无欲无求，像块顽石一样，什么都不想，长时间静坐，一动不动。如果以为他们四大皆空、心如死灰，就大错特错了，因为在他们的内心深处始终坚信，这么做是成佛升仙的不二法门和唯一捷径。妄执级别的信仰，其洗脑效果差不多都是这个样子，区别在于外在表现。

同样是妄执级别的信仰，因为内容不同，一种可以让信徒安坐到死，另一种则可以让信徒随时慷慨赴死，显然，只有后者才有可能被造反派或恐怖组织利用，可见，简单的极致其实不简单。

（2）闲得发慌

人只要心念一动，举手投足之间，便已注定远离了顽石境界——手动、脚动、身动、行动……吃饱喝足，睡到自然醒再无瞌睡的时候，胡思乱想心猿意马手足无措的时候，总是有个问题飘然而至挥之不去——干点啥？

闲得发慌的各种时候，有人没事找事，有人无事生非，这样的人很多。他们没有信仰或一时迷失，总之眼下没有目标；他们游手好闲，随波逐流，遇事"热心"且看热闹不嫌别人的事大；他们游走在街头巷尾，散布在每个角落缝隙；他们外表冷漠高傲，内心空虚浮躁……"他们"就是脱耕饱食、无所事事的一部分人。

（3）意义何在

对意义的需求是人主要的精神需求，从开始追问意义那一刻起，意味着这个人已经不同凡响了。因为他的思想不仅让他有别于一块顽石，还有别于其他所有的动物，如果有更进一步的思想，这个人往往就会主动攀比，开始想方设法做一个与众不同的人，而之所以"寻寻觅觅,冷冷清清,凄凄惨惨戚戚"①,是因为他(她)总是希望自己的任何思想和行为,都被赋予不同性质和不同程度的意义。

就拿与众不同来说,人与人本来就各有不同,但要出类拔萃又谈何容易。权倾一时富甲一方是与众不同,功名煊赫名垂青史更是与众不同,但是,总有极少数人认定打家劫舍遗臭万年同样是与众不同。在这两个极端之间,对"与众不同"的意义进行兼具两个极端的特点的、复杂的、多样的理解、阐释和实践,才是现实中的众生百态。

(4)要有意义

这同样是一种内含极端倾向的人生观——从有意义到越来越有意义,何处是意义的尽头?主夫把人的需求分为"够多足好精"五个等级(见第二章第四节),从低到高既可简可繁又相对独立,从高到低既雅俗共赏又兼容并蓄,不同的内涵和丰富的意义全部蕴含于其中。

衡量意义的有无和大小,取决于人的价值观,而价值观是由信仰和世界观共同决定的。

心念流转,言谈举止,进退取舍,无不体现着"小小"的意义和"大大"的信仰——意义何在?信仰什么?

笑比哭好,优比劣好,前者是所有意义、信仰的情绪性表现,后者体现的则是这二者的功利算计,因此,人在大多数时候都会(尽量)表现得乐观豁达,笑脸迎人,以期用所谓的正能量娱人怡己;人在大多数时候都会自觉不自觉地汰劣选优,以便不虚此行步步高升。

笑比哭好,优比劣好,正是这些简单、直白,但是人所共有且深入骨髓,发自心底的核心信念,发扬光大后,就可以让一个人、一个家庭、一个民族拥有乐观自信的灵魂底蕴;让他们有了诗歌,可以长歌当哭;让他们有了文化,可以勉力前行;让他们有了信仰,可以历尽劫难而

---

① 语出《声声慢》,作者是写出过"生当作人杰,死亦为鬼雄。至今思项羽,不肯过江东"的宋朝女词人李清照,后期却因为战乱流离、家国破碎而词风陡转,尽显迷茫。

勠力同心，生生不息。

但是，对于同一件人事，为什么少见皆大欢喜，多是有人欢笑有人愁？

人为什么而笑？

如何拥有发自内心的乐观豁达？

如何区分优劣并适当取舍？

这些问题表面上是对意义的发掘，归根结底，则是对信仰的追问。

2. 语不惊人

问："高档"商品如何产生高溢价？真善美如何得到大众的认同？

答：需要包装，需要精致的、高端大气上档次的包装。

于是，我们就看到了厂商们、宗教从业人士们以足够的"自信"，足够的"权威"，真假难辨的故事，心诚则灵的法门，严谨的仪轨，品牌效应等花样繁多的营销手法，以及，不厌其烦的包装——茶道烦琐细腻的品味，红酒浅斟慢酌的优雅——在快节奏的速食时代，让有幸品茗把盏的人都在似是而非的意义和扭扭捏捏的仪式感中，找到了慢下来、慢慢来、不同以往、贵气十足的感觉。让客户产生这种感觉所带来的商品附加值，经常可以远远大于商品本身的价值，而类似茶道酒道不过是"营销包装"的入门手法。事实上为了对付头脑复杂、思维敏捷的"消费者"，无处不见的是通过奥卡姆剃刀①的反向操作，把简单问题复杂化，让复杂问题变得更复杂。也就是说，赋予简单问题以复杂、长远、高深，其实可有可无的意义，关键是能够坚持足够长的时间，比如百年传承的老店，比如"亘古不变"的真理，就可以在有需求但犹豫不定的人那里得到回应，逐渐取得信任，久而久之就能产生惯性依赖，赢得越来越多的人心，甚至取得信仰。在俗世可以贩卖"高档"商品，在精神世界则可以"贩卖"真善美。真善美

---

① 奥卡姆剃刀定律出自 14 世纪英格兰的逻辑学家、圣方济各会修士奥卡姆的威廉，核心理念是"如无必要，勿增实体"，即"简单有效原理"，他说："切勿浪费较多东西去做用较少的东西同样可以做好的事情。"

就像"高档商品"一样，如果有与之匹配的营销包装的手段和说辞，更容易畅行畅销，经久不衰——语不惊人死不休，一本正经才是正经的王道。

先讲一个因为包装而在营销方面取得非常大成功的经典商业案例。

爱情是一种保质条件非常苛刻的感情，为了表达爱意，也可以说是为了延长爱情的保质期，人们一直在不遗余力地寻找对爱情质量具有充分象征意义的信物，以便至少在形式上多一层足够完美的包装。因为人们知道任何本质都是通过形式承载和体现出来的，于是，强烈的需求促成了一个商业传奇——把稀少但绝非必不可少的钻石和"永恒的"爱情进行捆绑，并通过垄断矿产使产出更加"稀少"，关键是以动人心扉、精美绝伦并狂轰滥炸的广告投放不断"教育"消费者，从而成就了人类商业史上堪称完美的成功营销案例。

商人通过移花接木，对钻石进行巧妙的营销包装，居然能把本来一钱不值的东西，变成人们心目中的无价之宝，不能不让人由衷叹服。但是，与对爱情的需要相比，人们对信仰的需要其实更加迫切，而且条件也更加苛刻，而人类历史上把信仰和"永恒的"应许进行捆绑，以教化信徒并取得如此旷日持久的成功的案例比比皆是，让人不能不承认，与古圣先贤对宗教的精心包装相比，钻石商人的良苦用心和巨大成功显得黯然失色，根本不值一提。那么，宗教的包装又是怎样的呢？

宗教信仰之所以有足够的吸引力，源于其描绘出足够大，不，其实是无穷大的奖罚。教士、僧侣等宗教从业人士的使命就是在自己深信不疑的前提下，让已经成为和可能成为信徒的人，对这种奖罚同样深信不疑。对信徒来讲，与自己深信不疑的无穷大的奖罚相比，宗教要求你付出的始终是"非常"有限的——你的财产是有限的，你的终其一生的辛劳、委屈甚至生命都是有限的，因为你这一世的生死祸福以宗教的世界观和价值观衡量，简直太有限了，何足挂齿？现世所有的拥有——那些享乐，尤其是那些苦难——都是短暂的，与宗教给信徒描绘的上天堂的奖励或下地狱的惩罚相比统统不值一提，何足道哉！

作为一种文化，宗教以其特有的形式承载着特有的内涵，形式让内涵变得可知可见可操作。当一个宗教想把信徒的身体用特有的服装包裹起来之前，必须先用特有的规则把信徒的心包裹起来，而特有的服装只是表面的、可知可见的形式，那些特有的规则才是内在的核心。

这里所说的形式也可以理解成包装。

宗教历来有正教邪教的区别。正教之所以称为正教，因为其核心的内涵是真善美，不信无害，信者有益。正教为了包装真善美，想到了借重神（或者神化某个人），为了包装神，不仅编写了鸿篇巨制的神话故事，还建起了巍峨肃穆的殿堂，设计了庄严周密的仪轨，从头到尾充满毫不掩饰的威逼利诱，同时大量掺杂各种心理暗示。明确禁止自己认定的假恶丑，只为大力推行自己认定的真善美，并把这一切借助早晚恭敬念诵和各种各样的法事礼拜进行强化。或者自修，或者由训练有素、值得信赖的专职宗教从业人员带领信徒在肃穆庄重的场合依科演教，郑重虔修，以收到时时洗涤人心，不断强化信念的功效。而如此豪华的包装只是为了追求最好的洗脑效果，让普罗大众皈依神，成为神的忠实信徒，让他们笃信教义直到妄执——只有毫不动摇的妄执级别的信仰才配称作坚定的信仰。

正教通过如此复杂的形式，最终达到了传播真善美的目的，但是如果去伪求真，剥开形式，剥开那一层层的包装，露出核心价值——不过是，也只能是真善美。

类似的包装，也可出邪教。与正教相比，区别在于邪教的核心价值违背了真善美，但邪教在包装上所下的功夫更大，拉大旗作虎皮，各式仪轨更加严谨，誓言更加真诚笃定，布满环环相扣越收越紧的套路，假托神意，画符念咒，妖言惑众，利用人性的贪婪恐惧、人生某阶段的愚昧无知，把人心套个结结实实，把人脑洗个"干干净净"，即使鸣镝弑父①，也绝不手软。只有这么做，才有可能蛊惑信众使其达到妄执的境界，让他们攻击"敌人"的时候毫不犹豫、毫不留情，不仅不惜以命相搏，并且能够做到心灵强大，视死如归。

至于某些江湖术士、大师高人，他们或者敬神拜鬼夸夸其谈，或者大言不惭牵强附会，他们故弄玄虚，精心包装自己，巧妙利用众人的情绪——对生老病死的贪婪和恐惧——从中谋取一己私利。他们欺世盗名，常有得逞且难以预防，但与邪教这样的社会毒瘤相比，这些术士高人的存在不过是疥癣之疾。他们招摇过市，喜欢一本正经地冒充灵魂导师，用他们层层包装、足够唬人的"成果"，向身体虚弱、信仰饥饿的人贩卖似是而非、掺杂使假的养生大法、长生妙术，或者精心勾兑的心灵鸡汤，在骗取一时敬重的同时，牟取巨大的商业利润。

从妄执的正教到疯狂的邪教，从毒瘤巨患到疥癣之疾，神学就这样绑架了哲学并蒙住了哲学的双眼，任何怀疑、动摇和追问都是对神的大不敬，必会增加今生的痛苦和来世的磨难。在经院哲学登峰造极的时代，神学手持宿命论和"心诚则灵"这两件法器大行其道，哲学更多的时候成了神学的婢女。

在各学科尤其是逻辑学与哲学分离之前，现在看来已是常识的问题，却因为"白马非马"式诡辩而难倒了古人，他们意识到这类问题的严重性，但是因为受时代的局限，许多概念缺乏准确严谨的定义，甚至只可意会不可言传，致使歧义横生谬种流传。事实上，每一个学

---

① 冒顿是匈奴第一代单于头曼的太子，因头曼单于有另立之意，致使冒顿起了杀父之心。他发明了一种叫作"鸣镝"的响箭，命令手下：我的鸣镝射啥你们必须一起射啥，犹豫不决者，立斩。

第一次训练是出外打猎射野猪，冒顿射出了鸣镝，有的骑兵把冒顿的命令忘记了，没有任何反应，冒顿当即下令把这些骑兵统统杀掉。

过了几天，冒顿把鸣镝射向了自己心爱的宝马，一批骑兵因为犹豫不决被杀。

又过了几天，冒顿把鸣镝射向了自己最爱的女人，这一次没人犹豫。

公元前 209 年的某一天，冒顿陪父亲外出打猎。这一次他把鸣镝射向了他的父王头曼单于，结果万箭齐射，他的生父被射成了刺猬，当下毙命。

科从哲学当中分离出来都需要数百千年的时间。最早从哲学分离出来的可能是数学，也可能是天文学、物理学或化学，这几种学科相互独立并自成体系，逐渐让人认识到自然并非那般神秘不可知，而是有"自然规律"存在的时候，逻辑学便从哲学中脱颖而出了。作为一门专门辅助思维的学问，逻辑学使人类文明踏上了快车道，并最终让哲学摆脱了神学的羁绊。

最古老的哲学问题，不外乎我是谁，从哪里来，到哪里去，其实也就是人的生死问题，而这个问题迟早会像其他学科那样被技术化，并具有相当程度的可操作性。科学技术虽然在飞速发展，但是人类对自然界依然所知甚少，并且我们的所有知识几乎全部局限于对三维空间和一维时间的认知，而在茫茫宇宙中，可能还存在着许多其他维度的空间。人死后灵魂可能去了更高维度的空间，也未可知。

上帝不需要燔祭，不需要崇拜，因为从来就没有救世主，一切都是宗教出于包装信仰、收拾人心的需要。随着文明发展和中庸之道深入人心，人会越来越有能力认识并很大程度上掌控自己的命运。尽管如此，不等于个人可以随心所欲为所欲为，个人的以及由个人组成的集体的所有功利算计，必须服从被大多数人公认的真善美，即使这真善美不再假借神佛这个框架，不再包裹着层层神秘外衣。

人们远离神佛，并不是远离真善美，而只是再不被神佛大手笔投放的广告所恫吓和利诱，抛弃专为营销考虑而精心设计的、意在俘获人心的豪华包装，不再接受宗教人士的中介贩卖，直视并直接信仰真善美。

尽管如此，我们不能无视虔诚的宗教信徒顶礼膜拜屯街塞巷的历史和现实，虽然生死从容、斩钉截铁的无神论从来都不鲜见，但是在二千五百多年前，能发出"敬鬼神而远之"的中道高论的，除了孔子，还有谁？孔子用"祭神如神在"这种庄严肃穆的态度，在巧妙回避了神秘主义的同时，维护了自己提倡的真善美；用"获罪于天，无所祷也"这种鲜明的态度，坚持了自己认同的真善美，不涉神佛却达到了宗教无法企及的境界。

在从不谈论"怪力乱神"的孔子那里，神也好，天也罢，只是为了烘托自己的世界观和价值观，而中庸之道为后人构建了适度的信仰并一直流传至今，不见衰败，反而日渐光大。

壮哉，孔子。

3. 四大平等

同一个时代，在遥远的西方，古希腊哲学家苏格拉底说了一句话，堪比孔子的"敬鬼神而远之"，这句话就是："未经反省的人生没有意义。"和孔子一模一样的先秦子学时代哲学家的口气，而这种口气和态度在经学时代很难见到，因为自经学时代起，尤其是欧洲黑暗的中世纪或任何有坚定信仰的社会，人生的大道理都是有确定性结论的，你不仅知道自己从何处来，到何处去，还知道自己为什么生活，以及如何正确地生活，所以不需要或者根本不允许反省。

"三省吾身"是反省的正常表现。但是，那些前思后想始终无所适从的人生，即那些找不到意义的人生，该向何处去？

至此可以这样认为：有意义的人生有必要反省乃至一日三省，但要么反省有结果，要么三省有依据，否则，任何省察或许能找到意义，但仅仅是或许，因为大部分反省结果是不确定的，而找不到任何意义所带来的痛苦是无与伦比的，会让思想者迷失，甚至疯狂。

确定性对人的吸引力如此巨大，这是任何宗教，或者任何受誓言约束的信仰得以立足的前提——原本不确定的东西，在它们那里都有言之凿凿的答案，并且成了所有信徒反省和行动的依据，这样做对宗教信徒来说比没有任何依据、无所适从地妄想，感觉不知要踏实多少——信仰可以带给笃信之人无穷的力量，这就是确定性的吸引力。

确定性如此重要，因为它是人生坐标的原点，是人的任何行为恰当与否的参照系。可以这么认为：进退有据的确定性符合人性，而随心所欲的不确定性符合神性。如果你既不是神，又不信神，在确定自己是人，仅仅是人的前提下，有没有符合人性的确定性呢？

有。"四大平等"就是人生的确定性。

平等和自由肯定不是敌对关系，但同样可以肯定它们不是完全的统一关系。因为越平等可能越不自由，就像平均主义"大锅饭"那样的平等，最后只能造成强肉弱食——强者失去应有的自由；同理，越自由可能越不平等，就像自由资本主义那样的时代，最后必然走向寡头经济和两极分化，造成弱肉强食——弱者失去应有的平等；也就是说，一定的平等和自由是和谐社会的必要条件，但它们不可能同时都得到（最大）满足。

基于以上的认识，可以知道平等和自由都是相对而言的，那么，人生有没有绝对的平等和自由呢？

答案是，人生没有绝对的自由，只有绝对的不自由，而且只有在绝对不自由的时候，人与人可以得到绝对的平等。

对任何个体的自然人来讲，有四种情况属于绝对的不自由。这四种情况就是——生老病死，同时，它们也是人间"四大平等"。

"四大平等"是人与人之间的绝对平等，"四大平等"之外所有的自由或不自由都是有限的、相对的，平等或不平等也都是有限的、相对的，换言之，任凭你飞得再高，跑得再快，玩得再嗨，在"四大平等"面前都一样无计可施无可奈何，穷困潦倒时总以为富贵之后再无烦恼，岂不知天底下根本没有忘忧草。如果有人自称没有烦心事，不妨向他请教生老病死，问问他对亲朋好友的，尤其是对他自己的生老病死的看法。功名利禄从来绕不过生老病死，在"四大平等"面前，真通达还是假潇洒根本无法伪装，正如曹操的感叹："神龟虽寿，犹有竟时。螣蛇乘雾，终为土灰。"

贫富祸福取决于个人越多，自由就越多，同时意味着平等越少。

之所以说生老病死对人是具有绝对意义的"四大平等"，原因如下：

生指出生，没有人能决定自己是否出生。

老指衰老，有人比较抗衰老，但没有人能不衰老。

病指疾病，一个人可以非常注重养生保健，但任何人无法保证自己不生病。

死指死亡，人可以设法延年益寿，使有限的生命得以有限的延长，但无人可以免死。

"四大平等"之外，生老病死的相对意义如下：

生指生活，你可以在很大程度上决定自己的生活方式和生活质量。

老指老去，你无法不衰老，但你不会一下老去，你有"足够的"时间接受衰老，顺应衰老。

病指病态，你不可能彻底阻止疾病，但你不必为此担惊受怕，更不必无病呻吟，心病比身病更痛苦。

死指死去，秦始皇竭尽所能渴求长生，虽然没能如愿，虽然没有时间从容接受死亡，顺应死亡，但他却有"足够的"时间轰轰烈烈——生命其实"很长"。

有人在"四大平等"的压迫下陷入虚无，在虚无中生出苍凉，在苍凉中生出绝望。但更多的人在直面"四大平等"的同时，学习、领悟并接受了儒家提倡并一贯奉行的中庸和谐的人生观——乐生顺死。

（1）天地先生

如果一个居于天地之间的普通人，因为自幼被了不起的神仙收为徒儿，于是自己虽然不算特别的神但肯定稍微有点神，至少已经是一个超脱死亡，或者即使死亡也可以响应师傅召唤随时复活的人。

成为这样的"微神"对一个平常人来说，不失为一种既潇洒又"低调"的好想法。主夫有一个非常有思想的亲人，他对自己的死亡显然远未做好心理准备，在刚过花甲就不幸染病濒死的时候，一边叹息"俗世俗人不识我"，一边把他集毕生智慧构想出的"微神"，（很可能是）平生第一次以笃定的态度和口气，对守在他身边的主夫和他的子女进行宣讲，并郑重宣布他自己其实就是这样的一个"微神"，法力强大一直深藏不露，名叫天地先生。

主夫确信他说的"微神"不是谵妄,而是人所共有的对生活的热爱,对生命的留恋,并由此激发出的对永生强烈的渴望。那些细腻的构思和神奇的描绘,其实是在和命运努力抗争,以求尽量达成满意的结局,是一个大半生一直踽踽独行没有皈依过任何宗教,面对意外来临的死亡又不甘心俯首帖耳的智者在临时抱佛脚,自己给自己的灵魂安排的归宿。

最后一程的陪伴,眼见着他天天在死亡的边缘被油煎火烤,听他谈如何让自己摆脱"酷刑"的种种妙招,我能体会到他对贸然降临的死神充满愤怒、恐惧和无奈。他试图超越束缚凡人的框架,超脱生老病死而成为微神,甚至坚称自己就是一个微神,在场的人都一致附和,无人质疑,但与此同时,他勉力维护的尊严则表现为病魔袭来时对死亡的直视和勇敢迎战,体现出了做人的理性和高贵品德。

我知道有些话只能在合适的时候才能说,我更知道凭他的智慧,一般的安慰话对他根本没用。某天我在"无意"间和他说到了"一百年后无少长俱为古人"①,他神情温和露出一丝释然,喃喃道:"兄弟开导得好!水穷云起黄粱梦,早醒晚醒!"

（2）大刑伺候

说明:下文对安乐死的认识与既有观念或有不同,请读者在阅读的时候注重前提条件。那些不注重前提条件而谈论生死,甚至大肆褒

---

① 相传书生卢生久试不第。又一次赶考的途中,在邯郸客舍偶遇仙人吕洞宾,授其瓷枕,遂入梦。梦中登高科,做大官,娶富家女,尽享人间富贵,寿八十而终。至梦醒,客家炊黄粱饭尚未熟。卢生由此悟得人生不过是一场黄粱美梦。后人据此故事建卢生祠,楹联题为:"睡到二三更时凡功名皆成幻境,想到一百年后无少长俱为古人。"红尘中如此飘然洒脱,想来题此联者定是得道高人。

贬安乐死的人，恐怕未必知道怕死、敢死和顺死有多少不同。终极关怀①是本书探讨乐生顺死无法绕开或回避的话题，但受制于主题思想，只能留待后续作品《从善如流》与《天人合一》再做深入讨论。

　　每个人因为父母的离去开始认真直面死亡，直接地、近距离地感受死亡。随着年龄渐长，亲朋好友同龄人甚至晚生后辈陆续凋零，反复多次体会那种兔死狐悲的凄凉，才知道黛玉葬花不是做作……后来，再后来，寿高人老，入梦之人大都过世已久，自己好像被死神遗忘在人间一样，见过了太多的死亡，万事曾经沧海，见多不怪，早已没有了感时花溅泪，恨别鸟惊心。

　　万丈雄心携阳刚谢幕，爱恨情仇随风流云散，安逸无为，乐顺有涯，等待属于自己的那一声召唤，俯视生死，无喜无悲。

　　幕落人散，寿终如寝……

　　真正的死亡对任何人都是一次性的、不可逆的，是与暗黑、寂灭相关的，而生命先天就离不开阳光、温暖，所以对死亡的抵触发自本能，总会给任何想到它的人带来无限的恐惧，但是，如果生不如死呢？与某些疾病的折磨和过度治疗的伤害相比，死亡的痛苦很可能小得多。

　　基于此种判断，在法治健全的前提下，安乐死可以使生命的尊严得以维护，让西归之人享受缓和医疗并能够理性止损，安然离世，不失为一种人道主义的选择，随着文明的进一步发展，将来很可能会得到人们越来越多的认可——这里指的是具有完全行为能力的人，在身心健康的时候，为他人，当然更是为自己免遭痛苦摧残预作打算，而不是指已经丧失行为能力，不能为自己决策的濒死之人。

　　人们早已接受了生活质量之说，随着生活质量的普遍提高，人们

────────────

　　① 终极关怀专为面对生死并试图超越生死者而设，本书称之为俯视——必先有超越，然后可以俯视；皈依也好，返本也罢，必先俯视生死，然后可以关怀生死。

又想到了生命质量。论内容，后者是前者的升级版，共同特点是二者都只谈生，不谈死，或者很少谈死，人们"不暇计生死，总被名利牵。"①但是若要论及完整的人生，死亡终归是无法回避的。无论生活质量，还是生命质量，死亡作为人生棋局的收官，都是一个不可或缺的重要环节，所以，死亡质量应该受到同等的重视。其实顺死是乐生的前提之一，所以乐生顺死应该叫顺死乐生，只有懂得顺死，才能更好地乐生。对死亡避而不谈，讳莫如深，便不可能有足够的认知和应有的顺应，固有的死亡就会化作极度的虚无和恐惧压在人的心头挥之不去，生的幸福、快乐都会因这不可承受之重而大打折扣，生生活人灵魂无所寄托，不是被宗教麻醉，就是像动物一样及时行乐，这些被许多人当做乐生，但乐生岂止于此！

终极关怀不应该等同于临终关怀，而是应该让每个人都能在合适的时间，以合适的方式开始学习、直至学会如何面对死亡，进而从容理解并坦然接受死神的造访。

中国当代著名作家李先生病重入院，经抢救保住了生命。不能自主进食，鼻子里从此插上了胃管，进食通过胃管，一天分6次打入胃里。胃管每两个月至少换一次，长长的管子从鼻子里直通到胃，每次换管子时他都被呛得满脸通红。长期插管，嘴合不拢，下巴脱了臼。不能自主呼吸，只好把气管切开，用呼吸机维持呼吸。

李先生想放弃这种生不如死的治疗，可是他没有了为自己决策的权利，而"每一个爱他的人都希望他活下去"，他可以昏迷着，可以靠呼吸机呼吸，只要还有心跳就好。

李先生享年101岁，余生在这样的日子中过了六年。他说："我是为你们而活……长寿对我是一种惩罚。"

---

① 语出《洗髓经》，意思是说人总是在追名逐利，生死大事反而无暇考虑。该经与《易筋经》作为流传已久的著名养生、武学经典，自清朝至今不断有饱学之士提出质疑，认定作者达摩系伪托。若此说属实，二经真可谓伪经中之佼佼者，而它们以中道、守中为核心来修身养性的主张堪称儒释道异出同归、百家归中的一个得力旁证。

轻言放弃的人注定一事无成，见难而退、不思进取是懦弱无能的表现，但是李先生这个绝非一事无成，更不是懦弱无能的人为什么要说这话？当人们孜孜以求养生大法长寿秘诀的时候，谁能体会到说这话的那个人，每天在用何等的毅力忍受"酷刑"的折磨？如果李先生最后那"漫长"的六年主人公换作是"你"，你又指望谁能设身处地为"你"着想？

谁有权终止对"你"的大刑伺候①？结论很明确，没有谁。

首先，医院和医生不可能这么做。

如果没有社会保障，个人又交不出医疗费，医院可能会拒绝或中止医疗，姑且不讨论这种做法所涉及的人道主义和医院生存之道的冲突，尽管假设你病倒之前挣足了医疗费——这其实是人们使劲储蓄的主要原因之一——那么，对于医生来说，只要病人没死，便不该拒绝抢救、治疗，而是应该想方设法消除、减少患者的病痛。因为病人能不能活、该不该死不应该听凭医生，确切地说是不应该为难医生决定，因为医生不是阎罗判官，医生的天职是救死扶伤。

其次，你曾经效力的组织，以及你的至爱亲朋更不会这么做。

对于一次性的死亡，活着的人谁都没有切身体会，你周围的人，包括你那些至亲至爱的人，都没有经验、没有勇气，更没有准备好接受死亡，他们有的只是对生的无比热爱和留恋，将心比心，当然无法接受与"你"永诀，于是，只能选择"折磨""你"。

"折磨"并不可怕，"你"这一生什么样的大风大浪没见过，经历的折磨还少吗？

关键是注定往死里的折磨，一天比一天严酷，这种死亡质量，谁愿意接受？

"你"愿意接受吗？

---

① 大刑伺候的原意是指故意使用各种各样的酷刑，让受刑的人饱受折磨，求生不得，求死不能。在这里比喻各种晚期绝症的病痛，以及过度治疗造成的人为的附加痛苦。

对李先生的"惩罚"李先生本人无处可逃，"你"会逃往何处？在李先生之前这个问题无解，之后很长时间同样无解，或许这是在一个相当长的历史时期，全人类必须共同面对的"苦难"。

作为"四大平等"之一，死亡是一种无可避免的客观存在，谈与不谈，它就在那里；论与不论，它还在那里。只有直面死亡质量，只有把死亡质量当作生活质量、生命质量不可或缺的组成部分，才可能更完整地理解生活，才可以算作对生命的最后敬重。

现实中许多人对那终将来临的"惩罚"和必须直面的"苦难"，因为恐惧厌恶始终顾左右而言他，会一直拖沓到不得不面对的时候，才不得不以主角的身份，第一次也是最后一次出演那场被无数人无数次重复演出过的死不瞑目的桥段，重复着无数人、无数次经历过的心惊怯场和窘态百出。与其如此，何不尽早直面死亡，何不尽早讨论死亡质量？

尼采说过，每一个不曾起舞的日子，都是对生命的辜负。

尼采还说过，英雄不但要知道适时而生，更应知道适时而死。

主夫私心希望一生自尊、自信、自强的尼采，这次所说的英雄不再是横空出世的超人，更不是狂人，而是一个普通人。普通人没有机会作为英雄"适时而生"，但他们每个人都有一次像英雄一样"适时而死"的机会，那就是能不能走得或自然，或有尊严，或安详，三者得其一，便是善终。

如果有一种切实可行的法律，能让人把善终的"机会"主动把握在自己手里，可谓大大的人道。

（3）置之死地

天地先生不想走却不得不走，他的故事让我们为人所共有的求生的痴心而叹惋。李先生想走却不得走，他的故事让我们开始思考人所共有的生命质量问题。现在说到的海涅和贝多芬的故事，则为我们开启另一种完全不同的，同样或者更加符合人性的对生活，尤其是对生命的认知。有了他们的经历，乐生顺死才稍显全面。

1848年5月，德国诗人海涅到巴黎卢浮宫博物馆参观，维纳斯雕像勾起了他的无限伤感，更让他想不到的是，这次本来平平常常的游逛，竟然是他一生中的最后一次户外活动。"我在她的脚前呆了很久，我哭得这样伤心，一块石头也会对我同情。女神也怜悯地俯视着我，可是她又是这样绝望，好像她想说：难道你没有看见，我没有臂膀，不能帮助你吗？"

虽然多年疾病缠身，但正值盛年、雄心勃勃的海涅在这一天突然瘫倒在地，面对如此巨大的打击，他绝望至极。"我已经完全瘫痪，只能躺在床上，不能站起来。在世界万物奔腾激荡的形势下，我却动弹不得，真是生不如死。本来我正全身心投入到一部巨著的创作中，可上帝把我钉死在床上，我不能有任何的作为，也不能回应朋友的期待。这是怎样的巨创深痛啊！"海涅听力下降，眼皮耷拉，他非得用细如枯枝的手指拨开眼皮才能勉强看见东西。他下身瘫痪，又不时痉挛。保姆打扫床铺时，就把瘦小得如同孩子的他抱到沙发上。他受不了半点声响，又痛得无法入睡。为了获得三四个小时的睡眠，必须每天服用吗啡。有时痛得根本不能入睡，他就创作诗歌。

海涅把这样的生活称为"床褥墓穴"，他在其中度过了八年。在此期间他不仅先后创作出了《罗曼采罗》《卢苔齐娅》等传世名作，还得到了充满"活力"的爱情，"我的肉体经受磨难，但内心静如明镜，时而也有日出和日落的美好时光。"

尽管海涅后来可能已经不再信仰上帝，但他的坚强和乐观丝毫不亚于受尽撒旦折磨、仍然坚信上帝的约伯——世界给我痛苦，我向人间长歌。海涅把死神呼唤他的声音变成诗歌，敲击自己的嶙峋瘦骨当作节奏，用生命之光一次又一次设计出微笑的精灵。1856年海涅去世，享年五十九岁。

海涅的坚韧不拔造就了命运的传奇，但类似情况并不是绝无仅有，恰恰相反，古往今来每一个杰出的人，一路走来几乎都少有坦途。听力出现越来越严重的问题直至全聋，还能继续从事音乐创作吗？常人的答案是否定的。比海涅稍早的贝多芬三十二岁丧失听觉，这对一个音乐家来说打击无疑是致命的，但是在他的传世作品中，包括九部交响曲、一部歌剧、三十二首钢琴奏鸣曲和五首协奏曲、多首管弦乐序曲，以及多首小提琴、大提琴奏鸣曲等，其中绝大部分都是在他耳聋后完成的——作曲不听，全凭用心。

硕果累累根本不足以形容贝多芬对古典音乐的重大贡献，而面对如此辉煌的成就，贝多芬的精神显得更加难能并值得后人体会，这种精神表现为对音乐艺术和生活的无限热爱，虽然命途多舛但始终不屈不挠。他放言："我要扼住命运的咽喉，决不向命运低头。"时至今日，这句话听起来依然像他的《命运交响曲》一样气势磅礴、振聋发聩，让懦弱者坚强，让坚强者无畏。

1827年贝多芬于维也纳去世，享年五十七岁。他的墓志铭恰当地表达了人们对贝多芬精神的理解："当你站在他的灵柩跟前的时候，笼罩着你的并不是志颓气衰，而是一种崇高的感情。我们只有对他这样一个人才可以说：他完成了伟大的事业！"

（4）淡然·知足

《道德经》有句"为无为，事无事，味无味"，这是老子在从另一个角度不厌其烦地阐释他的无为而治，本意是通过反复地提醒和敲打，希望统治阶级能学会主动缩手，不要那么多欲，不要瞎折腾，天下就可太平无事——这和孔孟主张统治阶级应该主动推行仁义，其实异曲同工，都是为了预防极端倾向趋于极端状态而强调主动归中，只是在经典儒学阶段也就是先秦时代，老庄思想相比于孔孟之道，由于更加不具备实用性和可行性，也就更加不合时局，所以即使统治阶级当中不乏听得进去的人，但历史上并没见多少人能够（长期）成功运用于政治实践。反倒是用于指导个人修身养性，从为何要抵制急功近利行为、抑制好大喜功心态，到如何从凡俗中发现"高端的"美好并享受"真实的"幸福等方方面面，老庄思想以其不无道理的消极，给人的心灵以宁静和归属感，并由此而日渐深入人心，被越来越多的人尊崇且让他们受益匪浅，直至成为一种重要的信仰，与佛学比肩相伴，共同启迪人性，慰藉人心，就像香山居士的"蜗牛角上争何事，石火光中寄此身。随贫随富且欢乐，不开口笑是痴人"，虽是禅悟，却也不难体会出浓重的老庄格调。

辛弃疾的《鹧鸪天·博山寺作》一句一典，尽显壮士忧愤，难掩英雄气短，失落灰心的时候，一生以天下兴亡为己任，把栏杆拍遍的豪放派词人，也难免偶尔借老庄排解郁闷。主夫很喜欢这首词，曾经引用其中两句作成一首《淡然》赠送友人，下面是主夫与友人交往的几篇日记，其中不乏对生活、信仰的理解、感悟以及对人生无常的感慨，现照录如下，意在换一个完全不同的角度，作为对前面三个故事的补充。

之一：春末夏初赴舟山探望张兄

写于 2016-05-09

淡　然

味无味处求吾乐，材不材间过此生。

老病真如老友至，长歌浅笑复大笑。

这是我与张兄分别时送给他的四句话。前两句是向辛弃疾借的，后两句是我应景生情，有感而发。

我和张兄的缘分由浅入深，说起来都离不开我的书。这本书 2014 年和高中同学聚会时曾经印了几十册，名叫《中庸和谐》，当时只有五万多字，还是框架草稿，内容散乱，非常艰涩，小范围散发只是希望核心朋友圈能够对我有所了解。为了写好这本书，我放弃了许多颇具诱惑的现实机会，怠慢眼前功利，不仅生活难免清贫，与同学朋友也少了许多交往，但我并不是故意淡薄亲情友情。十年如一日杜门不出，朝夕勤勉甘苦自知，虽不似"举头天外望，无我这般人"，其中滋味亦不足与外人道。

"闭门造车"时常让我心生惶恐，好在天命之年毕竟稍有阅历。我曾经伴着贩夫走卒来往于街头巷尾，我曾经伴着富商显贵游走于声色之间。我曾经伴着菩提达摩参禅悟道，面壁九年①。我也曾伴着王阳明谪居龙场，冥思苦想，期待那一场石破天惊的顿悟②。最难以忘怀的，是我伴着马克思在伦敦度过了漫长、孤寂的三十多年。寒来暑往，我伴着他风雨无阻，在大英博物馆的同一间阅览室里，日复一日地思想研究，奋笔疾书；我伴着他执着前行，不顾自己的清贫和家人的困苦，也要为全人类铺就一条经过他认真推理、反复论证并最终认定的，他认为足以通向幸福生活的理想道路。事实上古今所有贤哲都是我师我友，有他们不离不弃日夜相伴，实可谓名师授教、高朋满座，每次想到这些我便又会信心满满地憧憬"出门合辙"的那一天。不期然，张兄出现在了我的生活中。

前年有幸与张兄相识并一见如故，同学聚会时印的小册子还有最后一本，我赠送给了他。他如获至宝、详细品读，居然彻夜不睡。对我付出的努力他备加肯定、鼓励和期待，在我著作艰难、心力交瘁的时候，能够态度鲜明地对我表示理解和支持的人寥寥无几，张兄是其中之一。张兄的高度认可给了我巨大的心灵支撑，而他自己身患白血病数年，依然屹立，依然拼搏，卧病期间，精研佛学，颇有心得，不能不让人由衷敬佩。这一方面可能和世代依普陀山而居有关，另一方面是受嫂夫人笃信佛教的潜移默化。我觉得张兄这个年纪，这种身体状况，能有这样平和又不乏乐观的心态，肯定离不开信仰的力量。他能够有幸潜心向佛，无论斗病还是过好下半生，实在不失为一种正确的选择。

张兄自年初数次邀请我去他那里做客，因为担心他的身体状况，

---

① 达摩是南北朝时期来自南印度的僧人，中国佛教禅宗的创始人。相传达摩曾经在嵩山的一孔天然石洞中面壁九年，坐禅修行。

② 王阳明是明朝人，中国著名的哲学家，曾经被贬至贵州龙场当驿丞。在那种几乎与世隔绝的困难环境里，王阳明日夜反省，终于在某一天的夜半时分，因缘际会、灵光乍现而忽然顿悟，认识到心是感应万事万物的根本，提出"心即理"的命题，认为"圣人之道，吾性自足，向之求理于事物者误也"。这就是中国哲学史上著名的"龙场悟道"。

犹豫再三，终于春末夏初携妻淑敏郑重拜望张兄旗军。2016 年 4 月 29 日晚上到舟山，当晚张兄头疼发作，卧床忍痛仅及寒暄。次日清早却能端坐茶台，一如常人，和我聊天品茗，近午，并无倦容。详述病史，给我的感觉是已然药病相投，根治在望。

目前的大问题是化疗过于伤人。我嘱张兄想方设法增强体能，以对抗化疗，延长保守治疗周期，保证斩草除根，彻底驱走病魔，张兄以为然。

舟山之行，感受到张兄勇斗顽疾，毅力超人；感受到张兄乐观豁达，向死而生；更感受到张兄夫妻情深，父女爱浓，兄弟姊妹一大家满满的正能量。

短暂相聚，倏忽分离，能和张兄畅谈二次，受益匪浅。特别感谢嫂子对我的信任，5 月 1 日允许我单独在医院陪张兄一个白天，让我有机会尽朋友之谊，得慰寸心。

真如佛家偈，嗔痴已忘怀。

张兄，早日康复！

之二：5 月 30 日嫂子来电话告知好消息

5 月 17 日，在我告别张兄从舟山回来的第十天，他做了右侧开颅手术，切除了颅内囊肿。

当天晚上，嫂子给我打电话通报手术非常成功。她说术后不让家人陪护，但允许在 ICU 探视十分钟，张兄神志清醒，和她抱怨术后痛苦，大有生不如死的感觉。

在张兄生病的四年时间里，虽然各处辗转求医，受尽折磨，但张兄本人始终乐观，意志坚强，嫂子说她也从来没掉过一滴泪，当着张兄更是尽量开朗。这次张兄在 ICU 偶然表现出了"软弱"，联想到这么长时间的提心吊胆，嫂子说她从医院回家后第一次大哭了一场。

5 月 30 日中午张兄让嫂子给我来电话，告诉我，经过十多天的恢复，感觉手术效果确实不错，精神面貌比我离开前好了很多，头疼的问题已经解决。为了预防复发，彻底除去病根，决定遵医嘱继续进行一段时间的化疗。

这实在是一个天大的好消息，我和妻都为张兄和嫂子由衷地高兴！

祝愿张兄早日康复！！

之三：九月二十七，遥祭张兄

2016 年 9 月 26 日 15 : 20 忽然收到舟山张兄的夫人海燕发来的两条微信。

"旗军今早六点十分去西方极乐世界了。

"去医院还好好的，自己走着去不用拐杖，被化疗打死了。"

张兄长我两三岁，刚刚五十出头。

噩耗传来，震得我呆若木鸡。脑子里反复出现的画面是 5 月初去舟山看望张兄，离别时，他坐在医院的病床上侃侃而谈，声音爽朗，笑声洪亮。

他遗憾我陪他的时间太短，我和他相约来年 4 月再次见面，我陪他一个月。我们不住市里，就住到他城外山脚下的那幢别墅里，每天早上在山间林中呼吸吐纳，上午喝茶聊天，下午围棋手谈。从张兄的眼里我看得出来，他对这个约定充满期待，不仅因为我给他描绘的那种神仙光景，更大的希望在于，挺过这关键的一年，意味着他已经彻底战胜了病魔。

我和他约定隔年相见，是想面对吉凶未卜又必须要做的开颅手术，给他传递正能量。我的这份心意，张兄理解了，并且接受了，这我也从他的眼睛里看出来了。

5 月 12 日收到嫂子的微信："我老公今天中午开始又头痛了，5 月 4 日做的磁共振跟昨天做的 CT 对比那个囊肿又有点大了，下午主任医生跟我谈了，他们说还是需要做手术，否则的话里面那个囊肿压迫三叉神经引起的头痛会很痛苦，现在医生说最后结果好坏还是要等手术结果出来后才能知道。医生要我跟家里人商量，后来我跟这个医生的老师商讨了下，决定还是做手术。他现在还不知道，等明天再慢慢告诉他。我心理压力太重了，太难了。"

这种大事嫂子找我述说，一是因为我和张兄刚分开没几天，再者，我也知道这是张兄对我的高度评价在嫂子那里起的作用。被人信任压力山大，我权衡再三，把我的分析仔细推敲后发了过去。我知道嫂子如果认可我的意见，很可能会拿给张兄看，成为我和张兄的一次间接交流，而张兄是个逻辑性很强的人，所以我尽量简单明了，把我的想法和依据逐条枚举。

第一，无论如何，脑子里的囊肿都不能久留。

第二，现在用药物消炎如果效果不好，就该尽早手术，否则张兄太痛苦不说，拖久了是不是有恶变的可能？

第三，头部手术要找可靠的医生，制定严谨的治疗方案。

第四，张兄通晓医理且对自己病情的认识很冷静，很理性，尤其是他的心理素质过硬，如何治疗，我觉得你应该和张兄开诚布公地商量。

以上建议不一定对，请嫂子参考一下。

嫂子回复说："今天下午跟主任医生谈了后他们说，那个囊肿位置还好，靠近耳朵，没有跟任何神经搭在一起，主任医生说他们脑科的医生都会动，但是我还是跟他老师商讨了一下，想请上海专家来舟山动手术。"

没过几天我就得到了好消息，张兄的手术非常成功，嫂子果然请到了外地大医院的名医。

6月11日，张兄的状况已经明显向好。嫂子在微信上说："挺好的，在正常恢复中，病情比较稳定。现在化疗第十四天了，血常规指标正往下跌，但精神很好，胃口好，睡眠好，比预期中好很多，菩萨保佑，会好起来的。"

我说："张兄世事洞明，心理强大，没想到手术的效果这么好，比我想的要好得多。嫂子辛苦你了！平时多费心给张兄加强营养，他说因为治疗影响吃饭，这就更要嫂子多花心思了。照顾病人很累，你也要注意身体啊！"张兄喜欢吃白米泡饭，生病期间也常如此，而嫂子和淑敏聊天的时候告诉她，服侍张兄这几年她几次急火攻心再加长期劳累，造成失眠，一只耳朵丧失了听觉。

但是，对于她来说，只要张兄病情能向好的方向发展，再苦再累又算什么。嫂子跟我说："好的，烦请你有空多给他打电话，以鼓励他战胜疾病的信心。"

没承想人生无常，生命如此脆弱。我还想着国庆节和张兄通电话聊天，怎知道从此天人永隔。

写给张兄的《淡然》是我想对张兄说的几句心里话。5月初探望张兄期间，抽空和妻驾车去了一次昆山，一路构思推敲，居然连宏伟壮观的跨海大桥也无心欣赏。路过周庄停留了半天一夜，偶见一个老书法家临街鬻技，便求他把新鲜出炉的《淡然》书写装裱，临别之前给张兄留在了家里。嫂子用手机拍照让他看，他视之良久，放下手机，低吟最后一句"长歌浅笑复大笑"，反复三次。

因为是在医院，没得机会和他就此细谈，所以不知他当时内心做何感想。那句"老病真如老友至"，既隐喻了张兄对待恶疾超越常人的淡然洒脱，就像我的那次造访一样，该来就来，该走则走，同时，老病都属

于人生"四大平等",张兄读过我的《中庸和谐》,自然知道乐生顺死,而"真如"二字禅意深远,借此让《淡然》的意境由道入佛,暗指张兄的信仰正在渐入佳境。

我相信仅"真如",我和张兄就可聊上半天,不,应该是三天三夜也说不完。可惜呀,这样的机会再也不会有了。

我总认为和张兄更多的是心灵共鸣,平时除了偶尔通个电话,就是经常通过手机短信互致问候。有一天他发来一句:反复拜读你的《中庸和谐》,"居一执两时中"六个字,字字值千金,次次都受益,更觉得你好辛苦!这句话出自一个重病缠身,几度面对死神恐吓的人,绝不是一句简单的问候,我能品味到其中充满着关心鼓励和饱含的朋友情意,竟让我一时语塞。就这样过了好多天,我把千言万语作成了一首无题的七言打油诗给他发了过去。

> 修齐治平有也无,思前想后破迷雾。
> 仰天大笑不出门,甘做闹市蓬蒿人。
> 寒来暑往云下雨,秋去春归花吐蕊。
> 阅尽繁华心不老,皓发渐多白头搔。
> 不知我者何所求,知我知我多烦忧。
> 寒窗十年有意义,面壁十年图破壁。
> 人生在世最称意,高山流水遇子期。
> 半雅半俗半个儒,乐来乐去乐知足。

张兄回短信:有儒有道有李杜,哈哈,莫非一首诗也要融合百家?我猜最后一句的意思就是你说的乐生顺死,对不对?我说:准确!他回复:明白!又说:把这首诗叫作《知足》,如何?我说:好!

我们的交流很多都是这样简短,遗憾至今不知他更多的想法,也不会再有机会请教了。

《定风波》里的一句词:"回首向来萧瑟处,归去,也无风雨也无晴。"

张兄事业成功，文才厚重，堪称儒商，东坡居士一生敞亮，把他的这句词送给张兄，我想，应该很符合他现在那边的心境吧？

张兄，驾鹤西游，真如归去；长歌浅笑，一路顺风！

2016.9.27 晨

三、自然而然

1. 顺势而为

俗话说识时务者为俊杰，是说只有认清形势并懂得趁势而上，才可能成为出色的人物，因此也可以说顺势而为者为俊杰。

对无神论者来说，乐生讲究的就是顺势，顺势不仅可以达到乐生，还可以成就顺死，是实现美好理想和造就幸福人生的一个重要前提。顺势的人生就是要根据人在不同年龄的生理、心理特点，以及每个阶段特有的优势和不足，结合外部环境，为自己营造一种适时适度，有放有收、张弛有度的生活。

顺势可以分为起势、趁势、随势、收势，分别对应人生的少年、青年、中年、老年四个不同阶段，各个阶段的侧重表现各有不同，大致如下。

少年是人生的起势，侧重于审问、受教、思辨、像名家。

青年是人生转入升势的起飞和入轨阶段，趁势的表现就是执着、笃行、有为、像法家。一波春意一波浓，两岸绿柳迎风行；疾步追到鸟飞尽，心生双翅破苍穹。这是青年人的生活。

一年丰歉见于秋，中年是人生的秋天，不论年景好坏都要努力收获，并为下季来年留足储备。中年人的随势表现为弘毅、担当、中正，像儒家。

老年是人生的收势，衣帛食肉，怡然释然，应该侧重于清净、豁达、无为、平稳、像道家。

拿得起，放得下，顺势而为，就是人生的中庸之道。不识时务的人机械教条地解读儒释道法，盲目信仰，为苛求捷径不惜（长期）逆势而为。一者，短时间的逆势，经常会被用作战术性动作，目的是更好地顺势而为。再者，逆势也不乏有建树之人，但其中的大多数轻则自寻烦恼，重则以身犯死。

大逆势易生大祸乱——青少年不学无术听天由命，老年人拼搏奋争不屈不挠，也就是把上面的顺序倒着来的那些人，少壮如老年人恬闲悠，老者与青少年争筋骨。

少壮不努力，败家很容易，一个人如果身无所长、心无所依，何以乐生？

自以为越活越年轻的老者，有心爱上时光，无法骗过流年，误以为童心不老就能返老还童，奢望岁月饶人，拿得起放不下，何以顺死？

生活中更常见的逆势是把上面的顺序个别颠倒，同样会让人行差踏错，给人平添坎坷。如此大灾大难没有，各种问题不少，其实是大部分人的人生常态，所以跌宕起伏而庸庸碌碌者多，按部就班、顺风顺水者少，功成名就且善始善终的人或家族更是凤毛麟角，少之又少。

为什么？

因为人只有一生，不仅需要自己擅长学习总结，面对各种各样的转折和重大决策的实施，往往离不开名师益友提点襄助，离不开团队协作，但是受制于不可逆转的时间和有限的阅历，一次次"合情的"自私贪婪，败坏了团队、自折了羽翼，一回回"合理的"短视固执，拂逆了情谊、迷失了方向。随波逐流官行私曲很享受，富不俭用仗势欺人很痛快——待到懂得顺势时已晚，甚至心陷妄执难回头。

青年、中年是人一生入世渐深的两个阶段。青年能不能趁势而上，中年能不能随势而动，小则决定人生高度，大则影响生活质量。

文种恋栈功名兔死狗烹妄执到死，范蠡功成身退三散家财时中善终，命也性也？

国家昏乱有忠臣无奈何屈原投江，破釜沉舟无人敌有人赞项羽焚秦，性也时也？

多谋善断从善如流成就了曹孟德，色厉胆薄好谋无断葬送了袁本初，时也命也？

由此看来，乐生顺死是人生的大修为，活到老学到老恐怕不是虚言，

时刻需要用心谨记——居一执两时中。

2. 老子不死

时间作为影响力无处不在的一个连续变量，对所有事物都发生作用。

在时间流逝的过程中，同一种类事物的存在方式可以无限次重复，但由于时间渐进从不相同，任何重复都是螺旋状的，也就是说，每一次和上一次都不是完全的重复，如果实在没什么不一样，至少时间不同。

以螺旋的方式重复出现的事物，每一次（或每一代）的存在是环节式的。每个环节虽然不能永生，但可以通过有条件再造或遗传等方式重复，这一环和下一环，这一代和上一代，除了时间，（几乎）没有多少不同。

企望永生的人就是要把这个螺旋掐头去尾，变成一个独立存在的环，这种不受时间影响而超然存在的想法如果可行，现实中便不仅没有了上一代，当然也不可能有下一代，这个人无父母无子女，只有自己，一直存在，万劫不死。

这真的可行？

老子说："吾所以有大患者，为吾有身，及吾无身，吾有何患？"老子还说："不失其所者久也，死而不亡者寿也。"这两句话展现了老子的生死观，大概的意思就是肉体存在是生命存在的前提，于是生命总是不遗余力维护肉体的存在，但肉体及其寄托的生命终将消逝，永不消逝的只有生死循环之道，此道自在，不生不灭，不会因为肉体的生生死死而有任何变化。老子在此层面上勘破生死，从而超越了生死之困，间接地达到了死而不亡，不生不死的境界。

老子的不生不死，是不是觉得有点道理又有点玄？有这种感觉就对了。因为老子认为任何道理的关键所在，都显得深奥难测，越是高深的道理越是这样，这就叫"玄之又玄，众妙之门"，所以需要长期、认真地琢磨。只有经过反反复复的探索研究并真正融会贯通之后，才有可能豁然开朗，进而入其门，明其法，得其道。

豁然开朗得道入门之后，有人听到了神的旨意而唯命是从，有人大彻大悟而坐地成佛，始终讲究恪守中庸之道的儒家及其广大的追随者则形成了有自己特色的信仰、人生观和价值观。

3. 知死者生

生死互为因果，没有生就没有死，不死则意味着不生，但不死不生不是不生不死，不死不生或是永生，不生不死则是因为无因所以无果。人多想不死，很少想不生，甚至只想生而不想死。除了生死，人生还有何事更大？没有了。所以古人说："死生亦大矣！"

（1）人即上帝

假如人之耐死，生命力赛过顽石，耐磕耐磨耐酸耐碱，历经百千万年也不过是表面风化，重回地下深处经过高温高压便又聚合、恢复，数百千万年后再现地表，又是一块坚韧的顽石。莫非这就是永生？顽石不死、不生、不活动，不思、不想、不爱恨，若说顽石有意义，意义何在？若说顽石无意义，在很大程度上等于说生命的意义不是来自永生，而是来自有限，也就是来自死亡。（说明：这里把永生与顽石的存在相提并论，与下文"上帝的样子"中的内容关联，参照阅读可加深理解。）

或者也可以认为：生命的意义来自"生"，和生命的意义来自"死"是一回事的两种表达，有限和繁衍才是生命鲜活、不同于顽石的意义所在。"有限"的生命一头是生，经过或长或短的过程，所能到达的另一头是死，人却因为不可克服的情绪性向背，只一味地歌颂生，刻意忽略了"繁衍"这个事实之所以客观存在，唯一的原因就是：死亡是生命必不可少的组成部分。

话到此时有先觉者逐渐明白了，人为什么一直以来只愿意看到上帝创造的一次次的生，却不愿意面对同一个上帝赐给人的死，而是把那一次次的死归咎于魔鬼。如果换个角度审视生死，人通过自身繁衍的传承作用，其实已经超越永死而达到了"永生"，这与前文脱实向虚的"老子不死"的意思完全不同，并且所有这一切都是由人"自己"自然而然完成的，所以，如果一定要说有上帝，那上帝从来就不在天国，而是在人间——人即上帝。

（2）平凡与高调

这时新的问题来了：这样的"上帝"和凡人有没有不同？换言之，上帝存在的意义和人生的意义有什么不同？

人生的意义在于远离痛苦和不幸，在于快乐幸福。痛苦是不幸的前提，而快乐是幸福的原因，快乐的人不知道痛苦，快乐可以让人忘记痛苦，快乐还可以抵消痛苦，由此可知人对快乐幸福的渴望会有多么迫切，追求会有多么热烈。理所当然，这种渴望和追求是内含极端倾向的，其极端状态就是快乐幸福的高潮。按照做人的"常识"理解，全能的上帝一定是轻易就能远离痛苦和不幸的，那么，只要知道了什么是人快乐幸福的高潮，便能够知道什么是人生近乎"上帝"的意义了。

先问：快乐的高潮是什么？

是衣食无忧，知足常乐，还是日日欢饮，夜夜笙歌？是平等互利，礼尚往来，还是横行无忌，为所欲为？——都是，也都不是，因为好恶不同，快乐因人而异。人们总以为经过艰苦努力所得到的大惊喜才是快乐的高潮，但绝大部分容易得到的快乐都是平凡的小欢愉，因其不是高潮而在有意无意间被急功近利、好高骛远的人忽视，甚至鄙视。而快乐的高潮一浪高过一浪，所谓内含极端倾向，其实就是没有止境，攀比之后，任何人总有一些时候，或者任何时候总有一些人在某些事上求之不得，渴望和绝望便会时相从属，油然而生且不绝如缕，于是怨天尤人变得俗不可耐，再渐变而成贪婪和恐惧，这人便难免背善向恶，当然会离上帝的真善美越来越远，越来越远……

再问：幸福的高潮是什么？

是心无挂碍，自由自在，还是高官厚禄，功成名就？是清心寡欲，淡然知足，还是鲜衣怒马，掌声鲜花？——都是，也都不是，因为众口难调，幸福因人而异。人们总以为经过巨大努力或许能够得到的大福运才是幸福的高潮，但绝大部分容易得到的幸福都是平凡的小确幸，因其不是高潮而在有意无意间被急功近利、好高骛远的人忽视，甚至鄙视，而幸福的高潮一浪高过一浪，所谓内含极端倾向，其实就是没有止境，攀比之后，任何人总有一些时候，或者任何时候总有一些人在某些事上求之不得，渴望和绝望便会时相从属，油然而生且不绝如缕，于是怨天尤人变得俗不可耐，再渐变而成贪婪和恐惧，这人便难免背善向恶，当然会离上帝的真善美越来越远，越来越远……

（3）上帝的样子

尽管快乐幸福见仁见智，天差地别，但不变的是高潮。高潮是指有异乎寻常的美好感受且转瞬即逝的快乐幸福的巅峰。所谓"极乐"说的大概就是高潮。电闪雷鸣是云雨酝酿电压达到极端状态时的高潮，而人为的电压即使再高，也不过是输变电的手段，因为源源不断且无所差异而沦为平庸，因为可以随心所欲随时释放，所以没有一次堪称高潮。生命如同一场云雨，因其过程"非常"有限，才在不同的人生展示出从不可完全预期，到完全不可预期的各种各样美丽绽放的巅峰表现，此为高潮，并且每次高潮都有"确定的"意义。

人一旦永生便如同顽石——如果一定要和顽石有什么不同，应该就是人有智慧。这智慧让"永生"的人可以花上百千万年时间，从容不迫地探索、发现最适合自己的、高潮迭起的某处空间——你不必再费心多想，因为这样的空间早就被大智者构想好了，就是传说中亚当夏娃曾经生活过的那个乐园，或者佛家的极乐世界——并且在这种至真至善至美、妙不可言的空间尽量长时间，最好能够永久驻留。满足这种极端追求，必有一个最佳姿势，即在这些特定的空间——乐园或极乐世界——像块顽石一样栉风沐雨岿然不动。上帝端坐在那里，他唯一的儿子坐在他的右边①，然后呢？

答：这是从一开始到现在人能想到的最佳姿势，岂可轻动？动辄无非吃喝拉撒，动辄难免喜怒哀乐，说好的不食人间烟火，怎可轻易落入俗套？在凡人看来，这对父子高高在上一成不变的姿势代表着权力之顶、荣耀之巅，是人能想到的所有快乐幸福的高潮中的最高潮，极端中的最极端，除了坐拥，无处可去。因为已达最佳，所以只要持之以恒即可，极端之后，没有然后。

这样的永生实在是无异于永死，并没有任何我们熟悉的，关乎人的七情六欲的高潮，就像偷食禁果之前的亚当和夏娃，他们的生命除了近乎永远的存在，没有任何不同于顽石的感受和"确定的"意义。如果真的有上帝，如果上帝也有自己的生活，那么上帝的生活一定是索然无味的。这个在凡人眼里因为最极端所以竞争最激烈的、如同风口浪尖的岗位，唯有上帝有资格自始至终端坐不动，安享尊荣，只是那副一动不动、稳如泰山的样子无异顽石，了无生趣。而事实上，人们孜孜以求的乐园、极乐世界都是人的理想，在上帝的境界里，这些其实都平淡无奇，甚至一无所有，没有低谷，当然也没有高潮。人如果不去吃喝拉撒，如果没有喜怒哀乐，就可做到"块不失道"，就可体会到上帝的境界，就可无限接近于上帝。

有后觉者问：乐园、极乐世界与凡俗世界的根本不同在哪里？

答：在于静止，在于平衡；在于绝对的静止和平衡。这种状态在中和儒学看来，就是现实状态中的权衡和理想状态下的恒衡。

（4）知死者生

承认死亡的客观存在并予以正视，这个问题看似简单，其实不然。首先是因为唯心者和唯物者在这方面的观点天差地别，从远古到今天他们的分歧不曾稍有弥合；其次是他们以及他们各自内部的不同宗派

---

① 《圣经·新约》有多处提到耶稣坐在上帝的右边，比如《马可福音》第 16 章第 19 节："主耶稣和他们说完了话，后来被接到天上，坐在神的右边。"《希伯来书》第 1 章第 3 节："他洗净了人的罪，就坐在高天至大者的右边。"

因为对生死的不同态度，在日常生活中表现为信仰、人生观、价值观和方法论都不完全相同，甚至完全不同。通过前文对生死、高潮和意义的分析，我们可以得到两个既不同以往，又基于先人智慧的结论：一个是知死者生，只有知道、承认并接受死亡客观存在这个现实的人，才有可能拥有属于自己的、完整的人生；另一个是天堂和地狱不在别处，都在人间，它们是人为自己的贪婪和恐惧设定的终极归宿。

因为人对快乐幸福的追求内含极端倾向，当极端倾向（长时间）趋于极端状态的时候，"天堂"将无可挽回地从这人的世界里消失，甚至瞬间变成"地狱"，中和儒学把这种现象称之为被动归中。如何做到既可以尽情享受人生的快乐幸福，同时避免毁灭性的被动归中呢？言及于此，以恪守中庸之道为前提的中和儒学的人生观——乐生顺死，已经呼之欲出，跃然纸上了。那么，如何才叫乐生，怎样做到顺死呢？

4. 乐生顺死

（1）乐生的两个前提

①有担当

第一，做人不能毫无担当。

"拔一毛而利天下，不为也。"这是孟子批评杨朱的话，而在杨朱看来，自己所主张的贵生重己并不是片面的，因而不是常人所说的纯粹的自私。"一毛不拔"在《列子·杨朱篇》里还有下文，是这样说的："损一毫利天下，不与也；悉天下奉一身，不取也。"换言之就是不拔一毛，不取一毫，人皆独立自主，自苦自乐，事无巨细，绝不相求相助。杨朱认为人要是都这么做，社会就（最）容易治理，因为这么做是（最）符合公平正义的，所以他自信满满地得出了结论："人人不损一毫，人人不利天下，天下治矣。"

这样做在现实中能行得通吗？

首先，强势群体和弱势群体共同存在的现象是长期的、普遍的；其次，在这样的情况下，公平和正义都是相对的，甚至许多时候是缺乏的；再次，以上两点都是内含极端倾向的，随着时间的推移会不断趋于极端状态。如果承认这三点都是现实存在的，那么，这就是讨论、评价社会治理的前提，而审问前提是本书反复强调的评价人事正反、对错的先决条件。

就拿"不拔一毛，不取一毫"这种不予不取的想法和做法来说，看似公平正义，实则是以理想化的公平正义为前提，推理出人人毫无担当且可以理直气壮的理想结论，但是在现实社会难免四处碰壁。因为在现实社会中，公平正义并不理想甚至有些时候很不理想，不仅存在强势群体和弱势群体，如果不加人为调控（时中），这两个群体还会发生不定期的两极分化，这在历史上已经被反复验证。在这样现实的前提下，还能持"不予不取"这种观点的人如果是弱势群体，说明他们即使不是多么自信自强自立，至少不打算找强势群体的麻烦而是选择听天由命和任人宰割——这可能吗？如果持这种观点的是强势群体，除了见死不救，还能意味着什么？

现实社会中，弱势群体不一定会认为自己饥寒交迫完全活该如此，一旦趋于极端状态，即达到两极分化，那么一场革命不是正在酝酿，就是即将爆发。而强势群体如果尽享富贵犹不餍足，却认为自己名下任何财富一毫一厘都是应该的，凭什么要帮助弱势群体？长此以往，必将造成两极分化，难免触发被动归中。

所谓人群的强弱，是从人的生存能力和生活条件的角度进行的划分，从担当的角度来讲，不仅强势群体对弱势群体应该有适度的担当，其实有必要担当的人际关系非常多，最常见的比如父母对未成年的子女要有担当，成年的子女对年老的父母也应该有所担当，但是从杨朱"不拔一毛，不取一毫"的"公平正义"中，看不到任何担当，连父母子女之间起码的担当都没有，当然也不会有强势群体对弱势群体的担当，无疑是把"公平正义"这种内含极端倾向的追求推演到了极致，亦即趋于极端状态。这时候人与人之间连最基本的道德同情都没有了，不如动物。

恐怕只有喜欢走极端的人，才会把自己逼迫到这样的牛角尖里吧？

第二，做人应该有所担当。

有所担当是指对某些人或者在某些事上有使命感、荣辱感或责任感，并付诸相应的行动。从敬业实干到遵章守法，从父慈子孝到兄友弟恭，从仁者爱人到家国情怀，无不需要担当。从量力而行到尽力而为，从任劳任怨到鞠躬尽瘁，从义不容辞到舍我其谁，无不体现担当。就像必要的框架是一个人自由的前提一样，必要的担当是一个人能够找到乐生感觉的前提。有担当的人才可能成为有价值的人，有价值的人才可能成为有意义的人，而有意义其实是乐生的全部内容。

有担当的人通常都是有信仰的人。如果从恪守中庸之道的立场出发，应该是有所执着的适度信仰而不是妄执的过度信仰。因为过度信仰而心陷妄执的人，他们的一个极端是卧倒在地的犬儒第欧根尼，大多数则处于另一个极端——痴迷功利永无止境的人中龙凤，比如大帝亚历山大，以及因为过度信仰而过度担当的各种不计其数的忠实信徒。那么，什么是适度信仰呢？

你挡住了我的阳光

独裁者和苦行僧可能是最接近神的人了，如果真的有神仙地界，他们一定是最先获准进入的人。独裁者处在世俗的顶尖位置，生杀予夺，无所不能，他们的威权最接近神；而以苦为乐、信仰坚定的苦行僧，他们的精神最接近神。

极端状态必有与之相应的极端言行，所以，处于极端地位的这两种人具有与众不同的价值观和方法论，常人眼里的功利在他们那里有不完全相同，甚至完全不同的算计，不如此不足以惊世骇俗。历史与现实中贪图享乐、荒淫无度的独裁者比比皆是，给人的印象似乎独裁者和苦行僧是格格不入的处于两个完全相反的极端状态的人，其实不尽然。独裁者和苦行僧集于一身的情况并不罕见，比如很多开国帝王，以及那些想惊天动地的，包括发自内心想造福苍生的独裁者，他们的人品道德无可挑剔，堪当楷模，物质生活非常节制，甚至无欲无求几近苦行。阅读本书到这里的读者都清楚地知道，由于内含极端倾向并长时间趋于极端状态，独裁政治必须面对被动归中的巨大风险，而那些好高骛远、刚愎自用的独裁者所造成的人祸更是无法估量且防不胜防。但是，我们不能不承认，历史上那些伟大的独裁者通过他们超凡入圣的思想、信仰和卓越的领袖才能，造就了一个个属于他们自己的伟大时代。亚历山大大帝就是这样的一个独裁者，下面请看他和"苦行僧"第欧根尼的精彩故事。

古希腊哲学家第欧根尼认为，人除了必须满足的自然需要，其他东西包括社会、文化甚至家庭生活都是不自然的、不必要的，所以他号召人们过自然的生活。第欧根尼主张禁欲主义和苦行主义，他在一只木桶里栖身，过着乞丐一样的生活。第欧根尼喜欢用尖刻犀利的语言抨击世俗的虚伪，曾经大白天打着灯笼满大街寻找诚实的人。为了说明如何才叫回归自然，他认为人可以甚至应该"像狗一样活着"，由此他的哲学得名"犬儒主义"。

第欧根尼的全部财产除了那只木桶，还有一块毯子、一根打狗棍和一个干粮口袋，但他的思想和行为都声名远播，以至于亚历山大大帝都忍不住要屈尊探访。两个人生追求都内含极端倾向并趋于极端状态，且方向完全相反的人，完成了一次哲学史上颇具画面感、注定可以做多种解读的会见。

亚历山大问第欧根尼有什么需要，让他尽管说，并保证满足他。第欧根尼光着上身赤脚躺在草地上，慵懒地回答道："我只希望你能闪开，你挡住了我的阳光。"此言一出，如此耳熟——这不就是庄子的"污渎自快"嘛！

亚历山大可以征服全世界，却无法征服对苦行主义痴迷到执着的第欧根尼，留下了触动无数后人的一声长叹："我若不是亚历山大，我愿做第欧根尼。"言辞间不无羡慕和向往。

亚历山大横扫中东，和平占领埃及，荡平波斯，大军打到印度河流域，四大文明古国占据其三，帝国全境约五百多万平方公里，是当时世界上领土面积最大的国家。在短短十几年时间里，亚历山大创下了前无古人的辉煌功业。公元前323年，三十三岁的亚历山大大帝在巴比伦驾崩，可谓英年早逝。他死后不久，他的母亲、妻儿都惨遭毒手。

同一年，第欧根尼在他的木桶里终老，享年八十九岁。

②适度信仰

有信仰的人无疑是幸福的人，他们知道应该如何生活，知道生活的意义，也就是为什么生活；他们还知道自己从哪里来，到哪里去。心怀信仰而从容赴死的人，为了信仰而慷慨就义的人，叫作死得其所。

成为人生指路明灯且没有利益集团人为操纵的信仰是正义的，这样的宗教叫作正教。小部分人通过控制大部分人的思想，而控制大部分人的行为，达到有利于小部分人私利的目的，这样的信仰是邪恶的，这样的宗教叫作邪教。

正教通过影响人的思想而影响人的行为，邪教则是通过控制人的思想而控制人的行为。那些通过誓言及其背后的暴力手段束缚、控制人的思想、行为的信仰等同于邪教。所有的宗教都强调"心诚则灵"亦即妄执，但正教的核心价值观是真善美，所以正教的妄执属于平和妄执；而邪教的共同特点在于暴力妄执，即以直接的或潜在的暴力手段阻止针对信仰的任何质疑和反思，通过限制人的思想自由，来最终控制人的意志自由和行动自由。

正教在历史上也曾经阶段性扮演过邪教的角色，比如中世纪以宗教裁判所闻名的欧洲教会，但是，文明的发展和强大的进步力量，阻遏并终止了那些企图一直利用宗教的私心。

以中庸之道来判断任何问题的是非，分为三个方面，其一是否内含极端倾向，其二是否内含极端倾向并趋于极端状态，其三是否内含极端倾向并长时间趋于极端。这里的其一是用来引起警觉的，其二是应该主动避免的，其三是必须避免的。毫无疑问，邪教属于第三种情况。事实上，任何企图限制人思想自由的信仰都有妄执的倾向，或者本来就是妄执，区别正邪的依据在于是平和妄执还是暴力妄执。

信仰在古人那里称为道。目光短浅急功近利的人无论多么精明，做人做事都难免精于术而乏于道。精于术足显精明，乏于道则难见英明。为人处世虽然不可能像灯塔那样一直英明，但如果大海航行连灯塔都不认识，划得再快、行得再远都是漂泊；如果人生在世没有适度的信仰，功名再大、利禄再厚终归难掩空虚。

一个人能不能既是一个因为有信仰而幸福的人，同时又是一个因为思想自由而意志自由最终行动自由的人？这个问题的答案就是要有适度信仰。因为得道成仙、进入天国的追求要靠妄执级别的坚定信仰，**而做人的趣味源自适度信仰**。

考察一个信仰是不是适度，要看这个信仰是不是允许反思，是不是允许追问，尤其重要的是——是不是允许并讲究主动归中？适度信仰的原则就是恪守中庸之道。

（2）乐生的三重境界

人生的苦恼尽在爱别离，怨憎会，求不得，放不下，说来都是心魔。

世上的快乐就是还有爱，能宽恕，知足止，不妄执，其实心外无魔。

①乐于生——乐由善行

惊喜多靠意外收获，快乐源自感受生活。

意外可遇不可求，快乐全凭自主张。

时中可辨善恶，快乐时时掌握。

②生而乐——乐由善为

成人达己，与人为善。

助人之时，也是助己。

一技之长，自强不息。

诗书礼乐，心胸豁达。

③众乐乐——乐做善人

成己达人，仁者爱人。

功高名盛，贵在担当。

达则乐施，以义制利。

前车后辙，中庸和谐。

（3）顺死

最爱红尘，终究老去，洪福清福①不可兼得，所以做凡人当经得起劳烦，荣华富贵不忘知恩惜福；想脱俗就要耐得住清闲，安贫乐道不慕虚荣；健康的时候懂得享受生活，养生长寿才有意义。在生命的尽头，既没有什么志在必得，也没有什么必不可少，面对有限的人生，无尽的功利就是一场游戏，而人生就是在特定时空框架内的一次"自由"旅行。

孟子用"鱼与熊掌不可得兼"的取舍关系，经过类比得出了"舍生取义"的结论，一语道破儒家的人生观和价值观，言简意赅。就生老病死四大不自由来说，在不可能得到完全自由的前提下，在有限的范围内用心享受应有的时空自由，本来就是题中之义，有何不可？当生死都无可奈何，确切地说是生老病死都不可取舍的时候，任何激昂或平淡的人生，所有进取或无为的旅程，重点在于能不能做到善始善中善终（见本节第一条"人生的路"），而取舍原则和衡量标准用孟子的语法可以浓缩成一句话——生非我所欲也，死亦非我所欲也，二者不可得兼，乐生而顺死者也。

①不作死——敬畏天理，珍爱生命

天理昭昭，无处不在。

心存敬畏，天人合一。

---

① 洪福说的是一个人有福气，并且是大富大贵的大福气；清福说的是一个人生活安逸，强调的是德行修为和生活状态，通常无关富贵。

人生短暂，不急一死。

不作死为，就不会死。

疾病和意外灾祸造成的死亡都不是逆死。因为疾病不可能完全避免，意外灾祸不可能根本杜绝，都和人的意志无关，不存在人为的悖逆。这里所说的作死行为泛指内含极端倾向并（长时间）趋于极端状态，触发被动归中而"自找"的灭顶之灾，具体情况从意气消沉不愿苟活，到急功近利冒险犯死；从人为的饥荒、战乱到"明知山有虎偏向虎山行"；……林林总总非常多，但有一种逆死的情况很常见，就是那些为了满足内含极端倾向的无尽欲望而急于求成，无视生活常识长期透支健康导致的所谓英年早逝，却因为容易被人同情、敬佩进而谅解，不以为是在作死。

率性而为

——不作死，就不会死

1832 年 5 月的一天上午，法国青年埃瓦里斯特·伽罗瓦孤身与人决斗，腹部遭枪击重伤倒地，对手扬长而去，后来一个路过的好心农夫把他送进医院，次日他死去。

多年之后，伽罗瓦的理论终于得以面世并引起轰动，这个当年寂寂无闻，在许多人眼里愤世嫉俗、行为乖张的年轻人居然是个奇才，被后世誉为伟大的天才数学家。有人甚至认为他若长寿，"数学王子"的称号就未必还会属于高斯。下面让我们了解一下伽罗瓦人生最传奇的几件事。

1. 中学毕业后，伽罗瓦在报考巴黎综合技术学校时，被主考人的无知和轻狂激怒，径直把黑板擦扔到他脸上，被淘汰。

2.1830 年法国"七月革命"，作为激进的共和派成员，伽罗瓦发誓："如果为了唤起人民需要我死，我愿意牺牲自己的生命。"他正在就读的学院院长对革命玩两面派，伽罗瓦坚决与之斗争，被开除。

次年伽罗瓦因"企图暗杀国王"的罪名而被捕，经本党派的大律师极力辩护得以无罪开释，但很快又因示威而再遭逮捕，被下狱。

3. 出狱不久，为了追求一个舞女，伽罗瓦发起了一场他称之为保卫"爱情与荣誉"的决斗，对手是一名职业军官，他知道自己凶多吉少，有死无生。

4. 决斗前夜，伽罗瓦利用最后几个小时奋笔疾书，不时在纸边空白的地方写下"我没有时间，我没有时间"，一个极其重要的数学大纲就是在这么匆匆草草的状态下写完的，数学界几百年来著名的疑难问题得到了解答。他用群论观点研究代数方程求解的理论，开创了一片数学新天地。

赴死前夜通宵挑灯赶论文，因为"我没有时间"而心急如焚的伽罗瓦，让主夫想起类似的场景类似的话，曾经在遥远的公元前212年也出现过一次。那是叙拉古的城破之日，正在专心演算的阿基米德抬起头，对已经举起屠刀的罗马士兵说：请等一等再杀我，我不能给世人留下不完整的公式！

伽罗瓦的坟墓早已无踪迹可寻，他的纪念碑就是他的著作，由两篇曾经多次被拒绝的论文和他在决斗之前赶写的手稿组成。

现在不妨让我们一起来看看，一生率性而为的伽罗瓦是如何把自己的路走死的。

1. 他把黑板擦扔到主考官的脸上是因为天才无法忍受蠢材，率性而为等于耿直。天才出于耿直的鲁莽行为总是容易得到人们的谅解，甚至会觉得有几分率真可爱，多数人不会联想到这是在作死。

2. 不惧个人安危参加革命，率性而为等于急公好义，等于正直。天才出于正直的革命行为总是容易得到人们更多的钦佩，通常会比普通革命者多得到几分敬重，大多数有骨气和正义感的人不会认为这是在作死，就像无论任何时代，人们普遍认为阿基米德为了抵抗外敌入侵而死得其所一样。

3. 决斗前夜伽罗瓦仰天自问："啊！为什么要为这样无聊的事情而

死去！"——他被困在了率性而为的死胡同中，为了一场自己已经认为不值得的爱情。因为放不下自尊，哪怕明知这自尊建立在错误之上，也要为此去参加一场必死无疑的决斗。只能说，这次的率性而为等于作死。

伽罗瓦出于一贯的率性而为，一贯的不通权变、绝不妥协，更准确地说就是初生牛犊直道而行，居一执一拒不时中，有时表露耿直，有时凸显正直，虽然因为不拘小节而时常碰壁，毕竟所作所为在大方向上具有无可否认的社会价值，但最后这次却因为坚守在他来说一如既往的耿直、正直而一次性地败给了"无聊"，败了个彻底。这，就是作死。

"一生"率性而为的天才伽罗瓦，享年21岁。

②多言数穷，不如守中

——致20年后73岁的高将军①

人生一世，谁能从头再来？以前自以为对老父老母了解、理解，等到自己老来才知道感同身受和切身感受原来可以有如此大的不同。幼年曾经懵懂，老年依然"无知"！因为我们的每一次呼吸都有所不同，人生的每一个阶段都是初次经历，都需要以全新的姿态面对。

"生命不息，战斗不止"无疑是一种积极上进的生活态度。从公益的角度讲，向社会奉献自己，"有一分热，发一分光"当然无可厚非，有些岗位人越老越"值钱"，所以离不开腿脚还方便，尤其是头脑还清醒的长者，但是，随着年纪的增加，人应该对自己的身心变化有个客观的认知，那些出于个人需要而追名逐利、老而弥笃的人，他们逆势而为难免心有余而力不足。如果他们以前不知道，那么现在知道也来

① 高将军是主夫的同窗，半生军旅，一贯意气风发、斗志昂扬且颇有建树，偶然伤足，不得已架起了双拐，忽然觉得人生无常，原来如此脆弱，无限感伤喷涌而出，很有些法家一下子变回道家的意思。主夫精心摘出这段话送给他，聊以慰藉养伤期间好友那难得"柔弱"的心灵。《致中和》定稿时决定保留这个副标题，特此加注。

得及：因为人对功利的需求内含极端倾向，而现实是这山更比那山高，所以，长远来说没有任何功利是足够的，年轻时可以越挫越勇，现在需要学会知足常乐。

对于渐入老年的人，无论以前是激昂澎湃、波澜壮阔，还是循规蹈矩、谨言慎行，现在都变得体能衰弱、记忆减退，虽然走在同一条路上，换了心境、眼光，风景自然不同以往。老年人需要直面生老病死这四个朋友，修身养性，做到行走半生，返璞归真，安然自若地用心玩赏人生后期特有的风景，主动接受变化，才能从容老去。

第一个变化，景色依然，却乏人陪伴，因为同龄人日渐凋零。如果说孤独是与生俱来的感觉，现在你要学会适应孤单。

第二个变化，舞台还在，你已不是主角，配角也不是，甚至不是坐在前几排的观众，你要学会待在某个角落，静静地欣赏后生晚辈的表演，精彩不必嫉妒，笨拙不要嗤笑，你可以为他们鼓掌，也可以假装什么都没看见，或者干脆打盹，没人会怪你。多念恩少抱怨，放下背负多年的人生包袱，既可解脱他人，又可放松自我，可自欺不可欺人以免被欺。如果偶然有年轻人诚意请教，又赶上你心情正好，不妨一如既往地释放爱心，口说心传，倾囊相授。

第三个变化，老态龙钟，难免百病缠身，甚或卧床不起，要学会适应各种疾病，以病为友，急则治标，缓则治本，总归应该主动接受适度治疗，同时积极养生。即使痛不欲生时还要勉为其难，方知以前做人何其矫情。不必可惜自己一套套的"真知灼见"没人愿意倾听，不同的时代有不同的人在走不同的路，相信他们船到桥头自然直。爱人更要自爱，天黑路滑，当小心慢走。

第四个变化，风景越来越暗，熟人越来越少，你要学会接受别人帮助，学会和陌生人打交道。他们通常是你的医护人员、慈善组织和各种各样的好心人。当然，你还要学会识别各种别有用心的人，继续坚信天上不会掉馅饼，更不可妄求长生。老者不以筋骨为能，淡然知足，无为而治，才是老年人应有的历练和本分。

③大义

那年 12 月阿乔大婚，我和儿子应邀观礼，抽空游普济寺。在山路上儿子指着一片伐过的树墩问：这些树为什么要被砍掉？我说砍掉的树木枯死的草，它们不过是以不同的方式走到了各自生命的尽头。

而当时我心里想到的是：生命就是运动。所有生命从出生到死亡的过程就是一种运动，一种特殊的运动而已。相比刮风下雨春夏秋冬，相比斗转星移海枯石烂，生命的运动过程不过是多了新陈代谢和一些灵感（灵性、感觉）。除此之外，如果问生命运动和其他运动还有什么不同，从形式到本质可以找到许多，但是，如果问生命有什么意义，抛开种种自以为是的华丽的文化装饰，单从生物学的角度看，被荷尔蒙激动着的男人女人不过是为了配对而游走于世间的阳具和子宫，他们存在的意义就是进行交媾，孕育、生产和养育后代，使人类这个物种得以延续。你一定要问这种存在的意义和其他物种有任何区别，不妨先去问问风，问问雨，再去问问花鸟虫鱼，它们有什么意义，人的生命就有什么意义。似乎有所不同，其实别无二致——死去原知万事空，无悲无喜无痴嗔。

做人应该认清自然规律，接受自然规律，顺从自然规律。

（上面这段话是我坐在普济寺前的台阶上，敲在手机记事本上的，以免过后就忘。儿子一直在旁边静静地等我。从小到大这么多年来，他已经习惯了我看书或写作到半夜，白天偶尔一个人发呆，或者突兀地放下手边的事情像这样扣手机。）

游完普济寺的那个晚上，我还做了一个长长的、深深的梦，梦里把许多事情都缠在了一起，所以那个梦做得很累。

首先是又一次梦中飘飞——虽然姿势明显是空中飘，但是梦里的注释和旁白都说那是在离地飞，身体如此空灵，抑或那就是古人所说的灵魂出窍，也未可知。这样的飘飞多次在我的梦里出现过——在我早年工作生活过的偃师，又一次伴松涛久坐之后，从邙山顶上腾身而起，贴着山的南麓翩然向下，向着县城飘飞，间或扭头西望洛阳，视线却被白马寺缭绕而起的氤氲香烟所阻隔。还曾经飘飞到我在那里长大的温馨小镇乌兰花，飘飞到我出生的王府，从捕龙河两旁高大的树梢上轻轻掠过……就这样，我在许多魂梦相牵的地方飘飞过——在梦里！

而在这个梦里，大约是飘飞过后，我听到了死神造访的敲门声，我内心虽然充满恐惧，却不觉得一丝意外——

您好，来了！

我相信许多年高德劭的人并不惧怕您，而耄耋之人或许会期待与您相见，但我既不是风烛残年，更不厌活，您让朋友们这么早来找我，怎能不让我耿耿于怀，甚至曾经无比愤怒！好在我不是妄执的人，知道您的意志无可撼动，我又何必固执己见。

其实您对我算是很好了，提前派了这么多朋友来找我，别人把它们叫作疾病，但我更喜欢叫它们朋友。您让它们告诉我您就要来了，还让它们和我朝夕相处。您快来的这几天，它们更是紧锣密鼓地提醒我，给力，尽责，无有稍息，所以我和它们真的成了朋友——无比忠诚的朋友。它们做我生命旅行最后一程的导游，一直陪我走到出口，真是称职，一生难得一遇。

我就知道您不会忘了我的，稍等一下再跟您走可以吗？请允许我和亲友们告个别。

我要告诉他们：就算生活给了我无数苦痛，我还是觉得幸福更多，因为幸福其实很简单，实在是不需要很多前提条件。吃不够家做的包子饺子大骨面，做不完无尽的柴米油盐儿孙事，我们在一起的那些长长久久的日子，都是幸福。

我知道这个世界很快就会忘记我这个曾经来过的人，但你们不会。

感恩生命让我遇见了你们，是你们给了我那么多真情与挚爱。

我要远行，不必相送！

……

自大病不起以来，我虽表面上不那么悲愤消极，内心却仍然因为难以接受而变得沉默寡言。以往大半生自以为是的通情达理、开朗乐观原来是如此浅薄而流于形式，根本敌不过死到临头这个"突发"现实的严酷和冰冷，可见"慷慨赴死易，从容就义难"①果然不是虚言，人的许多，不，是绝大多数的言行都具有相当大的情绪性。我就是那种理性经常输给情绪性的人，说白了就是毅力比较差，但是，我知道别人不一定都这么看我，我更知道我若能功成名就，别人肯定不会这么看我。因为成功可以掩盖缺陷，而巨大的成功几乎可以轻易掩盖一个人的任何缺陷，实在无法掩盖的缺陷叫作白璧微瑕，完美的偶像都是这样诞生的。在这个万事都有保质期的世界，人不可能长时间拥有完美，但人们发自内心地希望美好，所以总是按照自己的理想精心地塑造榜样、呵护偶像，把他们包装成完美的样子。

好在我还算有自知之明，所以对自己又一次在关键时刻没能免俗，居然有向死神讨价还价，甚至企图讨饶的幼稚想法，我并不感到特别丢脸。我变得沉默寡言，是因为我需要时间在内心深处真正接受自己不过是个普通人，难逃生老病死的现实。这个原本简单，自以为在很年轻、很有勇气的时候就早已心平气和地接受了的现实，到现在真的亲自面对时，却依然让人无比恐慌的现实。我沉默，是因为我软弱，所有体面都是表面，而我需要调整情绪，在内心深处酝酿坚强，找到从容。

想想我这一生，最羡慕的是那些胸有成竹、从容不迫的人，最喜欢的是做事做人都能从容不迫的那种自信、优雅的感觉。眼下，面对死神，我希望自己能一如既往地再一次从容！

可惜我已经没有和老朋友喝着小酒吹牛或者自嘲的机会了，更何况一个人一旦在鬼门关前走此一遭，体会过那种无可奈何、任人宰割的"屈辱"，即使能够起死回生，还能"自信人生二百年，会当水击

① 出自黄宗羲《兵部左侍郎苍水张公墓志铭》，更早的时候，朱熹在《近思录》中说过类似的话，叫作"感慨杀身者易，从容就义者难"。

三千里"①吗？嗨，人生实在是太短暂了，那些在春风得意时曾经有过的畅快，在失意落魄时曾经感受到的无奈，都是难得的因缘，所以都好！

死亡的感觉既平淡无奇又如此惊魂动魄、刻骨铭心，第一次却成了最后一次，周围围满了同情的人但很少有谁真的理解你，你也没有机会与人言说，真是经验主义无法弥补的一大缺憾。对此，我除了在心底苦笑其实也无能为力。

我知道人总是难以从容是因为情绪无处不在，从精打细算的家庭主妇一时冲动购物，买回来根本用不着的大礼服、小物件，到理性智慧的大丈夫激于义愤，路见不平而舍命出手，如果在付诸行动前都能够稍微给他们一个冷静期，结果可能不完全一样，甚至会完全不一样。家庭主妇很可能放弃许多无效的购买，大丈夫则不会轻易冒死犯险，而是很可能找到更好的办法解决问题。总之，理性的行为如果不是事先训练有素，事中就需要一定的应变和反应时间，否则，情绪就容易占据上风，但是面对死亡，非大义不可能做到从容。

何为大义？

大到忠于信仰，小到恪尽职守都是人道的大义，这是人们都能理解和接受的常理，但是，还有一种大义更加至高无上，那就是自然规律。

自然规律不可违背、不可抗拒，顺其自然是人能够做的唯一选择。

自然规律数不胜数，其中当然包括应该从容面对，却在情绪上始终不愿意接受的，自己必然的死亡，而这是自然规律，是大义。

---

① 这是毛泽东二十三岁时所作七言诗仅剩的残句，表达了一种珍惜时光，夜以继日，生命不息，奋斗不止的精神，连同次年写下的四言诗《奋斗》："与天奋斗，其乐无穷！与地奋斗，其乐无穷！与人奋斗，其乐无穷！"如果说表现出了一只雄鹰振翅欲飞的强烈愿望，那么到33岁，即1925年《沁园春·长沙》的"问苍茫大地，谁主沉浮？"则已经是在展翅翱翔，鹰击长空了。后来到了"文化大革命"，社会上流传的《奋斗》被修改为："与天斗，其乐无穷！与地斗，其乐无穷！与人斗，其乐无穷！"虽然只删了一个字，但已面目全非，突出强调的是"与人斗"，意在煽动人斗人，充分体现出由"左"倾而趋于极左的"文革"时代，当内含极端倾向并趋于极端状态的时候，人们的理性丧失殆尽而尽显情绪性。

……

一直吃不准"大意人人有，空走徒劳心"①的禅机，是不是就是我知道我早已想开了，但直到现在，我依然受困于一厢情愿的主观情绪而不能面对现实——始终不愿意接受？那样的话就意味着我空走了吗？徒劳了吗？

肯定没人知道，因为连我自己也是刚刚知道：实际上我是接受的。从很早第一次发现自己会变老，那种感觉虽然就像惊鸿一瞥，又像一丝云翳掠过天际，看似无影无踪其实不然，我知道我看见它了，尽管有些飘忽不定，但它是客观存在的，所以从那时起自己内心深处已经接受了——不染白发，从容老去，从容地与死神面对。

风颠禅师的"大意"其实就是大义，但他对信仰近乎疯癫的"随意"和妄执，当然体会不到，或者体会到了只是不想明说：自然而然应有的境界是乐生顺死，这样的人生既无所谓"空走"，也就没什么"徒劳"，来去如风，顺其自然。

……

说来真是神奇，我那天"突然"没了病痛，吃喝，晒太阳，一如常人。我和身边的亲友聊天，讲笑话，还和几个晚辈聊到了我当年专门请玉阳子亲手书写过的八字家训"良善、慈孝、勤俭、知止"，意思就是："心存良知，恪守善道。尊长慈爱，晚辈顺孝。勤奋做事，俭朴度日。过犹不及，知足者止。"我逐字逐句为他们讲解释义，特别有耐心，我的儿子润泽通达，对我突如其来的好转备感惊喜。

---

①　这是一句非常有名的禅语，载于西安碑林博物馆里石刻的《达摩东渡图》，出自风颠。作为一个出家人，风颠禅师却留下了"成佛不在衣钵，作祖岂论吃斋"的言论，以及"禅定从来不在静，动而不动见真性。酒肉场中寻法味，烟花堆里觅禅心"的传说。这个"酒色"和尚和二百年后西方的"超人"尼采一样，特立独行的言行更多时候只是属于他们自己的，也只能属于他们自己。他们的言行因为与大众的现实生活缺乏一致性，所以没有可操作性，也就没有切实的可行性，或许有人可以大致理解，但从来不可能被大众模仿。风颠的"禅机"也好，尼采的"意志"也罢，其实都是内含极端倾向的理想趋于极端状态时的妄执，及其时而产生的幻想和幻象。

儿啊，我抚着你的脸说，有你我很知足，你轻吻我的手回我一片泪流。你是我的血脉，有你继续，死有何愁！

我很欣慰地听见有上年纪的人对他说：给你父准备后事吧，这是回光返照。

……

天亮了，梦醒了，远处隐隐约约传来了娶亲的鞭炮声……

人生若是一场梦，应该也很好吧！

山中自有千年树，世上难逢百岁人。

生命有限生死无常，舍生取义固然死得其所，但顺死作为人生的修为，所谓视死如归的应有之意恐怕不仅仅是从容就义，更不止于慷慨赴死，更应该体现为顺其自然，寿终如寝，随时随地地安心安息，对送行的亲友释然微笑，说：我走了，谢谢！你们请留步！

然后潇洒转身，翩然离去。既是对子孙后代生生不息的最大认可，也是对自然规律的最高尊重。

父母先人是我的前生，子侄后代是我的来世；乐善乐天、倾心尽兴于今生今世的旅途风光，不疾不徐；到站下车，不贪不恋，成就一段美好旅程，便是乐生顺死。

第五章　知与行

非知之艰，行之惟艰。

——《尚书·说命》

第一节　再品名著

一、奢华·俭朴·吝啬

奢华的生活态度崇尚佳加——生活好点、再好点，收入高点、再高点。功利无上限，佳加无止境。

俭朴是一种抵御无上限功利诱惑的生活态度，崇尚简减——简单生活，减少浪费。

精致优雅可以体现出一个人优裕的物质生活和不俗的精神世界，但是因其内含极端倾向，当精致优雅走向极端，形式大于实质的时候，就是一个人因为主次颠倒、过分做作反而俗不可耐的时候，精致优雅也就成了繁文缛节的同义词，不如简减。

还有一种生活态度，叫吝啬，崇尚减加——必要的开支少点、再少点，各种收入多点、再多点。

《左传》说："俭，德之共也；侈，恶之大也。"司马光认为："君子多欲则贪慕富贵，枉道速祸；小人多欲则多求妄用，败家丧身；是以居官必贿，居乡必盗。"[1]先哲大多认同俭朴并倡导自觉抵制奢华，如果只重表面现象，很容易把俭朴和吝啬混为一谈，但在本质上这两者却有天壤之别。

孔子说："奢则不逊，俭则固"，意思是过分奢侈太骄矜，过分俭朴太鄙陋，意在强调为人处世不能走极端。

当收入低下时，俭朴的人与艰苦的人几乎看不出区别，只有当收入高上时，他们才有机会显露各自本色。

俭朴是一个人的主动选择，而艰苦往往是不得已而为之，所以那些因为贫穷而不得不厉行节约的人，当收入高上时，很多人会对原来的生活习惯弃若敝屣，图慕虚荣攀比富贵，开始追求奢侈豪华，而俭朴的人富有之后不再刻意节衣缩食，不排斥既有品质又有品味的生活，但他们会一如既往地坚守自我远离奢华，面对浮躁流俗，从容淡定，虽然减少甚至杜绝浪费经常被人解读成吝啬，却还是依然故我。

当收入低下时，俭朴的人与吝啬的人同样不容易区别，只有当收入高上时，他们才有机会显露各自本色。

俭朴不一定是为了省钱，而吝啬只是为了省钱而省钱。俭朴不一定是为了节约，而吝啬只是为了节约而节约。俭朴所崇尚的简减不是病态的节省，而是自然从容，超越浮华。

---

[1] 出自《训俭示康》，是北宋史学家司马光教导养子司马康的家训。司马光不仅一生俭朴，把俭朴的道理也讲得这么透彻，可谓知行合一的真君子。这句话的意思是君子多欲就会贪慕富贵，不走正道而招致祸患；小人多欲就会多方搜求随意挥霍，败坏家庭，丧失生命；所以做官的人奢侈必然贪贿，不做官的人奢侈必然盗窃。

以上列举的生活态度，只是无数人的无数生活态度中有代表性的三种，但人性不是扁平的而是立体的、复杂的，人的生活态度也是复合的，而不可能是单一的——《守财奴》中葛朗台是单一无下限的吝啬，《渔夫和金鱼的故事》中老太婆是单一无上限的奢华。事实上，不同的人以及同一个人在不同的时期，都会有不完全相同甚至完全不同的生活态度。换句话说，每个人的灵魂深处都藏着一个葛朗台和一个老太婆，他们会在条件适当的时候不失时机地从这个人的内心跳出来展示自己，区别在于程度深浅与时间长短不同而已，这样的表现才符合充满波折的人生和复杂多变的人性。

中庸之道可以帮助人避免被葛朗台或老太婆的灵魂（长时间）附体，因为他们不仅代表了内含极端倾向并趋于极端状态的人性，其实就是每个人人性中固有的两种倾向，总在伺机而动从来少有懈怠。

通过居一执两时中的方法，可以主动识别这两种极端倾向，并以这种具备可操作性的方法，降低它们对人性、人生的影响程度，或缩短它们对人性、人生的影响时间，力求达到中庸和谐，避免被动归中的悲惨结局。

二、我与流俗

城市文明是需求导向的消费型社会，脱耕饱食的人们聚而为城，济济一堂，相互竞争攀比的同时，更注重相互提供有偿服务，因为只有通过满足别人的需求，才可以实现自己的"价值"，所以大家都在想方设法从别人那里发现需求，引导需求，启发需求，实在没有需求，那就创造需求。于是生活的方方面面变得越来越大，越来越多，越来越快，越来越舒适，越来越精致，越来越高贵，越来越……这么说吧，只要能吃饱肚子，"无所事事"却被各种欲望、希望、理想驱使着的城里人发掘出一个又一个行业和工作岗位，他们追名逐利，在各行各业无孔不入的岗位上挖空心思地挑战极限，创造奇迹。

高端人群的奢华风气四处蔓延，并总能受到有意无意的社会鼓励和大众追捧，而许多不久前的极度奢华，很快便得到普及，"旧时王谢堂前燕，飞入寻常百姓家"的慨叹，已经不足以形容时代的飞速发展。

奢华通过其示范效应，丰富了大众的感官刺激，拓宽了享乐边界，提升了需求上限，激发了消费欲望。而越来越发达的社会保障让人后顾无忧，起了推波助澜的作用，充分挖掘、释放、预支甚至透支着每个人的消费能力，（好像）只有这样，社会才可以不断进步，城市生活才会有活力。至于曾经备受推崇的俭朴精神，似乎已经伴随着以生产导向为主的农业文明一起偃旗息鼓，似乎已经过气了。

城市文明的生活方式如果从农业文明的角度看，几乎就是赤裸裸的醉生梦死，是腐化堕落，是挥霍浪费和暴殄天物——事实上，城市文明的生活方式使很多人很多时候"接近"奢华。他们因为生活品质提高，日常用品更新换代加快，这是社会发展和繁荣的普遍表现，而挥金如土的人，"斗酒十千恣欢谑"的事，古已有之，且无论在哪种社会都是十足的奢靡，真正的堕落。

农业文明的生活方式在许多城里人看来，意味着纯真简单，意味着田园慢生活，还有"开轩面场圃，把酒话桑麻"的诗情画意，但这些不过是旅游宣传和游客感受，是在最好的季节看到了最美的风景。旅游景点总是想方设法以某种"新奇特"让城里人的感官得到不一样的享受，给来此一游的客人留下意犹未尽的美好回忆，但是真的细究起来，农业文明相比城市文明，充斥着辛劳和无助——缺水少电，卫生条件差，终年劳累，靠天吃饭……如果一个自以为厌倦了节奏飞快拥挤压抑的城市生活的游客，因为一次感官的"艳遇"就想留下来当个山里人、牧人、渔人或者猎人，而忘记了城市生活的另一面：舒适卫生、便捷有序，说明这个城里人的认知局限很严重，或者性格易于冲动，哪怕岁数一大把也不能算是成熟。

两种文明基于不同生产力主导下的经济基础，是过剩经济和短缺经济的不同表现，二者对应完全不同的生活方式——追求奢华和崇尚俭朴。这两种属于各自时代的主流生活方式，都内含极端倾向且方向相反，即使表面上互相倾慕也不能掩盖本质上的互不相容。

无论什么时代，多数人都会不失时机地致力于提升自身的功利等级，但农业文明时代受制于低下的生产力，许多正常的欲望、需求都不可能得到（充分）满足，不得不被压抑、被抑制，而人的理智总是试图让人超越自我，高瞻远瞩，把利益放大以便触手可及，把危害缩小最好化于无形。

苏格拉底在雅典的市场上看到琳琅满目的商品后惊叹："这里有多少我用不着的东西啊！"是两千四百年前就出现了商品过剩，还是人的刚性需求实在有限？答案无疑是后者。所以这句话其实是智者在短缺经济时代，为了抵制"奢华"，尤其为了杜绝奢靡而主动压抑欲望、抑制需求，所发出的理智呼声，并且苏格拉底始终都在以身作则，厉行俭朴近乎苦行。

奢华再进一步就是奢靡，俭朴再往前走就是苦行。俭朴有下限，而奢华无上限，所以农业文明人心沉稳，小富即安，知足常乐，而城市文明人性浮躁，得寸进丈，急功近利。

俭朴对某人来讲，如果是因为贫穷不得已而为之，内心时刻盼望有朝一日飞黄腾达时能够穷奢极欲为所欲为，说明他并不具备俭朴这种品德，更表示他的修养不足以驾驭和享受这种品德，俭朴对于这种人是无奈、痛苦和折磨，是苦难的同义词。

对富贵（之后）的人来说，如果面对奢华风气能够抱朴守拙，不随波逐流，这样的俭朴正是富贵之人惜福、知止的主动归中，其实堪称美德，较之奢华，更足以典范社会，而富贵之人也将因此获得无与伦比的巨大补偿——道德享受和精神自由。

有人出门喜欢准备沉重的行李以防万一这万一那，本可轻松愉快的旅行，一路受累于行李，到旅行结束，却发现有一多半行李从一开始就是多余的。日常生活中，这种人还会有许多从来"用不着"的各种财富，而他一生最重要的心思，就是如何让这些财富增加，再增加。

秦穆公说，若能得道成仙，寡人弃江山如敝屣。但他的行李实在太重了，如何升仙？

人生就是一趟旅行，或喜或悲的外物欣赏，五味杂陈的内心感受最重要，至于行李，实在是次要的，何必佳加，简减试试，真的不需要多少。

人心所向需要人性修养中匡扶，所有人的生活方式都在奢靡和苦行这两个极端之间，其中绝大多数在切实可行的奢华和俭朴之间。诗酒财货漫无边际，雅俗庞杂，人的需求范围非常宽泛，其中既有欲望铸就的牢笼，也隐藏着很大的自由，既有追求不断提升功利等级的大多数，也不乏许多人心怀苏格拉底式感慨而特立独行，不为外物所惑，得以闹中取静。

贫困不一定能让人自甘堕落，反而会催人奋进，而富贵可以显示成就，却不代表信仰。对贫困的主动适应，以及对富贵的主动追求，因为都内含极端倾向，致使少数只知一分为二而不解中庸之道的人，在不经意间走入各自的极端，心陷妄执不能自拔，于是现实的危害和负面的情绪统统不请自来，像《金鱼的故事》中的老太婆和《守财奴》中的葛朗台一样，终究难免被动归中的悲惨结局。

附1　守财奴（节选）

作者：[法国] 巴尔扎克

那时葛朗台刚刚跨到七十六个年头。两年以来，他更加吝啬了，正如一个人一切年深月久的痴情与癖好一样。根据观察，凡是吝啬鬼、野心家，所有执著一念的人，他们的感情总特别贯注在象征他们痴情的某一件东西上面。看到金子，占有金子，便是葛朗台的执著狂（执著亦即执着，这里加一个"狂"字，突出了情绪化、极端化，尽显此人已入妄执之境——主夫注）。他专制的程度也随着吝啬而俱增；如果妻子死了，要把财产放手一部分，哪怕是极小极小的一部分，只要他管不着，他就觉得逆情背理。怎么！要对女儿报告财产的数目，把动产不动产一股脑儿登记起来拍卖？

"那简直是抹自己的脖子！"他在庄园里检视着葡萄藤，高声对自己说。

终于他主意拿定了，晚饭时分回到索漠，决意向欧也妮屈服，巴结她，诱哄她，以便到死都能保持家长的威风，抓着几百万家财的大权，直到咽最后一口气为止。老头儿无意中身边带着百宝钥匙，便自己开了大门，轻手蹑脚地上楼到妻子房里，那时欧也妮正捧了那口精美的梳妆匣放到母亲床上，趁葛朗台不在家，母女俩很高兴地在查理母亲的肖像上呕摸一下查理的面貌。

"这明明是他的额角，他的嘴！"老头儿开门进去，欧也妮正这么说着。

一看见丈夫瞪着金子的眼光，葛朗台太太便叫起来：

"上帝呀，救救我们！"

老头儿身子一纵，扑上梳妆匣，好似一头老虎扑上一个睡着的婴儿。

"什么东西？"他拿着宝匣往窗前走去。"噢，是真金！金子！"他连声叫嚷，"这么多的金子！有两斤重。啊！啊！查理把这个跟你换了美丽的金洋，是不是？为什么不早告诉我？这交易划得来，小乖乖！你真是我的女儿，我明白了。"

欧也妮四肢发抖。老头儿接着说：

"不是吗，这是查理的东西？"

"是的，父亲，不是我的。这匣子是神圣不可侵犯的，是寄存的东西。"

"咄，咄，咄，咄！他拿了你的家私，正应该补偿你。"

"父亲……"

老家伙想掏出刀子撬一块金板下来，先把匣子往椅子上一放。欧也妮扑过去想抢回；可是箍桶匠的眼睛老盯着女儿跟梳妆匣，他手臂一摆，使劲一推，欧也妮便倒在母亲床上。

"老爷！老爷！"母亲嚷着，在床上直坐起来。

葛朗台拔出刀子预备撬了。欧也妮立刻跪下，爬到父亲身旁，高举着两手，嚷着：

"父亲，父亲，看在圣母面上，看在十字架上的基督面上，看在所有的圣灵面上，看在你灵魂得救面上，看在我的性命面上，你不要动它！这口梳妆匣不是你的，也不是我的，是一个受难的亲属的，他托我保管，我得原封不动地还他。"

"为什么拿来看呢，要是寄存的话？看比动手更要不得。"

"父亲，不能动呀，你教我见不得人啦！父亲，听见没有？"

"老爷，求你！"母亲跟着说。

"父亲！"欧也妮大叫一声，吓得拿侬也赶到了楼上。

欧也妮在手边抓到了一把刀子，当作武器。

"怎么样？"葛朗台冷笑着，静静地说。

"老爷，老爷，你要我的命了！"母亲嚷着。

"父亲，你的刀把金子碰掉一点，我就用这刀结果我的性命。你已经把母亲害到只剩一口气，你还要杀死你的女儿。好吧，大家拼掉算了！"

葛朗台把刀子对着梳妆匣，望着女儿，迟疑不决。

"你敢吗，欧也妮？"他说。

"她会的，老爷。"母亲说。

"她说得到做得到，"拿侬嚷道，"先生，你一生一世总得讲一次理吧。"

箍桶匠看看金子，看看女儿，愣了一会。葛朗台太太晕过去了。

"哎，先生，你瞧，太太死过去了！"拿侬嚷道。

"噢，孩子，咱们别为了一只匣子生气啦。拿去吧！"箍桶匠马上把梳妆匣扔在床上。

"拿侬，你去请裴日冷先生。得啦，太太，"他吻着妻子的手，"没有事啦，咱们讲和啦。不是吗，小乖乖？不吃干面包了，爱吃什么就吃什么吧！啊！她眼睛睁开了。哎，妈妈，小妈妈，好妈妈，得啦！哎，你瞧我拥抱欧也妮了。她爱她的堂兄弟，她要嫁给他就嫁给他吧，让她把匣子藏起来吧。可是你得长命百岁地活下去啊，可怜的太太。哎哎，你身子动一下给我看哪！告诉你，圣体节你可以拿出最体面的祭桌，索漠从来没有过的祭桌。”

“天哪，你怎么可以这样对待你的妻子跟孩子！”葛朗台太太的声音很微弱。

“下次决不了，决不了！”箍桶匠叫着，“你瞧就是，可怜的太太！”

他到密室去拿了一把路易来摔在床上。

“喂，欧也妮，喂，太太，这是给你们的，”他一边说一边把钱掂着玩，“哎哎，太太，你开开心，快快好起来吧，你要什么有什么，欧也妮也是的。瞧，这一百金路易是给她的。你不会把这些再送人了吧，欧也妮，是不是？”

葛朗台太太和女儿面面相觑，莫名其妙。

“父亲，把钱收起来吧；我们只需要你的感情。”

“对啦，这才对啦，”他把金路易装到袋里，“咱们和和气气过日子吧。大家下楼，到堂屋去吃晚饭，天天晚上来两个铜子的摸彩。你们痛快玩吧！嗯，太太，好不好？”

“唉！怎么不好，既然这样你觉得快活，”奄奄一息的病人回答，“可是我起不来啊。”

“可怜的妈妈，”箍桶匠说，“你不知道我多爱你。还有你，我的儿！”

他搂着她，拥抱她。

“噢！吵过了架再搂着女儿多开心，小乖乖！……嘿，你瞧，小妈妈，现在咱们两个变成一个了。”他又指着梳妆匣对欧也妮说，“把这个藏起来吧。去吧，不用怕。我再也不提了，永远不提了。”

不久，索漠最有名的医生裴日冷先生来了。诊察完毕，他老实告诉葛朗台，说他太太病得厉害，只有给她精神上绝对安静，悉心调养，服侍周到，才可能拖到秋末。

“要不要花很多的钱？要不要吃药呢？”

“不用多少药，调养要紧。”医生不由得微微一笑。

"哎，裴日冷先生，你是有地位的人。我完全相信你，你认为什么时候应该来看她，尽管来。求你救救我的女人；我多爱她，虽然表面上看不出，因为我家里什么都藏在骨子里的，那些事把我心都搅乱了。我有我的伤心事。兄弟一死，伤心事就进了我的门，我为他在巴黎花钱……花了数不清的钱！而且还没得完。再会吧，先生。要是我女人还有救，请你救救她，即使要我一百两百法郎也行。"

虽然葛朗台热烈盼望太太病好，因为她一死就得办遗产登记，而这就要了他的命，虽然他对母女俩百依百顺，一心讨好的态度使她们吃惊，虽然欧也妮竭尽孝心地侍奉，葛朗台太太还是很快地往死路上走。像所有在这个年纪上得了重病的女人一样，她一天比一天憔悴。她像秋天的树叶一般脆弱。天国的光辉照着她，仿佛太阳照着树叶发出金光。有她那样的一生，才有她那样的死，恬退隐忍，完全是一个基督徒的死，死得崇高，伟大。

到了 1822 年 10 月，她的贤德，她的天使般的耐心和对女儿的怜爱，表现得格外显著；她没有一句怨言地死了，像洁白的羔羊一般上了天。在这个世界上她只舍不得一个人，她凄凉的一生的温柔的伴侣——她最后的几眼似乎暗示女儿将来的苦命。想到把这头和她自己一样洁白的羔羊，孤零零地留在自私自利的世界上任人宰割，她就发抖。

"孩子，"她断气以前对女儿说，"幸福只有在天上，你将来会知道。"

下一天早上，欧也妮更有一些新的理由，觉得和她出生的、受过多少痛苦的、母亲刚在里面咽气的这所屋子分不开。她望着堂屋里的窗棂和草垫的椅子，不能不落泪。她以为错看了老父的心，因为他对她多么温柔多么体贴：他来挽了她去用午饭，几小时地望着她，眼睛的神气差不多是很慈祥了；他瞅着女儿，仿佛她是金铸的一般。

老箍桶匠变得厉害，常在女儿面前哆嗦。眼见他这种老态的拿依与克罗旭他们，认为是他年纪太大的缘故，甚至担心他有些器官已经衰退。可是到了全家戴孝那天，吃过了晚饭，当唯一知道这老人秘密的公证人在座的时候，老头儿古怪的行为就有了答案。

饭桌收拾完了，门都关严了，他对欧也妮说：

"好孩子，现在你承继了你母亲啦，咱们中间可有些小小的事得办一办。对不对，克罗旭？"

"对。"

"难道非赶在今天办不行吗，父亲？"

"是呀，是呀，小乖乖。我不能让事情搁在那儿牵肠挂肚。你总不至于要我受罪吧。"

"噢！父亲……"

"好吧，那么今天晚上一切都得办了。"

"你要我干什么呢？"

"乖乖，这可不关我的事。克罗旭，你告诉她吧。"

"小姐，令尊既不愿意把产业分开，也不愿意出卖，更不愿意因为变卖财产，有了现款而付大笔的捐税，所以你跟令尊共有的财产，你得放弃登记……"

"克罗旭，你这些话保险没有错吗？可以对一个孩子说吗？"

"让我说呀，葛朗台。"

"好，好，朋友。你跟我的女儿都不会抢我的家私。对不对，小乖乖？"

"可是，克罗旭先生，究竟要我干什么呢？"欧也妮不耐烦地问。

"哦，你得在这张文书上签个字，表示你抛弃对令堂的承继权，把你跟令尊共有的财产，全部交给令尊管理，收入归他，光给你保留虚有权……"

"你对我说的，我一点儿不明白，"欧也妮回答，"把文书给我，告诉我签字应该签在哪儿。"

葛朗台老头的眼光从文书转到女儿，从女儿转到文书，紧张得脑门上尽是汗，一刻不停地抹着。

"小乖乖，这张文书送去备案的时候要花很多钱。要是对你可怜的母亲，你肯无条件抛弃承继权，把你的前途完全交托给我的话，我觉得更满意。我按月付你一百法郎的大利钱。这样，你爱做多少台弥撒给谁都可以了！嗯！按月一百法郎，行吗？"

"你爱怎办就怎办吧，父亲。"

"小姐，"公证人说，"以我的责任，应当告诉你，这样你自己是一无所有了……"

"嗨！上帝，"她回答，"那有什么关系！"

"别多嘴，克罗旭。一言为定，"葛朗台抓起女儿的手放在自己手中一拍，"欧也妮，你决不反悔，你是有信用的姑娘，是不是？"

"噢！父亲……"

他热烈地、紧紧地拥抱她，使她几乎喘不过气来。

"得啦，孩子，你给了我生路，我有了命啦；不过这是你把欠我的还了我：咱们两讫了。这才叫作公平交易。人生就是一件交易。我祝福你！你是一个贤德的姑娘，孝顺爸爸的姑娘。你现在爱做什么都可以。"

"明儿见，克罗旭，"他望着骇呆了的公证人说，"请你招呼法院书记官预备一份抛弃文书，麻烦你给照顾一下。"

下一天中午时分，声明书签了字，欧也妮自动地抛弃了财产。

可是到第一年年终，老箍桶匠庄严地许给女儿的一百法郎月费，连一个子儿都没有给。欧也妮说笑之间提到的时候，他不由得脸上一红，奔进密室，把他从侄儿那里廉价买来的金首饰，捧了三分之一下来。

"哎，孩子，"他的语调很有点挖苦意味，"要不要把这些抵充你的一千二百法郎？"

"噢，父亲，真的吗，你把这些给我？"

"明年我再给你这么些，"他说着把金首饰倒在她围裙兜里。"这样，不用多少时候，他的首饰都到你手里了。"他搓着手，因为能够利用女儿的感情占了便宜，觉得很高兴。

话虽如此，老头儿尽管还硬朗，也觉得需要让女儿学一学管家的诀窍了。连着两年，他教欧也妮当他的面吩咐饭菜，收人家的欠账。他慢慢地，把庄园田地的名称内容，陆续告诉了她。第三年上，他的吝啬作风把女儿训练成熟，变成了习惯，于是他放心大胆地，把伙食房的钥匙交给她，让她正式当家。

五年过去了，他开始显得老态龙钟，可是守财奴的脾气依旧由本能支持在那里，所以这个人从生到死没有一点儿改变。

从清早起，他教人家把他的转椅，在卧室的壁炉与密室的门中间推来推去，密室里头不用说是堆满了金子的。他一动不动地呆在那儿，极不放心地把看他的人和装了铁皮的门，轮流瞧着。听到一点儿响动，他就要人家报告原委；而且使公证人大为吃惊的是，他连狗在院子里打哈欠都听得见。他好像迷迷糊糊地神志不清，可是一到人家该送田租来，跟管庄园的算账，或者出立收据的日子与时间，他会立刻清醒。于是他推动转椅，直到密室门口。他教女儿把门打开，监督她亲自把一袋袋的钱秘密地堆好，把门关严。然后他又一声不出地回到原来的位置，只要女儿把那个宝贵的钥匙交还了他，藏在背心袋里，不时用手摸一下。

未了，终于到了弥留时候，那几日老头儿结实的身子进入了毁灭的阶段。他要坐在火炉旁边，密室之前。他把身上的被一齐拉紧，裹紧，嘴里对拿侬说着：

"裹紧，裹紧，别给人家偷了我的东西。"

他所有的生命力都退守在眼睛里了，他能够睁开眼的时候，眼光立刻转到满屋财宝的密室门上：

"在那里吗？在那里吗？"问话的声音显出他惊慌得厉害。

"在那里呢，父亲。"

"你看住金子！……拿来放在我面前！"

欧也妮把金路易铺在桌上，他几小时地用眼睛盯着，好像一个才知道观看的孩子呆望着同一件东西；也像孩子一般，他露出一点儿很吃力的笑意。

葛朗台

有时他说一句："这样好教我心里暖和！"脸上的表情仿佛进了极乐世界。

本区的教士来给他做临终法事的时候，十字架、烛台和银镶的圣水壶一出现，似乎已经死去几小时的眼睛立刻复活了，目不转睛地瞧着那些法器，他的肉瘤也最后地动了一动。神甫把镀金的十字架送到他唇边，给他亲吻基督的圣像，他却做了一个骇人的姿势想把十字架抓在手里，这一下最后的努力送了他的命。他唤着欧也妮，欧也妮跪在前面，流着泪吻着他已经冰冷的手，可是他看不见。

"父亲，祝福我啊。"

"把一切照顾得好好的！到那边来向我交账！"这最后一句证明基督教应该是守财奴的宗教。

附2 渔夫和金鱼的故事

作者：[俄罗斯] 普希金

从前有个老头儿和他的老太婆，住在蓝色的大海边，他们住在一所破旧的泥棚里，整整有三十又三年。

老头儿撒网打鱼。老太婆纺纱结线。有一次老头儿向大海撒下网，拖上来的是一网水藻。他再撒了一次网，拖上来的是一网海草。他又撒下第三次网，这次网到了一条鱼，不是一条平常的鱼，是条金鱼。

金鱼苦苦地哀求！她用人的声音讲着话："老爷爷，您把我放回大海吧，我要给您贵重的报酬：为了赎回我自己，您要什么都可以。"

老头儿大吃一惊，心里还有些害怕：他打鱼打了三十又三年，从没有听说鱼会讲话。他放了那条金鱼，还对她讲了几句亲切的话："上帝保佑你，金鱼！我不要你的报酬，到蔚蓝的大海里去吧，在那儿自由自在地漫游。"

老头儿回到老太婆跟前，告诉她这桩天大的奇事。"今天我捕到一条鱼，不是平常的鱼，是条金鱼；这条金鱼会跟我们人一样讲话。她求我把她放回蔚蓝的大海，愿用最值钱的东西来赎回她自己：为了赎得自由，我要什么她都依。我不敢要她的报酬，就这样把她放回蔚蓝的大海里。"

老太婆指着老头儿就骂："你这傻瓜，真是个老糊涂！不敢拿金鱼的报酬！哪怕是要只木盆也好，我们的那只已经破得不成样啦。"

于是老头儿走向蓝色的大海，看到大海微微起着波澜。老头儿就对金鱼叫唤，金鱼向他游过来问道："你要什么呀，老爷爷？"老头儿向她行个礼回答："行行好吧，金鱼，我的老太婆把我大骂一顿，不让我这老头儿安宁。她要一只新的木盆，我们的那只已经破得不能再用。"

金鱼回答说："别难受，去吧，上帝保佑你。你们马上会有一只新木盆。"老头儿回到老太婆那儿，老太婆果然有了一只新木盆。

老太婆却骂得更厉害："你这傻瓜，真是个老糊涂！真是个老笨蛋，你只要了只木盆。木盆能值几个钱？滚回去，老笨蛋，再到金鱼那儿去，对她行个礼，向她要座木房子。"

于是老头儿又走向蓝色的大海（蔚蓝的大海翻动起来）。

老头儿就对金鱼叫唤，金鱼向他游过来问道："你要什么呀，老爷爷？"老头儿向她行个礼回答："行行好吧，金鱼！老太婆把我骂得更厉害，她不让我老头儿安宁，唠叨不休的老婆娘要座木房。"

金鱼回答说："别难受，去吧，上帝保佑你。就这样吧：你们就会有一座木房。"

老头儿走向自己的泥棚，泥棚已变得无影无踪；他前面是座有敞亮房间的木房，有砖砌的白色烟囱，还有橡木板的大门，老太婆坐在窗口下，指着丈夫破口大骂："你这傻瓜，十十足足的老糊涂！老浑蛋，你只要了座木房！快滚，去向金鱼行个礼，说我不愿再做低贱的老太婆，我要做世袭的贵妇人。"

老头儿走向蓝色的大海（蔚蓝的大海骚动起来）。

老头儿又对金鱼叫唤，金鱼向他游过来问道："你要什么呀，老爷爷？"老头儿向她行个礼回答："行行好吧，金鱼！老太婆的脾气发得更大，她不让我老头儿安宁。她已经不愿意做庄稼婆，她要做个世袭的贵妇人。"金鱼回答说："别难受，去吧，上帝保佑你。"

老头儿回到老太婆那儿。他看到什么呀？一座高大的楼房。他的老太婆站在台阶上，穿着名贵的黑貂皮坎肩，头上戴着锦绣的头饰，脖子上围满珍珠，两手戴着嵌宝石的金戒指，脚上穿了双红皮靴子。勤劳的奴仆们在她面前站着，她鞭打他们，揪他们的额发。老头儿对他的老太婆说："您好，高贵的夫人！想来，这回您的心总该满足了吧。"

老太婆对他大声呵叱，派他到马棚里去干活。过了一星期，又过一星期，老太婆胡闹得更厉害，她又打发老头到金鱼那儿去。"给我滚，去对金鱼行个礼，说我不愿再做贵妇人，我要做自由自在的女皇。"

老头儿吓了一跳，恳求说："怎么啦，婆娘，你吃了疯药？你连走路、说话也不像样！你会惹得全国人笑话。"老太婆愈加冒火，她刮了丈夫一记耳光。"乡巴佬，你敢跟我顶嘴，跟我这世袭贵妇人争吵？——快滚到海边去，老实对你说，你不去，也得押你去。"

老头儿走向海边（蔚蓝的大海变得阴沉昏暗）。

他又对金鱼叫唤，金鱼向他游过来问道："你要什么呀，老爷爷？"老头儿向她行个礼回答："行行好吧，金鱼，我的老太婆又在大吵大嚷：她不愿再做贵妇人，她要做自由自在的女皇。"金鱼回答说："别难受，去吧，上帝保佑你。好吧，老太婆就会做上女皇！"

老头儿回到老太婆那里。怎么，他面前竟是皇家的宫殿，他的老太婆当了女皇，正坐在桌边用膳，大臣贵族侍候她，给她斟上外国运来的美酒。她吃着花式的糕点，周围站着威风凛凛的卫士，肩上都扛着锋利的斧头。老头儿一看——吓了一跳！连忙对老太婆行礼叩头，说道："您好，威严的女皇！好啦，这回您的心总该满足了吧。"

老太婆瞧都不瞧他一眼，吩咐把他赶跑。大臣贵族一齐奔过来，抓住老头的脖子往外推。到了门口，卫士们赶来，差点用利斧把老头砍倒。人们都嘲笑他："老糊涂，真是活该！这是给你点儿教训：往后你得安守本分！"

过了一星期，又过一星期，老太婆胡闹得更加不成话。她派了朝臣去找她的丈夫，他们找到了老头把他押来。老太婆对老头儿说："滚回去，去对金鱼行个礼。我不愿再做自由自在的女皇，我要做海上的女霸王，让我生活在海洋上，叫金鱼来侍候我，叫我随便使唤。"

老头儿不敢顶嘴，也不敢开口违拗。于是他跑到蔚蓝色的海边，看到海上起了昏暗的风暴：怒涛汹涌澎湃，不住地奔腾，喧嚷，怒吼。

老头儿对金鱼叫唤，金鱼向他游过来问道："你要什么呀，老爷爷？"老头儿向她行个礼回答："行行好吧，鱼娘娘！我把这该死的老太婆怎么办？她已经不愿再做女皇了，她要做海上的女霸王；这样，她好生活在汪洋大海，叫你亲自去侍候她，听她随便使唤。"

金鱼一句话也不说，只是尾巴在水里一划，游到深深的大海里去了。

老头儿在海边久久地等待回答，可是没有等到，他只得回去见老太婆，一看：他前面依旧是那间破泥棚，他的老太婆坐在门槛上，她前面还是那只破木盆。

第二节　内含极端倾向

> 这是最坏的时代，这是最好的时代；
>
> 这是愚蠢的时代，这是智慧的时代；
>
> 这是怀疑的时期，这是信仰的时期；
>
> 这是黑暗的季节，这是光明的季节；
>
> 这是失望之冬，这是希望之春；
>
> 人们面前一无所有，人们面前无所不有；
>
> 我们大家都在直下地狱，我们大家都在直升天堂。

以上是狄更斯的《双城记》开头的几句话，主夫把每句话两部分的前后顺序换了一下，发现更加贴合历史发展的规律，尤其符合乐观的大多数人对现实的写真和对未来的憧憬——尽管眼前可能诸事不顺，人还是应该对自己的前途抱有乐观、阳光的态度。

一、$\sqrt{2}$危机

——学术霸道内含极端倾向

公元前 5 世纪古希腊的毕达哥拉斯，是非常著名的哲学家和数学家，他创立了一个集政治、学术、宗教为一体的神秘主义派别：毕达哥拉斯学派。毕达哥拉斯提出的著名命题"万物皆数"是该学派的哲学基石。对毕达哥拉斯来说，数学的美在于有理数即整数和分数能解释一切自然现象，"一切数均可表成整数或整数之比"，成了这一学派的数学信仰。

阅读本书到这里的读者都知道，妄执级别的信仰就是让接受它的人从此放弃怀疑和反思，不再追问，坚信真理在握。在霸道的学术理论指导下的信仰使数学家毕达哥拉斯对无理数的存在视而不见，直到他的学生希帕索斯某一天提出了这样一个问题：边长为 1 的正方形，其对角线长度是多少？希帕索斯发现这个长度既不能用整数，也不能用分数表示，而只能用一种全新的数来表示。

希帕索斯的发现导致了数学史上第一个无理数 $\sqrt{2}$ 的诞生，在当时的数学界掀起了一场风暴，因为它直接动摇了毕达哥拉斯学派数学信仰的根基。打击是致命的，所以给毕达哥拉斯学派带来了巨大的恐慌，以至于在数学史上称为"第一次数学危机"。

科学容不得半点马虎，而数学堪称最严谨的科学，但是，面对如此明显的不足——其实就是错误——早已习惯了伟大、共荣、正确的毕达哥拉斯放弃了主动归中，选择了无视。是什么蒙住了他的双眼？对，是妄执，就是妄执。

妄执让人盲目自信，极度自尊，且绝不认错，而这些表现在中庸之道看来，都是内含极端倾向且（长时间）趋于极端状态的正常表现。

这里不能不提到科学史上另外一场对现代人来说非常熟悉的危机，日心说。哥白尼碍于教会的阻力，直到他生命的最后时刻，才把倾尽毕生心血的《天体运行论》交付印刷，自此日心说大白于天下。就在教会对已逝的哥白尼愤懑无奈的时候，出了个横竖不怕教会的布鲁诺，不但支持哥白尼的日心说，甚至认为宇宙根本没有中心，这简直就是和教会对着干了。

为什么教会要反对地心说之外的任何学说呢？因为地心说确定性的绝对权威不容怀疑，更不容否认。因为这不仅仅是定论，还因为这定论出自亚里士多德，更重要的是这定论被伟大的神学家托马斯·阿奎那接受和肯定，于是地球是宇宙的中心作为亚里士多德论证的结果，以及被最具权威的神学家推导出来的《圣经》的基本观点，其确定性当然不容置疑。否定地心说，意味着上帝破产，信仰破灭，意味着所有虔诚的神职人员原来不过是在自以为是，意味着无数同样虔诚的宗教信徒自始被骗，并从此将无所适从。什么样的尴尬、恐惧能与此相提并论？简直就是整个时代的不可承受之重。

如果一个霸道的学术定论背后，隐藏着与一个宗教荣辱兴亡息息相关的重大功利，一旦冒犯了这样的既得利益者，任何科学、理性，任何真理都可能首先被无视，继而被掩盖，这几乎成了既得利益者的本能反应。由此就不难理解为什么布鲁诺被施以火刑，以及为什么希帕索斯被施以水刑。

我们很熟悉宗教的两大法宝：心诚则灵和信誓旦旦，便不难理解集政治、学术、宗教为一体的毕达哥拉斯学派，也离不开类似的洗脑术，离不开誓言的束缚，这些内含极端倾向的做法自始就有违中庸之道，在一定的环境条件下很自然就会走向极端，任何不同看法都会被视为异端邪说。当那个被誓言约束的信仰走向妄执，就会让人放弃理性，甚至违背常识，一旦缴械皈依，便不惜用任何手段排斥异己。

至此就不难理解数学家毕达哥拉斯对无理数居然选择了闭目塞听的同时，作为一个非常喜爱学生的教师，为什么居然会放任，也可能是纵容，还可能是亲自下令把自己的学生希帕索斯推进大海。当内含极端倾向趋于极端状态的时候，妄执不仅可以让人失去正常状态下起码的人性而不自知，恰恰相反，还会让这个人觉得理应如此。

因为内含极端倾向而暂时有违中庸之道并不可怕，很多时候这其实是常见现象，但内含极端倾向而不识中庸之道，拒不时中，假以时日，一旦走向极端，作为教会不可能承认日心说，作为毕达哥拉斯也不可能承认无理数的存在，学术霸道的结果是拒不时中，而被动归中的后果往往是血腥的、灾难性的。

二、王安石变法

北宋神宗即位不久，针对列强虎视眈眈的国际环境和饱受"三冗"（冗兵冗官冗费）困扰的国内局面，王安石在得到皇帝的重用后，马上提出"立国大本首在理财"这一经过他深思熟虑的思想，并辅之以《富国法六条》，可以说是既有想法，又有办法，更重要的是得到了宋神宗的信任和全力支持，所以，虽然有以司马光、苏轼等为代表的保守派的极力反对，王安石还是发动了一场轰轰烈烈的变法改革，但是，事情不出司马光的预料，果然虎头蛇尾。

为什么会是这样的结果呢？

自宋至今，举凡提起王安石变法，几乎都是各执一词，毁誉参半，而在当时更是如此，但是与许多人认为王安石变法属于沽名钓誉、刚愎自用的肤浅看法相比较，反对派的领袖司马光的态度始终不失光明磊落。他不仅"帮"自己的对头分析了变法必然失败的许多原因，对王安石"不明事理"的评价显得尤为到位。

王安石变法失败的原因很多，现从中庸之道的角度进行解读，尝试剖析王安石变法失败的主要原因。

1. 大有为国策内含极端倾向，事急经常成功，事缓难免失败

王安石的《富国法六条》并非一时兴起，而是因为他本人有丰富的实操经验。早在鄞县知县任上时，王安石注意到农民在春天粮食青黄不接的时候，会用地里的青苗做担保借高利贷，一旦遇到自然灾害歉收，就只好卖地还贷，土地兼并由此恶化，所以他试着在鄞县范围

内推行政府贷款的方法，以较低利息把谷物籽种或金钱借给农民，使农民免受高利贷盘剥，同时增加了政府收入。这成了后来《富国法六条》第三条"青苗法"的来由，所以在司马光指责他变相增加农民负担的时候，王安石自信满满地答道："不必加赋，自增国用，才算是理财好手。"这话在王安石来说，可谓言之有据，并非妄说。

王安石能够在九百多年前就开始使用信用借贷的方式扶助经济，在不增加农民税赋的情况下增加财政收入，他的新政具有浓厚的金融调控色彩。采用这种方式扶助农民，治国理财，远远超越了同时代人的想象力，当然也远远超越了他的反对派的想象力。

封建社会的历史实践反复证明的一个现象就是无为行政能够做到与民生息，有为行政能够做到富国强兵，但是，长时间无为必生内忧外患，而欲行有为的国策，尤其是想长时间实行大有为的国策，在专制体制下，容易出现的两种结果是——要么引起官僚体系的消极抵触不作为，要么滋生大面积严重的贪污腐败。这是无为和有为各自所内含极端倾向会导致的正常结果，而这些显然是王安石始料不及的。专制的强权高压的特点在于高效率，可以在短时间内集中力量办大事，于是短期速效之事经常会成功，但是如果时日延长，则会横生枝节，负面因素累积且难以克服，直至局面失控，所以说事急经常成功，事缓难免失败。

而王安石变法恰恰是一项典型的大有为，且必须持之以恒的国策。

中和儒学的中庸之道以居一执两时中的理念为人处世，不仅从空间的角度看待事物的发展变化，而且时刻不忘时间在事物的发展变化过程中所起的重要作用，所以请注意上面的表述——从有为，到大有为；从大有为，到长时间实行大有为。其中的有为、大有为相当于空间要素，而"长时间"是时间要素。前者求空间大，后者求时间长，极端倾向内含其中，也就是说，这二个要素的程度不同，所达到的结果就会不同，就会大不同。

理想主义者常常忽略时间这个要素，而事物发展变化过程中的所有细节，也就是唯物辩证法强调的从量变到质变的过程，都要由时间承载，并且都会随着时间的变化，发生从少到多的变化。

2. 前提不满足或不相容，任何理想都是空想

一件事的成功通常需要满足三个前提条件：想法、办法和合适的人。

如果没有合适的办法，就说明没有可操作性，无从下手，再好的想法都不可能实现，都是白日做梦。

如果没有合适的人，意味着再好的想法都无法贯彻落实，同样没有可操作性。

王安石变法，有想法，有办法，三个前提满足了二个，但是没有合适的人。

《富国法六条》制定出来之后，能否收到预期的效果，完全仰仗当时的各级官僚机构。王安石的新政局限于旧有的经验，而他的"鄞县经验"显然无法在全国推广。当年在鄞县，王知县不仅本人奋发图强，而且完全有能力管好县里所有的公务员，使行之有效的一整套办法得以落到实处，使自己的想法或者叫理想变成了现实，得到了当地老百姓的交口称赞。

当王知县成了王宰相，当新政在全国范围内推行时，王安石已经不可能像当年在鄞县那样巨细无遗亲力亲为了，他的变法必须依靠各级官吏逐级实施。在专制体制下，层层官员只唯上不唯实，与费力不讨好的惠民工程相比，他们更喜欢干政绩工程、面子工程，也就是说，当年王知县勇敢创新并取得成功的经验，属于偶然、个例，鄞县经验不可复制，所以不可推广，扶贫变成了扰贫，竟至官民共怨。

变法图强是王安石的理想，官僚的普遍理想却是"千里做官只为财"和"三年清知府，十万

雪花银"。他们的理想和王宰相并不相容。在相当一部分知府、知县和如狼似虎的官差衙役的眼里，任何可以动用权力、设置门槛的政策都等同于个人捞取好处的机会，而王安石变法正好给了他们层层加码、盘剥百姓的大好机会。

于是青苗法很快变成了一种官府垄断的高利贷，手续繁复横生勒索，而按照放贷多少考察政绩，又驱使地方官硬性摊派，好端端的惠农政策，硬是变成了奉旨贷款，不贷不行。王安石变法"不必加赋，自增国用"本是利国利民的美好理想，因为缺乏可操作性，在推广过程中走了样变了质。

还有市易法和均输法，都有立足于平抑物价、抑制大商人重利盘剥的良好初衷，结果在实际操作中变成了国家垄断市场、货源、价格，甚至批发与零售都被政府官员所操纵，造成官吏借机大肆贪腐，中饱私囊，严重打击了城市居民特别是工商业者的生计。正因为如此，后人在评判王安石变法的时候，甚至给他扣上了祸国殃民的大帽子。

难能可贵的是宋神宗在变法的过程中始终力挺王安石，无疑是典型的居一执一用一，甚至不惜放任他排斥异己——这里特指与政敌司马光、苏轼的"恩怨"，好在王安石不是什么奸邪佞臣，而是充满理想和抱负的名副其实的政治家。君臣二人从充满希望和信心满满的起点出发，励精图治，一路不畏艰难困苦，磕磕绊绊跌跌撞撞来到了一个出乎预料，让人心灰意冷、有苦难言的终点，亲历了一场失败的改革。

司马光在理财方面比不上王安石想法多，但是他却深谙专制帝国的命门所在——官僚机构不堪大用。在专制体制下，无为难，有为也难，大有为，更难，长时间大有为，尤其难。

在熟知历史、通权达变的司马光眼里，权力是一条忠犬，只忠于它的主人。专制体制内官员的权力都来自上级，顶级权力来自武选，权力出自枪杆子、刀把子，而不是出自百姓。百姓不是权力的主人，权力自然不可能像忠犬那样全心全意为百姓服务，所以这样的政治体制唯亲唯上不唯实，各级官员在老百姓面前官威凛然，面如凝蜡，不苟言笑，只有这样才能和群众拉开距离，避免让自己陷入永无止境的琐碎民生问题。他们终身混迹仕途，蝇营狗苟，碌碌无为，一旦大权独揽便独霸一方，弄权舞弊。

司马光何尝不明白国家面临的诸多问题，但他更倾向于无为而治，他对任何"大有为"政治理想的抵触几乎出自本能，因为他明知道"青苗法"必然变成"奉旨贷款"，但是其心可鉴，其理难言，面对打了鸡血一样的王安石，尤其是王安石背后那位"年轻有为"的君主，"不明事理"其实就是有违中庸的同义词，而本书的读者都知道，短时间有违中庸不一定错，若是长时间有违中庸，就一定是错。

对司马光来说，更愿意尽心尽力塑造一代英明君王，为此他不惜倾尽全力打造鸿篇巨制《资治通鉴》，而不会为了理财，让政府过度作为，以大有为的变法之名，行与民争利之实。

中和儒学认为做任何一件事情能否成功，需要从三个方面进行衡量——前提满足，时机合适，时间足够。

除了新皇即位欲行大有为之政可以算是"时机合适"，通过以上分析不难看出，"时间足够"是王安石变法难以满足的，再就"前提满足"这个方面讲，王安石变法不是败在了他的反对派司马光、苏轼的手上，他们的"对立"就像卢梭和伏尔泰的"势不两立"一样，是任何政府都存在的左派和右派的正常分歧，丝毫不影响他们各自在历史上的正大形象。王安石变法也不是坏在了见风使舵的吕惠卿和事事奉迎的曾布手上，他们不过是擅长专营，见风使舵的政客，任何政府任何时候的任何一个部门都不乏其人。王安石变法的失败是因为没有"合适的人"，不是因为吕、曾不合适，是因为专制体制下的整个官僚体制，不适合长时间操作他的大有为的、全心全意为百姓服务的变法方案，而这作为一个大前提，也就是成事的必要条件却得不到满足，其实也不可能得到满足，注定了王安石变法的失败。

可惜王安石纵有经天纬地之才，瘸腿的理想也难免沦为空想，好心干了"坏事"，司马光说他"不明事理"，难道不是很到位吗？

三、安得广厦千万间

近代以来，曾经有几十年时间，劳动人民的地位得到了史无前例的提高。

这首先体现在政治地位上。农民尤其是世代的贫农和下中农，工人尤其是祖传的工人，论血统都是最可靠的"出身"，论立场都是最具优势的"成分"。而过去传统的优势人群，比如地主资本家尤其是大地主大资本家，以及为他们代言的官僚阶层，则统统被"打翻在地，再踏上一只脚"并"永世不得翻身"，丧尽了原有的政治优势，甚至丧失了起码应有的政治权利。

其次体现在经济地位上。一是农民人人都有土地，真正实现了"耕者有其田"；二是工人都有稳定的工作和稳定的收入，这工作和收入稳定到可以"世袭"的地步，因为每个工人都是工厂的主人，所以这样的工作被形象地称为"铁饭碗"。

"耕者有其田"和"铁饭碗"在偌大范围内真正得以全面实现，前所未有，是值得大书特书的两件大事。历史上对这样的事情从来不乏理论的憧憬和实践的追求，充满了革命主义和理想主义色彩，但在人类的历史上，这样的事情真的在许多国家全面兑现还是第一次。

也许有人对20世纪的中国曾经实现的"耕者有其田"，尤其是对"世袭工人"觉得无法理解甚至不可思议，那就不妨设问，有谁见过哪个公司或工厂的老板被解雇或开除了？或者不允许他的子女继承他的股份？老板的饭碗和公司的寿命一样长，而"世袭工人"的饭碗原则上比老板饭碗的寿命还要长。因为国家实行的是公有制，每一个工人原则上都是工厂的主人，国家政权就是他饭碗的保障，所以才叫作"铁饭碗"，碗里满满的都是发自内心的优越感和自豪感。

随着公有制的改革，国有的说法取代了公有，而大量国有资产以各种形式"流失"了。一部分是被或快或慢甩掉的缺乏市场竞争力的低效率资产,一部分是被或明或暗的形形色色的贪腐吞噬了,比较能够看明白的是那部分实行股份化改造之后的国有资产,通过市场化手段,相对公平地、心平气和地转让给了个人。与当初革命者的轰轰烈烈形成了鲜明的对比,他们不惜"抛头颅、洒热血"夺取了地主、资本家的私有财产,并建立了理想中的公有制,经过几十年的"试错",经过理想与现实的反复磨合,那些以前从个人手里夺过来的财产,大部分又都还给了个人,当然财产已经不是原来的财产,人也不是原来的人。尽管斗转星移物是人非,但毕竟又有一部分人成了新的地主,成了新的资本家。主夫真正想说的是,革命者的血并没有白流,他们用自己的无私,包括用自己的生命证明了,那个人类历史有多久远几乎就可追溯多久远的理想,因为内含极端倾向,而有违中庸之道。

明确地宣称自己作为以工人农民为主的劳动人民的代表,并在劳动人民的鼎力支持下"夺取"(此处特指武选)了政权的那个党,毫无疑问是一个伟大的党,同时更加毫无疑问,是一个高尚的党,它理所当然地肩负起了带领劳动人民过上幸福生活的艰巨而光荣的历史使命。

完成这个历史使命的衡量标准,就是看劳动人民能否从此苦尽甘来,彻底摆脱苦难的生活。

目标是过上幸福生活,具体做法不外乎两种。

第一种做法,让劳动人民都成为中产阶级。

让他们都成为资产阶级显然不可能,因为那样的话,就没有劳动力了。但是都成为中产阶级也不行,因为中产阶级既要受资产阶级的"剥削和压迫",又有可能对处于他们下端的无产阶级造成"剥削和压迫",这是绝对不允许的,更何况资产阶级,甚至包括小资产阶级"理论上"讲都是不允许存在或最终都要被消灭的,因为他们的存在就表示剥削的存在,也就表示革命的不彻底。

显然,第一种做法行不通。

第二种做法,提高"最大多数劳动人民"的政治地位。虽然非常不容易做到,但在那个伟大的充满激情的时代却不折不扣地做到了。"耕者有其田"和"世袭工人"就是这种政治地位最直接的体现，只是劳动人民仍须劳动的现实却是谁都无法改变的，更何况对坚决反对"剥削和压迫"的政权来讲，不劳而获自始至终都是非分之想。

那么，"耕者有其田"和"世袭工人"会带来幸福生活吗？

古往今来尤其是近代，东西方很多贤哲在这方面反复做过不知多少推理、论证，他们著书立说去伪存真，他们言之凿凿信誓旦旦，他们的结论都趋向于认为甚至都坚定地认为——会，一定会！

他们之中有人为了这样的美好理想不惜散尽家财做实验，并且取得了非常好的效果，但是如果跳出理想主义情怀，从执两时中的角度俯视当年那些行为——那些无论当时还是现在都堪称高尚的行为，比较客观的结论应该是这样的：在非常有限的实验范围内，和非常短的时间内，取得了非常好的效果。用王安石变法失败的例子类比就是——王知县的成功经验在王宰相那里行不通。

理论支持，实验结果支持，如果推而广之，大范围、长时间，会是什么情况呢？

当事实来临，当人类历经数千万年的发展，终于迎来这样的时刻，当几乎半个地球占人类半数的人都"耕者有其田"或成为"世袭工人"的时代真的来临的时候，时间承载的那段实践及其结果如下。

过去是剥削阶级吃肉，劳动人民喝稀粥，现在劳动人民当家做主了，是不是也可以吃肉了？

答案是：不可能。

因为劳动人民真的是"绝大多数"，根本没那么多肉。

怎么办？

办法只有一个——大家都喝稀粥。

喝稀粥也要有喝稀粥的规矩，不能随便喝。因为不仅稀粥有稠稀，人的肚量更是有大小，年龄有老少，工作有轻重，总之，稀粥与稀粥的差别，再加上人与人的差别，真是千差万别，就那么一锅粥，既要人人都吃饱，又要人人都吃好，也就是要让人人都满意，可能吗？显然不可能。

"按需分配"用于纸上谈兵可以头头是道，用于鼓舞人心不失为一种美好的理想，但实际操作起来才知道，这是一个无限复杂的问题，神见亦愁。

那该怎么办呢？非要办，也好办。有一种雷厉风行行之有效的做法叫作"一刀切"——相同年龄段的，相同工种、相同性别的人，待遇标准一概相同。这就是定额，就是发相同的工资，口粮和其他所有消费品的供应也一律相同。实践证明，没有比这更好的办法。为此党已经绞尽脑汁了，政府已经反反复复地统筹兼顾了，计划来计划去的结果发现，公有体制下，只有平均主义最有效，问题最少，而且分得越平均问题越少。

时间一长，问题还是出来了。

第一类问题，平均的定额普遍偏低，肚量小的人能吃饱，肚量大的人吃不饱，怎么办？——教导他们学会发扬艰苦朴素、勤俭节约的精神，就是要懂得忍饥挨饿且任劳任怨。

如果他们忍不住，就要经常帮他们回忆一下在旧社会当牛做马的苦难，这叫忆苦思甜，或者告诉他们这个世界上还有多少人没有解放，他们那里饿死人都不稀罕……办法很多，总之，要让这部分人找到饿着并幸福着的那种感觉，也就是充分发挥信仰的力量。

第二类问题，工作卖力、干活多、贡献大的人，想多吃点，或者需要多吃点，或者应该多吃点，怎么办？告诉他们，不行。

虽然明明知道这部分人从来都是社会发展和进步的生力军，但是不能因为他们有能力、干活多、贡献大就让他们特殊化，因为山外有山，人外有人，强中更有强中手。物质利益对人的诱惑何其大，特殊化一旦形成风气，这些人就不仅是多吃点的问题了。强者多吃点，再强的就该给额外的奖励，更强的呢？是不是很快就会超越平均而富裕起来并越来越富？

日久天长，刚刚被打倒的地主资本家不就又都卷土重来了吗？

　　前所未有的事物会向何处发展，左右两派各执一词，免不了打嘴仗，但是结论出来之前，他们都有足够的理由和自信，谁也不可能说服谁，一切都要靠时间，不妨交给时间，其实是必须交给时间——**实践是检验真理的唯一标准，而时间是所有实践的载体。**

　　时间一长，问题出来了——干多干少一个样，干和不干一个样。

　　时间一长，结果出来了——"广厦千万间"难得，"寒士俱欢颜"①更难得。

　　美好的初衷，变成现实其实并没有多久，为什么会出现这种状况呢？

　　实践证明在公有制下，尤其是在抑制直至消灭了阶级差别的极端公有制下，平均主义的制度化是一条必由之路，这种制度越是严密，平均主义就越是被极端化。无论人事还是自然，任何极端状态（长时间）的存在，不是失于"过"，就必是失于"不及"，**而任何极端状态都因有违中庸之道而难以持久。**

　　社会下层的劳动人民，在人类文明的初级阶段，在阶级对立严重的时候，他们都是处于"被剥削和压迫"地位的弱势阶级。他们在政治上是否与其他阶级平等，经济上能得到何种程度的同情、关怀和帮助，是衡量人类文明成熟与否的重要标准，因为劳动人民始终占人类的大多数，他们的幸福才称得上是人类的幸福。

　　但是，如果劳动人民的幸福是通过抑制甚至消灭阶级差别，让大家都喝稀粥谁都别吃肉来实现，这实在不是一个好办法，既往的事实，殷鉴不远。人为地抑制甚至消灭阶级差别，让所有人既不能"向前看"，

---

　　① 语出杜甫《茅屋为秋风所破歌》，"安得广厦千万间，大庇天下寒士俱欢颜！风雨不动安如山。呜呼！何时眼前突兀见此屋，吾庐独破受冻死亦足！"这几句成为千古流传脍炙人口的名句。伟大的现实主义诗人面对基本生活的困窘，却产生了如此超越现实的浪漫主义遐想，尽管如此，诗人却能坚定抱持先人后己的态度，可谓蔑视物质贫困，心灵就地升华，与"先天下之忧而忧，后天下之乐而乐"不相伯仲，作为一种忧国忧民的士大夫精神，都远远超出了现实主义的范畴，而入了理想主义的境界。

更不能"向上看",而只能"向齐看",除了劳动竞赛和无私奉献,其他方面不允许有任何攀比。这样一来,"亚丛林法则"是"彻底"失效了,弱肉强食的现象是"彻底"消失了,但事情却走向了另一个极端——**强肉弱食**,即弱者剥削和压迫强者。

实践是检验真理的唯一标准,而时间是一切实践的载体。实践和时间,是人类通过不断地试错而求索真理的两大要素。

如果奉行弱肉强食的"亚丛林法则",强者就不会对"朱门酒肉臭,路有冻死骨"这种现象有同情和愧疚;但是如果奉行强肉弱食的平均主义,奋斗的人越来越少,艰苦的人越来越多也就不足为奇了。

经过漫长的历史和反复的试错,实践证明,弱肉强食的"自由"和强肉弱食的"平均"不是失之于"过",就是失之于"不及",因而有违中庸之道,都不符合和谐社会的发展方向。

第三节 恪守中庸之道

一、去伪存真

同情心是道德的起点和道德联想的依据,孟子称之为:"老吾老以及人之老,幼吾幼以及人之幼"。

如果说美德是对一个人、一个集体的肯定和赞誉,那么缺德的意思正好相反,是否定和谴责。缺德有故意和无意的区别。故意缺德是指触犯某种明知的道德禁忌,无意缺德是指一个人不具备应有的道德联想,并因此而不符合或缺乏当时当地普遍公认的道德。这里的"当时当地",意在强调道德有客观存在的、巨大的时空差异,为此《礼记·曲礼上》特别强调要"入境而问禁,入国而问俗,入门而问讳"。道德需要榜样示范,也就是需要身份特殊的人模范遵守,比如公务员和纳税人相比身份特殊,公众人物和普通人相比身份特殊,领袖人物和群众相比身份特殊等。道德对这些身份特殊的人有较高的要求,这种现象一直都是客观存在的。

在法治社会，缺德不等于违法，但是无论任何社会，缺德都会付出相当的代价却是不争的事实。缺德的人会因为自己的言行受到舆论的指摘，严重的时候会造成社交障碍——没人和他交朋友，没人和他做生意，甚至没人愿意雇佣他。声名狼藉、臭名昭著都是在说缺德的人。如果某种"缺德"行为没有受到明显惩戒，说明所缺乏的道德不是程度轻微，就是没有约束力，或者本身已经是不合时宜的陈规陋习，正待革新改变，以期移风易俗。

有一种普遍存在但不易辨识的故意缺德，可以称作隐性缺德，表现为用高标准衡量别人，对自己降格以求。孔子最为著名的观点之一"己所不欲，勿施于人"，就是敲打这些人的。这些人是把道德当成道具的演技派，一脸道貌岸然好像君子，满口仁义礼智口不对心，他们主动挑剔、指责、攻击别人或然两可的道德缺失，从中得到自己原本没有资格享受的尊敬和道德优越感。还有少数人利用别人的道德修养强人所难，甚至进行道德绑架而从中牟取私利，这不仅是缺德，更是丑恶。

道德的力量如此强大，所以不可或缺。"为朋友两肋插刀""路见不平，拔刀相助"对任何人来说都是内含极端倾向并趋于极端状态的要求，但在没有安全保障的乱世却是很有必要，因此成为备受敬重的道德表现，其本质是人与人之间在以生命互相担保。这种做法显然有悖于法治精神，所以不见容于法治社会。在正常的社会秩序下，个人信用、社会保障可以带给人足够的安全感，并且相对于历来被人们推崇备至，现实中却时常见其虚伪的恩义报答和侠义精神，建立在律法基础上的道德因为具备可操作性，而更加可靠。

尽管如此，无论过去还是现在，有一点是共同的，就是在不存在依赖关系，特别是在经济相互独立的人之间，如果没有"足够的"必要，不可轻易以己度人，滥施乱用"同情心"。你不一定理解有人为什么雨中痛哭、深夜叹息；你不一定理解青年的压抑，中年的迷茫，老年的无助；你不一定知道对面那人笑意吟吟的背后，有多少不可承受之重。人们用美好的一面示人，把巨大的压力留给自己默默承受——可能是为了勉力维护人格的独立，也可能是为了不可推卸的责任，总之，超乎局外人想象的可能性不一而足。包括你我在内的人都发自内心喜欢成为一个独立自主、乐观豁达的人，哪怕始终一事无成，这种追求却历久弥坚几近信仰，这就是为什么那些曾经沧海的人，笑容更加从容、淡定，面对压力和问题，他们需要的也许仅仅是时间。你可以做善意的理解或提供必要的帮助，但是作为局外人，如果你一时无法接受他们，应该先检讨自己的价值观是不是内含极端倾向，是不是已经趋于极端状态了。如果你一时无法理解他们，刻意做到不妄断，就是美德。

虽然以上说的都是人与人之间的关系，但是任何集体、国家都是由人组成的，所以以小见大，在不同的集体之间，甚至在不同的国家之间的关系也概莫如此，本质上都是人际关系，有时更务实一些，或者更理想一些，如此而已。

二、大忠似奸

世事自然，无好无坏，所有好坏，皆由人心。世事经过人心才有了好坏，这样的世事其实已成人事。人以私心度量世事，世事便被人的私心划分出了好坏；人以私心度量他人，他人便被这人的私心划分出了好坏；这人与他人如果彼此各怀私心，度量好坏便难免更加偏颇，逢利害冲突则私心泛滥，趋利避害以邻为壑，防不胜防又不得不防。如此这般多一次反复，私心便多一层包裹，次次反复层层包裹，人心便显得幽深，直至深不可测。鹬蚌纠缠下的人事也因此显得扑朔迷离好坏难分，作茧自缚的感觉实在让人困惑难受，于是古往今来，人为了破茧成蝶走出困境，或者虔心求神拜佛，或者反复扪心自问。对于这种大是大非的问题，中和儒学当然无法回避，本书也做了深度探讨，具体请回看本书第二章第二节"俯视"的相关内容。

人事有好坏却不可一概而论，为什么？因为人分为各自内含极端倾向，但方向从不完全相同到完全相反的各种派别，所以任何好坏都会因时因地因人而异。万众一心众志成城虽然并不鲜见，究其本质却都是短时间内的极端表现，仁者见仁智者见智才是人事的常态，所以绝大多数时候对一个特定人事的好坏标准通常都难以绝对统一，而"绝对统一"的时候，往往意味着该派别认定的好坏所内含的极端倾向已经（长时间）趋于极端状态，会激活其他派别的反对直至敌对。敌对状态下对好坏的重要评判标准之一就是，对敌人坏的就是好的，对敌人好的就是坏的，这样的标准合理吗？合理，但仅限于极端状态。当敌人被消灭、认输，或双方各退一步化敌为友，也就是经过被动归中或主动归中，极端状态趋于缓和之后，人们会采用另一套内容与极端状态不完全相同，甚至完全不同的适用于平和时期的、"合理"的好坏标准，这样的标准与以前相比在不同的派别，或者说在立场不同的人看来或有"倒退"，亦属正常，因为真正有进无退、一往无前的只有时间，只有时间不可倒流。

一时成功并不说明真理在握，还必须接受时间检验。载着满车乘客一路前行，如果发现前路凶险九死一生，只要不是因为趋于极端状态而心陷妄执的驾驶员，很正常的做法是换成倒挡退回来，再选坦途，向着目的地重新出发。虽然这么做有时会多跑许多冤枉路，但这种"开倒车"是主动归中正常的技术动作，是恪守中庸之道的具体表现。

如果把人类文明的发展比作行进在路上的一辆车，在面临两难尤其是前途遇阻的时候，经常会听到代表"正义"的人在高声断喝：历史绝不允许开倒车！真不知道他们对人类历史上屡见不鲜的文明（大）倒退如何能够做到视而不见？并且不同于主动归中的"开倒车"，被动归中的事情每天都在现实世界许多地方潜滋暗长，不断发生、发展，人类社会不仅要面对有人倒行逆施的现实性，还必须面对终极武器毁灭文明的可能性，而解决这些危机的根本出路就是构建和谐社会，也就是说，未来社会走向和谐既是人类文明发展的必由之路，也是大势所趋，没有哪个人、哪个国家可以阻挡，同时，也离不开有此共识和理想的人和国家的有意引领，世界需要这样的带路大哥，世界呼唤这样的带路大哥，从未稍息，或有"倒退"，亦属正常。

在以构建人类命运共同体为手段，以建设和谐社会为目标的"先进国家"内部，离不开一大批有此理想的人。而这些"先进分子"的领袖所能发挥的作用更是至关重要，不仅哥斯达黎加需要费雷尔（关于费雷尔的故事见本书第二章第四节），任何国家都需要这样的政治家，任何国家都在呼唤这样的政治家。在构建人类命运共同体并逐渐迈向和谐社会的过程中，这样的政治家注定要承受艰难困苦和各种猜忌，默默负重前行。商鞅对秦孝公说："论至德者不和于俗，成大功者不谋于众。"这里肯定有权谋野心的成分，但可以更加肯定的是商鞅这句话的意思绝非权谋野心可以概括，"费雷尔的 18 个月"是这样，"周公恐惧流言日，王莽谦恭未篡时"也是这样。是有理想有情怀、胸怀大志腹有良谋的政治家，还仅仅是贪权恋位的政客，甚至是胡作非为、不惜开历史倒车的暴君，不仅需要时间验证，有时只有时间能给出答案，因为实践是检验真理的唯一标准，而时间是所有实践的载体。

时间将承载所有人的所有实践活动，其中有来自本派坚定的支持，有中间派半信半疑的猜忌观望，当然，也少不了来自反对派的各种反对乃至敌对。如果说权谋和手段是一个政客既不可或缺又无法示人的阴谋，那么远大的理想和博大的胸怀就是一个政治家的阳谋，而对于那些寥若晨星的伟大政治家，则还要懂得恪守中庸之道，时刻不忘主动归中，方能做到张弛有度，胜券在握。

三、向左走向右走

西奥多·罗斯福的独特个性和改革政策，使他当之无愧地成为美国历史上的伟大总统之一。他在总统任期内，对内建立资源保护政策，保护了森林、矿产、石油等资源；建立公平交易法案，推动劳资和解。对外奉行门罗主义，实行扩张政策，建设强大军队，干涉美洲事务。

如果罗斯福的政绩仅仅到此为止，那他的政治生涯也不过是政客级别的，但事实上罗斯福不仅是一个政治家级别的总统，而且是一个名副其实的伟大的政治家。因为西奥多·罗斯福发动了"进步主义"运动，主张用联邦政府的权力对现行秩序加以改革，主动归中，使美国社会重新走向和谐，把反垄断作为改革的主要内容。

他说："有人错误地认为，一切人权同利润相比都是次要的。现在，这样的人必须给那些维护人类福利的人民让步了。每个人拥有的财产都要服从社会的整体权利，按公共福利的要求来规定使用到什么程度。"

在这一理念的指导下，西奥多·罗斯福开始反垄断斗争，他把矛头指向摩根的铁路控股公司——北方证券公司，对它提出起诉。他又强迫一个煤矿接受政府对罢工的调解，这是联邦政府第一次支持有组织的罢工。西奥多·罗斯福的这些行动得到了人民的称道，他因此获得了"托拉斯爆破手"的美名，但他也遭到了保守派的攻击，大骂他是该死的牛仔，华尔街因他的"堕落"而目瞪口呆。

1. 这里的"在这一理念的指导下"是很关键的，因为罗斯福的"理念"不是简单的一句"有人错误地认为……"所能概括的，而是一个理论体系。在这个理论体系的支持下，可以游说国会通过一系列法律，这样才有可能成为"托拉斯爆破手"。尽管如此，从这句简短但观点非常鲜明的话中，不难看出"私有财产神圣不可侵犯"这一内含极端倾向并已经给当时的资本主义社会发展造成巨大阻碍的观念，在资本主义彻底碰壁之前算是走到尽头了，这是老罗斯福的伟大功勋，他的这一时中的改革措施可以形象地比喻为"开着右转向向左走"。

2. 有人"开着右转向向左走"，就有人"开着左转向向右走"。

中国改革开放之初，邓小平先生以崇高的个人威望倡导解放思想，意在绕开既得利益群体，搁置理论上那些妄执已久而暂时解不开的"死结"，刻意回避与教条主义甚至信仰极端化的纠缠，达到经济体制改革先行一步的目的。按照"经济基础决定上层建筑"的观点，经济体制的改革一旦完成，上层建筑的改革只是时间和时机的问题。

1962 年，邓小平曾经借用四川农村俗语"黄猫、黑猫，只要捉住老鼠就是好猫"，来表述他对恢复农业生产和包产到户的态度，1992 年在"南方谈话"中邓小平又重提"猫论"，并提出了"韬光养晦，有所作为"的指导思想，前后一脉相承的核心就是发展、快发展、快快发展。虽然这种埋头苦干、大干快上的思想在现实中造成了许多问题——发展不仅可以造成问题，还可以掩盖许多问题，其中包括非常严重的问题——但谋发展就不能怕问题，更何况只有发展才有可能增强解决问题的能力。在合适的时候如果不抓紧时间大力、高速发展，而是踟蹰不前，坐失良机，那么中国这个近代以来远远落后于西方的庞然大国面对的问题将更加棘手，甚至会导致被动归中，造成灾难性后果，苏联的解体就是活生生的例子。

"猫论"的提出意在拨乱反正，从极端的理想主义向必要的实用主义靠拢，主动归中，在特殊的历史时期起到了扭转乾坤的作用。

叶戈尔·盖达尔的"休克疗法"①施猛药于弱体，从一个极端走向另一个极端，就是因为只知一分为二，不知一生为三，只知你死我活，不知居一执两时中，与邓小平的老成谋国相比，显然缺乏政治技术含量。

3. 为了挽救被极右势力摧残的社会，老罗斯福选择向左走，这就叫时中，即主动归中，表面看方向是向左的，但绝不等于老罗斯福是左派，或是已经变成了左派。

邓小平之向右走亦然，绝不等于邓小平是右派，或是已经变成了右派，这些改革措施都是杰出的政治家对中庸之道之"居一执两时中"的正确理解和实际运用。

---

① 1992年6月至12月，三十六岁的叶戈尔·盖达尔担任俄罗斯代总理，竭力推行以"休克疗法"为主的激进的经济改革。"休克疗法"是20世纪80年代中期由美国经济学家杰弗里·萨克斯提出的，主要内容是经济自由化、私有化和稳定化，产生的强大冲击力在短期内会对社会经济造成巨大震荡，甚至会出现类似人体"休克"的状态，故得此名。萨克斯的"休克疗法"在解决玻利维亚经济危机的时候取得了巨大的成功，这让正在困境中艰难挣扎的俄罗斯和东欧各国看到了希望，纷纷群起而效仿，但是结果却很不尽如人意，甚至可以说是非常糟糕，成了又一个因为照搬照抄、无脑模仿而失败的案例。

四、相反相成

——三权分立暗合中庸之道

没有法律作为依据，政治就只剩下手腕了。人们把高明的政治手腕称为政治艺术，而所有经得起时间检验的法律可以说都是政治艺术的技术性沉淀，换言之，任何一个理想、信仰、主义的实现，其中的主要内容是如何满足，尤其是如何平衡信徒们的眼前利益和长远利益，如果真的切实可行，当然应该能够转化为政治技术，具体而言就是形成具备现实可操作性的各种级别的法律，而长时间大量立法的积累以及不断变革的结果，就形成了政治文明。

比如"三权分立"就是政治艺术技术化的典型事例。富兰克林曾经不无担心地说，我们知道第一个总统会是个好人，可是谁知道后面会选出什么家伙来呢？历史事实证明，如果民主制度的设计有所差异尤其是有所欠缺，那么选民可以选出富兰克林·罗斯福，也可以选出阿道夫·希特勒，出于这种担忧，1787 年的费城制宪会议对美国政体进行了"三权分立"的设计，即立法、行政、司法三权各自独立，相互平等，相互制约。这个成就首先表现为在选用公务员，尤其是在选用高级公务员的时候优中选秀，使"能者上庸者下"不只是美好愿望，而是有一套足具可操作性的办法，这让当权政治家的个人威望很难发展成个人崇拜，更不可能形成专制独裁。其次，从很大程度上消除了政客们任意玩弄政治手腕的可能性，最大限度克服了公务员，尤其是高级公务员工作中的随意性、情绪性，在避免行政不作为的同时，还可以在很大程度上有效抑制政治腐败。

公共权力设置、行使和监督的方案设计，一直是非常复杂的政治技术。一个权力架构的设计和实施是否因地制宜行之有效，不在于一时一事的胜负，在于能否长期保障中产阶级通道的畅通。

每一个成功的设计方案，莫不符合居一执两时中，而每一个失败的设计方案，必然是有违中庸之道的居一执一用一。

拿国家最高权力行使方案的设计来说，居一指的就是这个最高权力。专制独裁者以帝王名义居一，他行使的最高权力来自暴力集权；民主国家以总统名义居一，他行使的最高权力来自选民权利的自愿让渡。

专制独裁体制下，帝王至高无上的居一地位至死不渝不可动摇，因此必然系国家盛衰兴亡于一身，这就意味着帝王是否英明至关重要。英明的帝王，心怀天下高瞻远瞩能力卓越，无私无畏兢兢业业任劳任怨，他的信仰和理想值得所有人追随，他的言行和举止是整个国家率先垂范的楷模。这样的帝王在柏拉图那里叫哲学王，孔孟则称之为先王。但是，通观整个家天下的专制时代，英明帝王世所罕见，百年不遇，偶然一见，必有盛世相伴，至于有连续两任以上的英明帝王，更是几百年难得一见。正因如此，试图造就出英明帝王的帝王术层出不穷并始终都能大行其道，但从来没有什么法术足以造就出英明的帝王。

从先秦管仲的《管子》，韩非的《韩非子》，到中世纪后期意大利马基雅维利的《君主论》，从董仲舒到圣奥古斯丁，自古及今，每一个思想家、政治家对帝王术都有自己的妙招高论，每一个帝王的成败都是对帝王术的一次检验。

帝王术到底是什么？

泛泛而论，可以说帝王术无所不包，但是帝王术的核心，不外乎居一执两时中。

检讨失败的帝王及其帝王生涯，其帝王术必定倾向于执一用一。所谓昏君，表面上差不多都是奸臣当道欺君罔上，实际上是这个帝王不仅居一，而且执一用一。

反观成功的帝王，其帝王术必定倾向于执两时中。所谓明君，不仅表面上能做到兼听则明从善如流，实际上这个帝王虽然居一，但是通常都会用科举制杜绝官二代，以保障中产阶级通道畅通，这是中国封建社会独有的大智慧，而类似房谋杜断、杯酒释兵权等机巧，在明君的政治生涯里随处可见，都是执两时中的具体运用。

基于武力选举无与伦比的激烈和残酷，唯一的胜者，也就是专制独裁政体的首任帝王通常都比较英明，至于之后的帝王是否英明，那就只有天知道了。不管天是否知道，黎民百姓肯定都无从知道，但是同样的问题在民主政体下则不是问题。与帝王术相比，"三权分立"的设计思想体现了高超的政治技术，因为具备很强的可操作性，因而非常实用。民主体制下，总统居一的地位并非至高无上至死不渝，而是有限权力有限任期。国家盛衰兴亡取决于整个分权制衡的民主政体。因为选民每一次选出来的总统，是大多数人都认为最英明的那一个，这就保证了居一之人具备相当的"质量"且符合民心所向。与此同时，每一个议员的来路都与总统选举类似，即使不能保证每个议员英明，但基本可以保证这些议员个个精明，在品德和能力方面都是选民中的政治精英。

事实上，总统与立法机构、司法机构三者各自相对而居一，各自以其他两者为执两的"两"，相互制衡，居一执两在这种制度中得到了名实相副的体现，从而达到时时向中的效果。

这样就不仅不难理解居一的总统如何执两时中，同时也不难理解民主国家的盛衰兴亡不完全取决于总统是否英明伟大，事实上和某一届总统是否英明伟大没有很大的关系，这在专制独裁体制下是不可思议的。

三权分立原则远可溯及亚里士多德提出的著名的政体三要素论，近代则有英国著名思想家洛克，法国的孟德斯鸠等都对此做了详尽完善的阐释，形成了现代意义上的分权理论。设计这种权力架构的先贤们未必都知道中庸之道，而且肯定都不知道居一执两时中这样的理念，但是，如果一道多项选择题的正确答案只有一个，即使考场远隔万水千山，即使时间相隔十百千年，都不会妨碍大多数，乃至绝大多数合格考生选择那个唯一正确的答案。

没有了那个最自私的帝王不可动摇的居一，以及利益和他捆绑在一起的，所以不可能不同样自私的特权阶级，那些经常靠阴柔甚至狠毒的帝王术才能得以完成的执两时中，在民主政体之下，统统都变成了可以堂而皇之摆上桌面，可以摆到所有世人眼前的，可以公开辩论的权力划分方案和利益分配办法——上帝的归上帝，恺撒的归恺撒。

作为到目前为止相当成功的国家权力分配和使用的技术，三权分立不能不说是对居一执两时中的深刻理解和充分发挥。以至于在这种政体的内部，也就是每一个成熟地实施了这种政体的民主国家的内部，在较好地保证国家稳定的同时，也较好地保证了大多数选民的权利和利益。

有人认为民主思想源自西方，殊不知在启蒙时代，欧洲启蒙思想家津津乐道并让他们受益匪浅的，恰恰是孔子的民本意识，而孟子不仅有"民为贵，社稷次之，君为轻"的民主思想，还以"君有大过则谏，反复之而不听，则易位"这种具体措施与之配套，后者其实就是一个"弹劾"办法，尽管这个办法以贵族专政为前提，但一心专制的齐宣王在听到孟子的"高论"后，还是不免大惊失色。著名的载舟覆舟说出自荀子，盛唐名臣魏征以此谏太宗。可见"民主"思想在中国不仅源远流长，而且始终是受到高度认可的。

到了明末清初，黄宗羲提出"天下为主，君为客"，他认为"天下之治乱，不在一姓之兴亡，而在万民之忧乐"，主张以"天下之法"取代皇帝的"一家之法"，这种不折不扣的民主思想，与西方同期的民主进程几乎同步，关键缺乏的是类似"三权分立"这种既符合中庸之道又具备可操作性的制度设计，结果和一个伟大的启蒙、变革时代失之交臂。

尽管有此遗憾，但足以说明民主思想不自今日始而是古已有之，只是或者因为不具备经济基础这个现实条件，或者在可操作性方面缺乏深入研究，只能作为一种美好的政治理想，想想而已。但是，即使具备了经济基础，民主的表现形式也不尽相同，既不可能一蹴而就，也不可一概而论。近代的历史实践证明，"三权分立"（曾经）是非常适合西方国家的，极具可操作性的一种政治体制，尽管如此，一成不变的模式是不是可以在西方继续下去，在其他国家能不能完全复制，西方国家是否可以断言其他国家由来已久的政治体制是落后的甚至是错误的，从万物归中的角度来说，答案恐怕是未必。因为以居一执两时中的方法检讨任何事物存在是否"合理"的关键，不在于这个事物得以存在的某一个利益攸关方是什么态度，而是要看这个事物的存在和发展是否内含极端倾向并（长时间）趋于极端状态。

第四节　世界大同

大道之行也，天下为公，选贤与能，讲信修睦。

故人不独亲其亲，不独子其子，使老有所终，壮有所用，幼有所长，矜、寡、孤、独、废疾者皆有所养，男有分，女有归。

货恶其弃于地也，不必藏于己；力恶其不出于身也，不必为己。

是故谋闭而不兴，盗窃乱贼而不作，故外户而不闭，是谓大同。

——《礼记·礼运》

一、大哥，去哪儿？

1. 短线交易

① "柏林墙"无处不在

文明进步是大势所趋，谁都无法改变政治制度从专制向民主逐步发展的历史潮流，但是突如其来的光明，和黑暗一样可怕，人们需要时间适应，有人嫌这个时间太长，其实是他太性急了。在同一历史时期，不同国家的政体不可能完全相同，人民实际生活环境的差别可能像河水和海水一样大，并且这种情况在相当长的时间都将一直存在。尽管如此，河鱼不能断言海鱼的生活苦不堪言，海鱼也过不了河鱼的甜日子。文明需要一定的物质堆积，人心需要相当的岁月打磨。如果说照搬照抄的民主在一个国家水土不服是正常现象，假以时日或可适应，那么，大哥出于"好心"从外部强加的"民主"，既没有物质基础，又没有精神准备，或者二者缺一，对于被民主的国家来说，很容易引起动荡、战乱，造成国家、民族的分裂。所谓时中，讲究的是随时归中，但是更讲究对时间和时机的把握，太早太晚都不好，民主制度也不例外。

里根说："这堵墙终将倒下"①，此话不久得到应验。从墙那边走过来的是虽然被人为拆散了几十年，却仍然贴心贴肺的亲戚。但是也应该看到，从人们的内心世界到现实世界，形形色色的"柏林墙"其实无处不在，如果非要强行推倒某一堵"柏林墙"，从墙那边走过来的恐怕不一定总是亲戚，很可能是与你存在激烈文明冲突的异族，甚至是杀父仇人——你"好心"推倒的墙砸死了人家的人。

海水养不好河鱼，反之亦然。你可以说人的许多权利比如选举权不可或缺，但人还有许多权利比如生存权实在是更加重要，所以除了自觉、自发的行动，你不可以鼓动，更不可以强迫别人拿自己的生存权换选举权。即使做不到像1990年的西德、东德那样互相接纳、水乳交融，起码要有诚意并准备好接收、安置那些因为你的"善举"而导致国破家亡、流离失所的难民，还要保证他们的生活接近你的生活，至少不低于原来的水平，否则，就不能过早地推倒"柏林墙"，打烂别人赖以维持生存的家园。如果说理想主义者出于情怀、激于义愤而主动帮助别人，并且始终没有私心的"解放"行动或可理解，有的时候还应该得到声援，甚至全力支持——因为人类勉力追求的公平、正义、发展、自由等文明的基本要素经常需要通过这些行动才能得到表达和维护——但是，并不等于说那些假理想主义之名而行利己主义之实的行为同样值得声援和支持，恰恰相反，不负责任四个字已经远远不足以解释那些为了一己私利而借人权、人道主义，或者任何名目的推墙毁房行为，缺德也不能指明其本质，因为这类行为其实就是犯罪。（有关"缺德"的详细论述请参考本章第三节之

---

① 1987年美国总统里根到访西德，在把德国分割成东西两半的柏林墙下发表演说时断言："这堵墙终将倒下，因为，它经不起良知的考验，它经不起真理的追问，它经不起自由的期望！"1990年柏林墙被渴望统一的德国人自己推倒，自"二战"后，被以美国和苏联为首的两大阵营强行拆散的德国重新获得统一。

一"去伪存真"的内容。)

②现实与梦想

美国经常扮演大哥的角色，世界已经习惯了这种角色定位，甚至因为现实需要而发自内心地呼唤带路大哥，但是做这样的大哥首先不能有私心，退而求其次，私心不能太重。其次，给大家带路有个前提：知道去哪。

美国作为近现代因缘辐辏，集万千宠爱于一身的国家，立国虽晚，却能够以充分、完备的人权和民主保障本国发展，并引领近现代人类文明，对自由思想、自由意志、自由行动的发挥和包容，都是民主制度的具体表现和有力保障。但是，民主作为一种社会制度，是政治技术的法律化，是一种符合历史潮流的、文明的政治生活方式，它本身不是宗教，更不是迷信，同时，如果说专制集权内含极端倾向，那么民主同样内含极端倾向。

时过境迁，这种极端倾向日渐显露极端化的端倪，曾经被美国和所有追求文明进步的国家引以为豪的楷模——美式人权和民主，在其本国施行尤其是在世界各地的推广中已经出现了严重的问题，一次又一次证明了人无恒善，任何国家不能以自己的标准衡量和看待另一国制度的好坏，比较而言，适合本国的制度就是好制度。

鞠躬尽瘁，死不让位的专制独裁制度因为内含极端倾向且无法避免趋于极端状态，其弊病已被世界历史无数次验证，此处不再赘述。现在让我们来说说民主社会存在的弊端。尽管民主制度是迄今为止人类发明并付诸实践的最先进的政治制度，但是，社会在不断进步，而任何制度都是人制定的，正如本书在前文"人无恒善"中说到的观点：有（最）正确的人，但没有总是正确的人，更没有永远正确的人。

当今民主社会面对的现状是人类文明已经发展到了高度分工合作的城市文明阶段，在这个阶段，大多数甚至绝大多数人都进城了，都变成了城里人，城里人对交易的依赖是空前的，那我们不妨就用交易的语言来谈谈民主。

在城市文明阶段，城里人的衣食住行等日常生活无不充斥着交易，交易无孔不入，而交易本身既无对错也无倾向性，它是分工合作的黏合剂，只有交易能体现互惠互利，任何价值只有通过交易才能变现。但是，如果大家越来越喜欢短线交易，甚而至于只做短线交易，说明什么情况呢？这说明急于求成的想法使人心越来越浮躁，越来越喜欢冒险，而浮躁、冒险都是内含极端倾向的。

短线交易意味着交易的注意力主要，甚至全部集中在眼前利益上。民选的高级公务员为了兑现竞选承诺，必须在短短的任期内做出政绩，好兑现他和选民之间的交易，并且结果要简单、清晰、可量化，才方便和选民交账、邀功。至于长线交易诸如事关仁义，尤其是涉及信仰的价值投资最好躲远一些。对一个短期执政的政客来说，理想、信仰、情怀更适合用来煽情，通常不大会被当真，因为太复杂、说不清——根本原因是政客本来就没有信仰，而选民又很难有五年以上的耐心。你的竞争对手都端着蜜糖水，选民凭什么为了支持你而喝你的黄连水？

所以，交易，尤其是只重眼前利益的短线交易，因为其看得见的实惠更容易打动人心，而日渐成为"政治家"的首选，成了民主社会"优胜劣汰"之后作为"适者"而生存下来的一种主流政治生态——短线交易与快速兑现。至于价值投资，也就是那些源自信仰或者基于信誉而注重长远利益和顾全大局的埋头苦干，不惜牺牲眼前利益的想法和做法，在信仰枯竭、党派利益冲突的生态环境中都成了笑柄，理想早已无从说起了，至于情怀，不说也罢，一起被抛弃的还

马丁·路德·金

有契约精神。大家都在追求短线交易的刺激和快乐，互相裹挟着在刀尖上翩翩起舞，激情四射的短线交易很多时候是在博傻，谁都相信自己不会成为第一个挂在刀尖上的人，那么，究竟谁会先失足呢？

马丁·路德·金说："我有一个梦想！"①实际上这是美国全社会已经做了一百年的梦。虽然他本人并没有活着看到梦想实现，但是他的梦想却能在他死后泽被后人。现在的美国人还有类似这样伟大的梦想吗？不，恐怕没有了。因为梦想与现实之间的那段时空充满了不确定性，远不如短线交易收割眼前利益来得稳妥，更何况眼前总有喝不完的蜜糖水。

美式民主自身走向极端化及其异化的具体表现就是在国家内部，冷漠暴力腐化堕落伤风败俗，无论什么只要能够披上人权外衣都可以招摇过市，横行无忌；政客们为了党派利益不惜挑唆民意横生变故，只要披上民主外衣就可以堂而皇之大行其道。在国际社会，美国处理国家间关系却日趋强硬和功利化，为了一己之私，可以置他国安危、人民生死于不顾，民主、人权成了高举在手里的道德大棒，实际奉行的却是实用主义的亚丛林法则，和只重自身利益尤其是眼前利益的短线交易。

2. 核心利益

美国的大富大贵，既不像近代荷兰西班牙大英帝国那样巧取，更不像古代亚历山大成吉思汗那样豪夺，美国通吃世界的巨大收益，都是他国"争先恐后"送上门的，原因何在？在于美元，在于美元的世

---

① 《我有一个梦想》是1963年非裔美国牧师马丁·路德·金为了争取黑人的民族权利，在华盛顿林肯纪念堂发表的著名演讲，对全世界反对种族隔离、种族歧视和为黑人争取民主自由的斗争，产生了巨大而深远的影响。虽然理论上林肯总统在1862年颁布的《解放黑奴宣言》，已经让黑人获得了自由，但是现实的进展远比理论来得缓慢，甚至林肯总统和金牧师为此而先后付出了生命的代价。

一个全民参与影响世界的美国梦，居然做了一百多年！在这个依然充满着不平等的世界上，今后，还会有这种让理想照耀现实，并最终变成现实的美国梦吗？

界货币地位。美国利用各种渠道和方式面向全世界海量发行美元，获取铸币税，然后通过发行国债并在关键时期操纵汇率、利率以调节美元的供给，收放之间，达到掠夺别国财富的目的，俗称"剪羊毛"。

19世纪初，有国际金融之父美称的欧洲银行家梅耶·罗斯柴尔德说过这样一句话："只要我能控制一个国家的货币发行，我不在乎谁制定法律。"当代美国资深政治家基辛格则说："如果你控制了货币，你就控制住了整个世界。"两位犹太精英对货币的认识可谓言简意深，一语中的。当世界货币不是贵金属而是纸币，且不和类似贵金属这样的具备相当刚性的保值手段挂钩时，对发行国来说就是突破国界约束的显在的金融扩张和潜在的权力延伸。因为对于发行国以外使用这种纸币的国家，相当于把自己的金融安全与发行国的无担保信用挂钩，而信用从来都是消耗品，尤其无担保信用总是会随着时间的流逝不断下降而不是相反，即使是国家信用也不例外。也就是说，无担保信用的贬值是内含极端倾向的，当这种极端倾向长时间趋于极端状态，到某个时刻就会轰然崩溃。

美元就是建立在无担保信用基础上的纸质世界货币，美国通过牢牢控制美元，从而"控制住了整个世界"，所以对美国来说，美元的世界货币地位是第一核心利益，作为霸权独享的禁脔和不允许他国触碰的逆鳞，是美国最重要的底线，这是美国权衡利弊时和其他国家最显著的区别。

任何国家挑战美元，也就是挑战美国第一核心利益的时候——注意，不是通常意义上的挑战美国——该国必会成为被美国直接或间接攻击的对象。直接攻击针对的主要是小国或弱国，随便找个理由，比如可以信手拈来但似是而非的人权问题、民主问题，然后不由分说一顿暴揍，轻则打残重则打散，为此不惜让一个个原本民生稳定的国家山河破碎，百姓流离失所。这样的事情在现实中并不少见，而且还会再见。间接攻击的方法更多，常见的是扶持反对派以制造内乱，比较复杂且耗费时间的做法是围追堵截，直至对手被拖垮或困死，还有一个屡试不爽的做法是制造一场代理人战争①，然后坐观精彩的斗牛表演。下面是"斗牛"的简易操作流程。

在一块广袤无垠的草原上，已经不知多少年了，牛们一直和平共处，活得悠然自得，有什么办法让其中两头公牛打起来呢？有，有办法。找一块红布，然后设法把这块红布围到其中任何一头公牛的身上，两头公牛都围上红布效果更好。

对美国来说，挑战国的任何自以为是的核心利益，比如某种底线，就是那块红布。而这种红布在任何有关地缘政治的书中都有批发——通常不是领土纠纷，就是邻国之间各种各样的新仇旧恨。只要把这块红布围到挑战国或它任何一个邻国的身上，它们就会牛眼充血，牛角相对，开始你死我活的互相缠斗。

那个"看客"既不会乘人之危抢夺他们视为宝贝的领土，更不会让自己陷入他们那些既各执一词又不可调和的仇恨中，而是默默地向自己支持的参战方出钱、出技术、出武器，直至把对手打死或拖垮。

人权和民主成了河鱼"拯救"海鱼最堂皇的理由，没毛病，挑毛病，趁你病，要你命，大棒加胡萝卜，还有哪个国家敢挑战美元霸权？

美国为了谋求私利不惜搅得世界狼烟四起，以霸抑霸的思路自然会使出以暴抑暴的手段，但如何避免两败俱伤？

何以杜绝某一次或将来临的同归于尽？

美国试图用足以毁灭全人类的终极武器威慑对手，换取和平，但所谓恐怖平衡，就是时刻准备着同归于尽，却不可能有任何万全之法确保这些终极武器任何时候都不会被任何一方使用，而一旦失控，一次，只要一次就足够毁灭全人类。这也就是说，任何暴力手段，始终无法完全规避同归于尽的危局，自以为有资格开启末日审判的人必会发现，从来没有天堂，只能同归地狱。

---

① 代理人战争是两个国家虽然相互敌对但都不直接参加的战争，是通过挑起、支持并利用两国以外其他国家——通常都是小国或弱国——之间的冲突，达到直接或间接打击敌对国的目的。

当极端倾向趋于极端状态的时候，当竞争表现为战争这种极端形式的时候，多赢、共赢已然绝无可能，敌对双方犹如二虎相争，只要打起来就只能你死我活，所以唯有以死相拼，因为，"俄罗斯虽大，但我们已无路可退，身后就是莫斯科！"[①]

3. 生存还是毁灭

其实，人类钻研灭绝对手的方法不自美国始，而是由来已久。

棍棒石头用了几百万年，互相伤害可以，根本做不到灭绝对手；几千年前开始用铜铁做成冷兵器，霜雪吴钩，偃月青龙，也不行；后来发明了火药、炸药，有了坚船利炮，不行，还是不行。

直到距今七十多年前，美国的"曼哈顿计划"延揽荟聚了当时全世界最顶尖的科学家，攻坚克难，终于发明出一种可以毁灭人类的武器——原子弹，并很快就付诸实用。这种武器的威力实在巨大，不过是牛刀小试，原本冥顽不化困兽犹斗的日本法西斯，便乖乖束手就擒。但是近年来，始终奉行霸权主义的战争狂人经过仔细评估，越来越觉得原子弹也不足以完全灭绝敌国，所以，还需要继续努力寻找，寻找那个终极武器。和那个终极武器相比，动辄屠城的成吉思汗简直就是心慈手软的活菩萨，两次世界大战在灭绝人类方面其实没有任何效果，于是，那一小部分战争狂人自古及今穿越时空雄心壮志从未稍少，并且显然越来越急不可耐，因此他们更加专注地寻找，寻找那个能够真正一击毙命，彻底灭绝敌国的终极武器。

我们已经知道技术发展是有加速度的，所以时间虽然过去不算太久，但是现在人类拥有的毁灭技术，和"曼哈顿计划"时代相比已经不可同日而语，那个终极武器早已呼之欲出了。

任何毁灭性的灾难过后，能活下来的人都叫作幸存者。在那个终

---

① 这句话出自苏联红军一名叫作克洛奇科夫·季耶夫的连指导员。他奉命率领二十八名战士镇守距离莫斯科仅二百公里的一个阵地，击毁德军坦克十八辆，使凶悍的德军不得进寸步，最后身负重伤的季耶夫抱着一捆手榴弹，扑到敌坦克下与其同归于尽。他在战斗的关键时刻激励战友们的这句话，也成了 1941 年莫斯科保卫战最能激励人心的口号。

极武器面前，可以体会到生命诚可贵的更深层次含义，体会到什么是真正的毁灭性灾难——没有劫后余生，因为根本没有幸存者。

但人们还是难免抱有一丝侥幸地希望，当那个终极武器终于在某一天被使用之后，哪怕文明倒退三千年，在某处深山老林中，在某几个原始山洞里，但愿还有人活着，但愿人类没有完全自我灭绝，但愿还有幸存者。他们将是全人类硕果仅存的骨血，是人类这个"濒危物种"仅有的一丝希望。

中庸之道是人道的最高准则，不容违背，至于所谓文明，如果因为不能恪守中庸之道，从而不能预防和杜绝自我毁灭，这种文明倒退五千年和倒退三千年没有任何不同，反正都是从头再来。

于是问题来了——人类自毁文明时，会不会做得那么决绝？

会不会为自己这个物种留下幸存者？

美国作为当今国际社会的带路大哥，一度以其速成的文明榜样世界，但是，面对这样的问题，该不该警醒？能不能警醒？如何警醒？

大哥，去哪儿？

二、大道之行也

1. 谁的燕云？

（1）燕云十六州简历

燕云十六州，即今北京、天津全境，以及河北北部地区、山西北部地区，古代分为燕（幽）、蓟、瀛、莫、涿、檀、顺、云、儒、妫、武、新、蔚、应、寰、朔，共十六州。燕云十六州的地势居高临下，易守难攻，地缘战略价值巨大。

①公元936年石敬瑭举兵反叛被围，向契丹（辽国）求援，契丹军应邀南下击败后唐军。石敬瑭在契丹扶持下建后晋，于938年依约将燕云十六州割给契丹，使中原汉人失去了与北方游牧民族之间的天然地理屏障。在燕云十六州，汉族和契丹族逐渐混居，受燕云汉人的影响，辽国人的生活方式开始从游牧向农耕过渡。959年，后周世宗柴

荣率军攻辽，一个多月就收复了瀛、莫、宁三州，以及益津关、瓦桥关、淤口关三关，攻取幽州（今北京）时，因病重班师，次月崩于东京（今开封）。

②宋朝开国之后，宋太祖赵匡胤不忘收复燕云，曾在内府库专置"封桩库"，打算用金钱赎回失地，同时在河北南部兴建大名府和辽国对峙。979年，宋太宗移师幽州，志在一举收复燕云，但是高梁河（今北京西直门外）一役宋军大败，太宗中箭逃回，从此收复失地成了宋朝遥不可及的梦想。1004年，宋真宗抵澶州，与辽国签订了和议，史称"澶渊之盟"，使宋辽长期处于相对稳定的状态。

1122年，宋金联合灭辽，金归还宋燕云十六州。金太祖阿骨打死后，1125年金国又占领燕云地区，次年金军南下，亡北宋。

③1213年，燕云十六州被蒙古帝国占领，蒙古大军南下，1276年灭南宋。1264年，元世祖忽必烈下诏改燕京（今北京）为中都，定为陪都。1267年忽必烈迁都中都，1272年，将中都改名为大都。

④燕云十六州在被非汉族的统治者统治了455年（913-1368）之后，1368年，明太祖朱元璋遣徐达、常遇春攻克大都，燕云十六州得以重归汉人。1421年，明成祖朱棣迁都北京。1644年，李自成攻克北京，崇祯帝自杀，明朝灭亡。

⑤1644年清军入关，定都北京，燕云十六州落入满族之手，直到1912年清朝灭亡。

⑥1912年清帝退位，清朝覆灭，燕云十六州由北洋政府管辖，定北京为首都。1928年，国民政府北伐攻克北京，改名为北平。

⑦1937年侵华日军占领燕云十六州八年，1945年燕云十六州回到了中华民国，1949年之后至今，燕云十六州成为中华人民共和国不可分割的一部分。

（2）老百姓需要什么样的"统治者"？

条件一，可以给老百姓提供安全的生存条件。满足这个条件的统治者，将得到老百姓的依赖。

　　这个条件是必选项，是老百姓的刚需。老百姓经常因为没有安全的生存条件而拼命，不是跟统治者本身拼命，就是由统治者领着找破坏安全的异族他国拼命。燕云十六州在刚被割让的那几十年之所以"心向中原"，并且在北宋收复"失地"的战争中箪食壶浆以迎王师，就是因为在契丹的统治下，他们既没有归属感，更没有安全感。

　　条件二，可以给老百姓提供良好的发展条件。满足这个条件的统治者，将得到老百姓的追随。

　　这个条件是备选项，虽然不是刚需，但是当满足条件一的统治者有两个以上的时候，老百姓会优先选择较能满足条件二的统治者。

　　就拿燕云（汉）人来说，他们在辽、金王朝统治中国北方的历史上，都处于举足轻重的地位，然而在对待他们的态度上，辽、宋、金三个王朝却都采取了既拉拢又排斥的做法。辽朝用科举、官职和婚姻来使汉人忠于自己，但是又不信任燕云汉人，而将其置于社会的底层——在他们眼里燕云汉人是异族，是胡汉人。宋朝同样歧视这些"胡化"汉人，指其为"番""虏"——在他们眼里燕云汉人即使不是异族，也是汉胡人。金朝有所不同，一边重用部分辽朝汉臣，一边在政治上将燕云汉人列于女真人、渤海人和契丹人等民族之后，排斥于统治阶层之外。

　　在燕云地区，辽朝中后期的燕云（汉）人不仅在民族认同上日显孤立，在政治态度上也没有固定的倾向，已经不像北宋初期那样"心向中原"，而是以自身的生存和发展为前提，选择有利于自己生存和发展的一方，在辽、宋、金之间"往来叛附"——先协助辽朝抵抗北宋，眼见辽朝大厦将倾就附宋自保，继而又出于对北宋政权的失望，投奔金朝。在此期间，燕云（汉）人对三个王朝各自的发展进程、力量的消长以及中国北方政治格局的形成，都起到了极其重要的推动作用。

　　（3）我们的大中华

　　通过对燕云（汉）人来龙去脉的探讨可以知道，以上关于"统治者"的两个条件基于这样的历史和现实：现代民主社会的"统治者"原则上就是老百姓自己，统治者和被统治者的关系不以暴力为前提，也就是说他们的关系是"平等的"，所以统治者与被统治者"原则上"都是不存在的，而专制社会的统治者和被统治者则都是客观存在的。

这里只讨论"老百姓需要什么样的统治者"，而不讨论"统治者需要什么样的老百姓"，因为长时间来看，是老百姓选择统治者，而不是相反。可能有人不认可这样的说法，他们认为只要统治者足够强大，就可以成功实现专制统治——历史的回答是：短期完全可能，长期完全不可能。

专制的前提是暴力，我强故我对，比的是拳头，也叫枪杆子——拳头硬就是"真理"，就是大哥，但是俗话说得好，软的怕硬的，硬的怕愣的，愣的怕横的，横的怕不要命的——简单直白地讲明白了暴力是内含极端倾向的，直至你死我活。所以当专制的统治者把暴力发挥到极致，到现实无可挽回之后，情绪彻底失控之时，那些因为一贯软弱可欺而受尽压迫，已经走投无路，不得不舍命相搏的被统治者奋起反抗而成为革命者的时候，他们"突然发现"统治者原来如此不堪一击。如果一个专制政权由于内含极端倾向并（长时间）趋于极端状态，阶级固化并两极分化，老百姓不但没有发展空间，甚至没有安全感，就难免诱发被动归中——来一场武选，以暴易暴，无所谓伤痛，因为这是专制社会的宿命。

时至今日，燕云十六州辗转反复，几经易手，可谓一寸山河一寸血，辽、金、宋、元、明、清早已风流云散，青山依旧在，人如水长流，唯有中华文化传承发展，枝繁叶茂。胡汉人也好，汉胡人也罢，千年之后因为共同的文化认同和归属，燕云人和所有华夏大地生生不息的各族人民一样，都成了地地道道的中国人。

2. 寸土必争？

没有统一的世界，就没有和平的世界，世界大同的理念自经典儒学阶段已经形成，而直到现在，世界一统的物质条件才可以认为已经或者接近成熟了，当然，如果单从时间上讲，这种判断出现三五百年的误差也属正常。以大量人口高密度聚居为突出特点的城市文明，成为继工商业文明之后的崭新文明，与之伴随而来的是越来越不受地域约束的，大规模的财货交流、人口交流和广泛深入的文化交流，并且都是前所未有的。世界大同正在从古圣先贤的理想走进现实。任何疆域、界限在未来几十年到几百年之内都会迫于形势发展的需要，被非暴力地打破、取缔。寸土必争这个传统并且一贯正统的观念，自古就是每一个国家的软肋和命门，但随着农业文明的远去，随着城市文明的日益发达，如果还一味执着于这种内含极端倾向的观念，无异于抱残守缺。

在传统并且正统的观念中，领土是任何一个国家的国本，任何涉及领土的争议都是原则问题，或者至少可以轻易被上升到原则高度，从而没有任何商量、妥协的余地。如此一来，国家的消亡岂不是要全靠战争兼并，岂不只能靠弱肉强食？是的，既往的历史基本如此，那么今后，国与国有没有和平统一的可能？

除了极少数好战分子，世人都知道战争绝不是好的选项，所以如果认同和谐社会是大势所趋，那么涉及主权让渡的军队国际化、货币统一、国土合并，这些构建和谐社会的基本前提条件，就不是不可以谈，而是可以谈，可以大谈特谈。

近代领导非暴力抵抗运动并取得巨大成功的三个人，圣雄甘地、马丁·路德·金和曼德拉，他们反压迫反歧视，追求平等和自由的做法，一反常态，以"谈判"的方式，尤其关键的是以和平的方式打破了有史以来以暴易暴的传统。他们这种成功的社会政治实践，必将深刻影响人类对政治伦理的思考、完善，促进政治技术的发展、进步。非暴力抵抗，就是在非暴力的前提下，审时度势，通过克制自我，达到克制对方的目的，以我的"极端"不合作抵制对方的极端压迫，换取对方的妥协和让步，摆脱了武选模式成王败寇、你死我活的套路，是居一执两时中在新形势下、新环境中的成功实践。

另一方面，合并统同不是无视差异，更不是消灭差异，不同的民族、不同的文化都应当依法享有相应的自主权。没有差异的民族或文化和没有差异的个人一样不可思议，而且构建和谐社会并不强调民族融合直至民族消亡，文化融合直至文化合一，因为这些追求都内含极端倾向，就像无视个人差别而强行推广的平均主义"大锅饭"，以及无视国家差别而强行推广的民主、人权一样，都是脱离现实的，因而也是危险的。

在和谐社会，民族可以各有特色差异很大，文化可以有所不同各行其是，信仰可以或左或右各取所需，"国家"可大可小，可分可合，一切都依法依规，孔子说的"和而不同"应该就是这样的吧？总之，不同民族、文化、信仰和"国家"有限的优势和特色是它们存在和发展的原因，无尽的贪婪和混乱是它们衰败和毁灭的开始，而求同存异、取长弃短的要旨在于恪守中庸之道，不妄行极端。在此前提下，如果说真的有什么差异，甚至优劣，也并不意味着任何民族可以论断另一个特定的民族，时间，只有时间才有资格并且一定会做出论断和选择，文化、信仰和"国家"又何尝不是如此。

孔孟周游列国却有志未遂，根源在于儒家思想之于春秋战国，就像欧洲一体化主张之于现在的欧洲诸国一样，大部分人尤其是明白人都知道思想是好思想，主张是好主张，因为他们知道只有一体化能够整合碎片化的欧洲，使之获得充足的地缘优势与强大的经济实力，但是各国短时间根本无法摆脱既有框架的束缚，有限的妥协就难免左支右绌，而只统一货币不统一军政的大一统其实就是"吃大户"，是天真无邪的理想主义和明目张胆的强肉弱食，恐非长久之计。

要想实现和维护大一统，仅就中国历史看大致有两种模式可资借鉴。第一种模式是秦始皇的创业模式，以武功为主。第二种模式是汉武帝的守成模式，不仅尚武，更重文治。汉武帝在大一统的政治经济基础上，水到渠成地确立了以中庸之道为核心的儒家思想的主流文化地位，使大一统不再只是帝王家天下的诉求，更是一种文化认同，而文化的生命力远远大过任何家族利益、阶级利益，于是我们看到虽然朝代更迭，但是因为有大一统的文化贯彻始终，中华民族便得以凝聚不散。

　　欧洲则不尽然，且不说整个欧洲聚散离合的历史故事，单就德国来说，从诸侯林立、各自为政的神圣罗马帝国即德意志第一帝国，到铁血宰相俾斯麦通过王朝战争[①]，在以武力化解国家外部压力的同时，完成了国家内部的兼并，实现了德意志的大一统，建立的德意志第二帝国，再到极端迷恋武功，最终自取灭亡的战争狂魔，纳粹德意志第三帝国，大一统的秦始皇模式在欧洲、在德国和在中国的秦朝一样，都无法长期保持名副其实的成功。

　　未来，无论欧洲一体化会选择秦皇、汉武两种模式的哪一种，抑或会有第三种模式，也未可知，但是可以确知的是与其先人相比，现代欧洲人的文明更加进步，这意味着以武功强加于人的统一方式轻易不会被认同和采用，而构建和谐社会，迈向大同世界绝非朝夕之功。令人欣慰的是从1985年的《申根协议》，到2004年的《欧盟宪法条约》，再到2007年的《里斯本条约》；从1951年的欧洲煤钢共同体，到1968年的欧洲共同体，再到1993年欧盟成立，直到1999年欧元呱呱坠地，三五十年弹指一挥间，世人或许知道蒙代尔[②]居功至伟，却未必知道这期间有多少理论建设、实践磨合，尤其离不开大量耐心、艰苦的谈判，能够实现货币统一的欧盟无疑迈出了和平统一的一大步，是对大一统的第二种模式——文治的大胆探索，无论结局如何都堪称构建和谐社会、迈向大同世界的伟大尝试，足以成为人类文明史的典范。

　　世界大同不仅需要漫长的时间和耐心，更需要先行者艰苦卓绝的探索和付出，但无论如何，只要能做到谈合并统同而不谈战争，无论三五十年，还是三五百年，只要能把各国的军队都谈没了，只要能把

---

　　① 　王朝战争是指在俾斯麦的领导下，普鲁士为统一德意志而主动挑起或积极应对的三次战争。第一次是1864年对丹麦的战争，收复了两个被占领的德意志邦。第二次是1866年对奥地利的普奥战争，普鲁士获得了汉诺威、法兰克福等地。第三次是1870年对法国的普法战争，普鲁士胜利并统一了整个德意志。

　　② 　罗伯特·蒙代尔（Robert A. Mundell），1932年出生于加拿大，1999年获得诺贝尔经济学奖，是"最优货币区理论"的奠基人，被誉为"欧元之父"。

各国的货币都谈统一了，只要能把所有的国家都谈消亡了，谈出一个和谐社会，大同世界，为何不谈？

寸土必争更多是农业文明时代的观念。农业文明的生产方式、生活方式和价值观讲究并且适合各自为政，画地为牢，鸡犬相闻，老死不相往来，但永远不可能真正实现世界大同。而商业文明尤其是城市文明时代的生产方式、生活方式以及在此基础上形成的价值观，已经越来越接近和符合世界大同的要求。

和谐社会就是让人类停止同类相残，不再萁豆相煎。在彻底放弃灭绝对方的想法、做法和手段，实现世界大同之后，才有可能正视并重视那些很可能早已存在，或者正在逼近的对整个人类的威胁——环境气候变化、人口过度膨胀且失衡、大规模瘟疫，与外星文明的冲突、小行星撞地球……如果还有什么，恐怕就是渐行渐近日新月异的人工智能，这些威胁中的任何一件发生或失控，都可能给人类带来灭顶之灾，所以迫切需要举全人类之力予以应对，而如此宏大的计划和举措，非一国两国力所能及，非大同世界、和谐社会不足以成。

有尚武之人问：靠谈判就能谈出一个和谐社会大同世界来，谁信？

主夫答：请尽管放心，实在谈不下去，会打起来的，只要你不希望打架，或者你不主动打架，你就不是军国主义者，你也就不可能成为侵略者。虽然符合潮流的要求经常受到暴力打压，但是从长期来看，逆大势而动的力量即使不自行消亡（主动归中），也终将被暴力消灭（被动归中）。和平是大势所趋，唯有看清大势，才有可能做到俯视、超越并驾驭暴力。

尚武之人又问：那还要不要武备？

主夫答：尚武精神不可无，欺人之心不可有。

3. 天将降大任于……

（1）盈亏同源

因为从信仰到制度都内含极端倾向并逐渐趋于极端状态，这是西方老牌资本主义国家尤其是美国必须要面对的现实——需要一次类似

20世纪30年代面对经济大萧条，全社会参与的深刻反思和大刀阔斧的改革；需要像凯恩斯那样的一代宗师，而不是腐儒；需要像富兰克林·罗斯福那样的伟大政治家，而不是鼠目寸光唯利是图的浅薄政客，更不是唯恐天下不乱的跳梁小丑。

美国在国家内部实现政治民主，恪守中庸之道而典范世界的同时，在国际上以大哥自居却缺乏公心、公信，利字当头的做法很自私。以实用主义理论衡量，自私自利从来不是问题，但是如果以中庸之道衡量的话，作为带路大哥不仅注重私利，而且很自私就是问题，并且是大问题。

与实用主义相抗衡的本来是各种理想主义，而在这方面最负盛名的理想主义在经过实践的打磨之后，不久便露出了平均主义的本质。实用主义和平均主义都是个体生存和发展的方法论。在实用主义看来，个体之间即使有所合作，相互之间即使有所奉献，也完全是出于利己的目的——请注意这里的两个字"完全"，决定了实用主义内含的极端倾向及其方向，决定了实用主义的极端状态将回归动物世界的丛林法则，而丛林法则下人类孜孜以求的人道、文明统统无从谈起，因为动物的理性不足以恪守中庸之道，更不会主动归中。

平均主义与实用主义一样都内含极端倾向但方向完全相反，所以在极端状态下它们都不惜两败俱伤，甚至同归于尽，这正是被动归中的可怕之处。

在军队国际化还遥不可及的时候，国际政治就不可能真正恪守中庸之道，而国际社会的大哥如果一味奉行实用主义，在私心作怪下，行好事无法超越国界的约束，谋私利便大搞霸权主义，这种内含极端倾向的追求，最大的危险性恰恰在于被动归中。

构建和谐社、迈向大同世界虽然是人类的共同目标，但万事一分为二的看法和做法显然不足以担此重任。实用主义与平均主义一样都内含极端倾向但方向完全相反，于是我们便看到了这样的事实：虽然它们各自都从内心崇奉且实际追求民主、自由、人权，却因为内在的

区别而注定貌合神离，彼此越走越远，直到各自趋于极端状态而相互
为敌。

　　在实用主义看来，如果让人放弃私心，不顾自我，结果就是被剥夺，
即强肉弱食，平均主义则认为不讲奉献，没有公心就意味着剥削，即
弱肉强食。于是我们便看到了这样的事实：它们自以为是争得面红耳赤，
却根本不可能说服对方，为此彼此越走越远，直到各自趋于极端状态
而相互为敌。

　　这就是一分为二的狭隘之处，如果一生为三地看问题，现实世界
的大部分时间是由实用主义和平均主义二者共存共荣、共同组成的，
这是现实世界的常态，小部分甚至只有极小部分时间是实用主义和平
均主义二者，或其中之一趋于极端状态下的敌对状态，这是现实世界
的非常态。中庸之道认为常态下二者都是"正确的"，非常态下的任何
一者都是"错误的"，正确和错误都是人为认定的，但都是客观存在的。
本质的不同在于一分为二总是在主动制造错误，并促进错误沿着"有
利于"自己的极端倾向发展，一生为三则总是时刻检讨错误的存在，
并且认为错误某种程度的存在，因为是难以避免的，所以是合理的——
这体现出了一生为三的包容性，但包容绝不等于纵容，和谐的做法不
在于杜绝"错误"，而在于想方设法主动避免"错误"的不断发展，正
如前面反复说过的，和谐的长效机制在于兼容并包，既不反左，也不
反右，只反走极端，并且主要是反对长时间走极端，而不是简单的逢
极端必反。

　　美国操劳世事但利字当头，所以是经营世界，而不是引领世界；
尽大国责任的同时，更侧重捞取实惠；冒大国担当之名，行收割世界
之实。世人几乎都知道美国这么做有问题，但是什么问题？问题严
重吗？

　　由于思维惯性和认知局限，人很容易认为眼前的趋势会一直持续
下去，由人组成的国家当然也难以脱此窠臼。比如，甲午战争的胜利
狂喜冲昏了"大日本帝国"的头脑，刚刚催着赶着把它送上了不归路，

美国就紧接着登场了。经过"一战"尤其是"二战",美国大发战争财,顺手坐收世界金融霸权于囊中,于 1944 年使美元上位成为国际结算货币,但是 1971 年[①]布雷顿森林体系便宣告崩溃,从美元与黄金脱钩那一刻起,其实相当于美元的信用已经破产了,还要继续充当垄断性的国际货币,这就硬是要把公平生意做成无本买卖了。美元与黄金强行脱钩,在摆脱了黄金约束的同时,继续保持甚至增强与国际大宗商品贸易尤其是与石油贸易结算的紧密挂钩,使美元从此可以海量发行,美国总算真正尝到了金融霸权巨大的甜头,财富如同江河之水不请自到,滚滚而来,美国就像染上毒瘾一样沉迷其中不能自拔,但是暴利之下,焉能久为?

为防别国觊觎,除了依靠强权霸道,更无他法,而强权霸道的本质是丛林法则,并不是文明手段,其内含的极端倾向导致美国在国际关系中的立场日趋强硬,而处境日趋孤立。这反而促使美国越来越认同并习惯这样的逻辑:因为美元霸权意味着无与伦比的暴利,而获得霸权离不开战争,维护霸权则战争更是必不可少,所以不能没有战争,更不能害怕战争,对任何显在的敌人和潜在的对手,都要围追堵截处处先发制人主动出击——可以热战,不过冷战更好;可以直接动手,不过代理人战争更好。

这个逻辑表面上看是实用主义的正常反应,甚至容易被理解为符合某种"人性"的正常思维,但究其本质则不仅有违中庸之道,而且内含极端倾向并长时间趋于极端状态,是个满身硬伤的逻辑,那么,等待美国的结果是什么?阅读本书到这里的读者都知道是被动归中,

---

① 20 世纪六七十年代,欧共体和日本相率崛起,美国的经济霸主地位受到严重挑战,同时,美苏争霸使美国深陷越战泥潭。美国当年因为庞大的黄金储备,承诺今后保证三十五美元能从美国兑换一盎司黄金,这就是所谓的美元与黄金挂钩,而基于此项承诺使美元取代英镑成为国际货币的布雷顿森林体系,后来因为美元多次贬值而左支右绌,难以为继。关于布雷顿森林体系的终止时间,因为侧重不同,有 1971 年、1973 年、1976 年等多种说法,本书采用 1971 年的说法。这一年尼克松政府宣布美元与黄金脱钩,标志着布雷顿森林体系名存实亡。

是后果不堪设想的被动归中。这不是恐吓，是条分缕析之后的严肃结论及由此引发的深深忧虑。

　　被动归中曾经给包括日本自己在内的整个东南亚人民都制造了一场空前浩劫，同时也让日本把通过战争掠夺的财富都加倍吐了出来。有句话叫盈亏同源，说的是个人或团体由于思维惯性和认知局限，容易把偶然得来的眼前利益当作长远利益，认为只要继续这么干，好日子就没有尽头。岂不知任何内含极端倾向的人事一旦趋于极端状态，就如同刀尖上的舞蹈，做不到主动归中，就难逃被动归中的结局。这就叫：

　　　　善恶未必现世报①，天道轮回框架中。

　　　　盈亏同源不同时，中庸之道辨是非。

　　盈亏同源可以很好地解释为什么会有鞠躬尽瘁、死不让位这种现象。因为独裁者的专制地位及其既得利益群体的特权都是拿命抢来的，想要，你也要拿命来抢，所以，盈亏同源不仅可以解释为什么明朝末期朱元璋的嫡系子孙被大肆屠戮，崇祯皇帝煤山自缢，还可以解释为什么日本依靠战争得来的财富，又通过战争亏得精光甚至更多。改朝换代的故事何止有明一朝，军国主义兴亡的史实也不止日本一国，这都是因为这些做法内含极端倾向，同出一源又拒不时中，而极端倾向决定发展方向，最终结局只能是被动归中。

　　正常人情绪失控的瞬间能干出什么事，理性根本无法预测，同理，无论左派还是右派领导下的国家，因为内含极端倾向都难免不在走向极端之后失去理性，而他们手里却很可能紧握着那个终极武器，这是

---

　　① 因果报应讲究"善有善报，恶有恶报"，狭义的现世报认为行善或作恶者本人在有生之年都会得到报应，所持唯心主义论据和生死轮回一样，其实都莫须有。中国的传统主流文化，亦即儒家文化的伦理道德主张弃恶扬善，认同因果报应，但是认为报应的主体不一定是行为者本人，也可以是他的家庭或子孙后代，正如《易经》所言："积善之家，必有余庆；积不善之家，必有余殃。"是对极端倾向决定发展方向这一法则的具体理解和运用。

人类必须面对的被动归中的最大危局：文明自毁。

美国以其实用主义的立场和霸权主义的手段开展国际交往，就像一个鼠目寸光自私自利的大哥，纠集了若干"意气相投"的小弟，各怀心事敲诈勒索软欺硬怕，站在莫须有的道德制高点上说三道四党同伐异，所为终究不过财货二字，既没有"天下为公"的坦荡襟怀，更没有"世界大同"的远大理想。这个格局狭隘的带路大哥，充其量是一个以权谋私的世界警察，如何能成为真正心怀天下，有凝聚力号召力的领路人？如何能引领国际社会摆脱手足相残的混乱局面，并真正摆脱终极武器自毁文明的暗黑前途？

想当年，以美国、苏联为主的穷凶极恶且无比强大的武装力量，面对用光明磊落、无比坚定的理想和信仰武装起来的中国和中国人民，面对这个国家的英明领袖毛泽东——那个大公无私处处以身作则人格近乎完美的人——它们以自私自利为目的的武装挑衅，无论多么冠冕堂皇八面威风，无论来自东南西北，无不被打得头破血流，无不现出色厉内荏的"纸老虎"原形。

而在此之前不久，正是美国、苏联团结、领导全世界爱好和平和正义的国家刚刚挫败了邪恶且疯狂的法西斯。《诗经》有言："兄弟阋于墙，外御其侮"，但是由于一分为二的思维惯性和认知局限，现实经常把这句话的下半句演绎成"去其外侮，兄弟反目"，原因何在？在于大哥。

如果美国大哥不能尽快摆脱靠武力维持霸权的狭隘逻辑，那就是执意要吐出从当年到现在因为战争或依靠战争吞入腹中的所有财富，但是，时代进步了，人类发明的大杀器已经绝非德国、日本法西斯兴风作浪的时代可比，一旦触发被动归中，等待美国的肯定不会只是一次"轻松的"呕吐，美国能承担得起这次被动归中吗？世界能承担得起这次被动归中吗？

有道是国虽大，好战必亡。这句古话说的是一意孤行，盛极转衰的道理，上下贯穿数千年颠扑不破，已然成了历史规律。美国大哥若想躲过此劫，唯有正本清源，也就是放弃霸道，恪守中庸之道，致力于构建和谐社会，致力于实现世界大同，包括美国在内的人类社会才能保持真正的、长久的和平安宁与健康发展。

大哥到底要带领众兄弟走一条什么样的道路呢？

美国还有可能幡然觉醒，以义制利，高瞻远瞩主动归中，成为名副其实的负责任的大哥吗？

（2）大哥

自美国单方面宣布美元与黄金脱钩的那一刻，至少说明了两个问题：其一，往后再没有什么协议是美国不敢撕毁的。其二，内含极端倾向的自私会让人越来越目光短浅，国家也不例外。面对眼前利益的得失，这样的人对长远利益从不太顾及逐渐变成了太不顾及，而信用是典型的长远利益，国家信用尤其如此。一个以实用主义为根本理念，以霸权主义为指导思想的带路大哥，与同样思想、理念的国家结盟，弱国是为了寻找靠山，强国是为了得到帮凶，自始至终缺乏因为恪守中庸之道而真正具备凝聚力的、能够同心同德的理想和信念，大哥如此，遑论小弟？

时间可以检验理想，时间还可以实现理想，但是要先有理想，如果没有理想，无论时间过了多少年，都是随波逐流。

大哥没有理想，世界将会怎样？

和谐社会、大同世界作为人类共同的理想已经有两千多年了，在这个漫长的历史过程中，人类虽然从野蛮落后走到了今天的文明强盛，但战争的频率并没有明显下降，同时由于技术的进步，武器的毁灭性越来越强，战争的烈度却大大增加了，特别是终极武器的阴影挥之不去，文明自毁的风险始终存在。不管是以暴易暴还是奋起反抗，用战争可以暂时阻止暴力，但是终极武器作为一次性的毁灭性武器，阻止使用它的手段不可能是威胁和战争，只可能是谈判与和平，只有建成和谐社会，才有可能彻底消除战争，解除终极武器对人类文明的威胁。

基于这样的判断，三五十年，哪怕是三五百年的时间，真的不算久远，几乎指日可待，但是远大的目标不仅需要努力奋斗，还需要足够的耐心，需要凝聚人心达成共识，持之以恒直至实现目标，所有这些都离不开一个必不可少的前提条件，那就是带路大哥要有心怀天下、构建和谐社会的理想和信仰，恪守中庸之道并且率先垂范，引导世界攻坚克难，砥砺前行。当今的美国是这样的带路大哥吗？

在人类历史上，能够经得起实践，尤其是能够经得起时间检验的政治模式，可以概括为"让道—霸道—王道—中道"四种，除此之外，在理论和实践两个方面都不乏许多饱含理想主义色彩的尝试，比如历史久远但是直到近现代才得以广为流行的自由资本主义和平均主义这两种政治经济现象，其实是属于中道范畴的"过与不及"的具体表现，它们都内含极端倾向且发展方向相反，各自在实践中都经过了主动或被动归中，并不足以形成独立的，可以与让道、霸道、王道、中道相提并论的第五种政治模式。四种政治模式有三种大哥，三种样子。这四种政治模式已经在许多国家内部都渐次实现了。随着和谐社会的到来，这些政治模式今后在国家间即国际关系中也将逐步实现。

为什么四种政治模式只有三种大哥呢？因为有一种政治模式自始至终都没有大哥。老子说："夫唯不争，故天下莫能与之争。"这充满理想主义的无为高论如此深入人心，以至于在国家政治层面也多有践行。从汉初对内的"无为而治"到清王朝对外的"闭关锁国"，前者本书已经做过论述，后者则成了夜郎自大的同义词，并且最终都以失败告终，原因何在？

原因在于为人处世的态度无论选择争还是不争，都是内含极端倾向的；内含极端倾向并不一定危险，危险的是内含极端倾向并趋于极端状态；内含极端倾向并趋于极端状态并不一定是最危险的，最危险的是内含极端倾向并长时间趋于极端状态。

"无为"思想就是"让道"，虽然信奉让道的政治模式出不了大哥，但是历史实践多次证明让道与霸道一样，假以时日，都很容易导致"最危险"的结果。让道不仅源远流长而且影响巨大，是极具代表性的与世无争的态度，那么，让道之外，其他的"争道"和中道又该如何表现呢？

①霸道——以力服众，强者通吃，至少先吃。

霸道者做事专横，以暴力、权势、律法等统治天下。

②王道——以德服众，辅之以力。

上对下、强对弱本质上是索取，而以德服众，何以报德？报之以利。

上对下、强对弱本质上是暴力，而德不服众，何以服众？服众以力。

王道和霸道都是靠武选上位的"争道"，并且都需要靠强权维持既不平等又缺乏自由的政治秩序。无论是王道的仁义道德，还是霸道的专横跋扈，其实都是在力的前提下谈利，力强者利厚，力弱者利微，都是实用主义的计较，用零和博弈①的心态看待与对方相关的人事，就难免用强权甚至强盗逻辑看待与对方共同的利益，区别在于霸道直白，王道委婉，无非是因为参加武选者的侧重点、胸怀眼光有所不同，因而下手轻重不一，或者吃相谁更难看而已，本质并无区别。马克思曾经一针见血地指出：资产阶级不过是"用公开的、无耻的、直接的、露骨的剥削代替了由宗教幻想和政治幻想掩盖着的剥削"。(《共产党宣言》)

---

① 零和博弈又称零和游戏，指参与博弈各方都是严格的竞争关系，一方的得必然意味着其他方的失，各方收益和损失相加为"零"，各方不存在合作的可能。换言之，零和博弈就是把自己的幸福建立在他人的痛苦之上，二者的大小完全相等，所以都想尽一切办法"损人利己"，社会的整体利益不会有任何增加。

与零和思想相对应，双赢、多赢的思想基础是利己不损人，通过谈判实现分工、合作，把蛋糕做大，达到皆大欢喜的结果，因为合作共赢或者井水不犯河水是相关各方处理相互关系大多数时候的常规做法，但是，当内含极端倾向并（长时间）趋于极端状态的时候，多赢、共赢因为丧失了基础而变得不合现实，直至连和平共处也越来越不可能，任何已经趋于极端状态的一方，随时都有可能抛弃和其他各方一起心平气和、循规蹈矩地做蛋糕、分蛋糕的常规做法，而是直接抢蛋糕，这时便开始了零和博弈。经济方面的零和博弈注重和权衡的是物质利益的得失，而政治方面的零和博弈经常意味着成者王侯败者寇，所以到白热化的时候就会只讲成败，不计得失。

　　第二次世界大战之后，经过多边主义的温和过渡，美国从出自其国父华盛顿，奉行超过百年的孤立主义摇身一变开始信奉霸权主义，有人惊呼：国策如此巨变为什么居然没有丝毫障碍？请放心，美国和大部分国家一样，绝非不想为自己做长久打算，而是恰恰相反。这种巨变从表面上看好像是从一个极端走向了另一个极端，但是本质上始终不渝的是实用主义，而真正让美国的敌国和盟国都捉摸不定的是，因为不能放任实用主义内含的极端倾向趋于极端状态，也就是出于主动归中的需要，不管是孤立主义还是多边主义，弃盟还是结盟，美国都会围绕自身的利益做自由切换，不用担心会有什么心理障碍，因为它既在极力避免信用贬值，并熟知如何度过一次次信用危机，同时又在尽情享受信用贬值所带来的高溢价，直至将来某一天信用彻底崩溃而被动归中。

　　在王道模式下尤其是在霸道横行的世界里，总是群雄逐鹿难免危机四伏，绥靖主义不可能是长久之策，韬光养晦则从一开始就不是长久之策，一切都唯实用主义的马首是瞻，很少有人真的会妄执于情怀和盟约，但是，当中道来临的时候，这些情况从表面的形式到内在的本质都会有所改变。

　　③中道——从善如流，当仁不让，天人合一，中庸和谐。

　　中道即中庸之道。中道不仅走出了霸道的专横型自私，也摆脱了王道的虚伪型自私，"选贤与能，讲信修睦"，以包容、开放、公平、合作的思想理念引导、促进生产发展，指导、协调利益分配。只有恪守中庸之道，才可能具备天下为公的格局胸怀，才能将和谐社会的美好愿景变成现实，以此从国家内部关系到国家间关系逐步推进，直至全面推行、落实中道思想，不仅在国家内部实现平等自由，在国家间也能做到和平共处、合作共赢，努力构建人类命运共同体，进而构建和谐社会，迈向大同世界。

　　四种政治模式对应着的首先是天差地别的经济基础，其次是迥然不同的理想和信仰，最后才是取决于前二者的价值观和方法论，这就是为什么古圣先贤畅想、倡导中道已久，而时至今日，现实的世界依然霸道横行。换言之，一是因为先人们理性分析思想超前；二是因为既得利益者受制于眼前利益而因循守旧故步自封，甚至为了一己私利不惜手持干戈逆势而行；如果还有第三种原因，只能是缺乏中道畅行天下的契机。

契机的作用如此重要，比如《战国策·序》就有这么一说："苏秦为纵，张仪为横，横则秦帝，纵则楚王，所在国重，所去国轻。"似乎整个时代都是属于这二位谋臣辩士的，实际上在战国那样的大争之世，王佐之才何止苏秦张仪！是他们这些人助秦国灭楚，直至一统天下，也是他们这些人助楚人亡秦。信奉宿命论或神秘主义的人对此的解释是天道轮回，其实不然，历史事实是这样的：因为生产力低下，制约了政治文明的发展，地方势力为了把持、维护自己的利益，军阀割据在所难免，武选也就势所必然，王道、霸道横行且成王败寇，如苏秦张仪之流不过是各为其主尽谋臣之能，时代蕴含着足以造就他们个人辉煌的契机，而时代本身却没有成熟的契机无法突破，只能在农业文明的框架中周而复始，缓慢前行。零和博弈的专制政治，每隔数十、百年必有一场兵连祸结的武选，伴随的是百业凋零，民不聊生。秦楚相互灭亡的武选剧目在历史上翻来覆去，正所谓你方唱罢我登场，把天下大势演绎成了分久必合、合久必分，情节跌宕起伏、内容精彩绝伦的连续剧。

时间过了数千年，随着经济文明的发展和政治文明的进步，属于全人类的新的契机逐渐成熟并悄然降临——文选已经在越来越多的国家内部取代了武选，因为军队国家化之后，军阀在国家内部已无立足之地，武选便丧失了基础。

尽管如此，不可回避的问题在于任何国家只要不能与世隔绝，就不可能与世无争，在国家内部实现的文选，只不过是局部小环境文明、和谐的表现，而国家间武力对峙、虎视眈眈的状况与战国时代相比并无本质不同。只要国家疆界在，利益冲突在，尤其是军队在，武选的基础就在，如果一定要说和战国有什么不同，就是武选涉及的范围日渐全球化了。

我佩服苏秦张仪鼓动风云、玩弄列国于股掌之上的王霸心机、权谋大才，可我却不能不爱我的国，有时像屈原爱他的楚，有时像岳飞爱他的宋，虽然我知道再过三五十年，更大的可能是三五百年之后，我的后人将无国可爱，而他们比我更幸福，可我还是不能不爱我现在的国，就像屈原爱他的楚，岳飞爱他的宋。为了自身和后人的生存和发展，当需要外御其侮的时候，我愿意为我的国去争，去斗，甚至去死，但这并不会动摇我内心的信念：我的后人终将迎来那个无国可爱的时代，那个契机终将成熟并降临人间——再过三五十年，更大的可能是三五百年之后，借由物质文明的高度发达和人类思想的普遍进步，国家间关系经由蛮横的霸道、虚伪的王道而至于中道之时，古圣先贤与我们共同期盼的那个中道畅行天下的契机终于瓜熟蒂落。当那个时代、那个时刻到来，面对相当文明的大众主体，为了实现全人类共同的理想，只要有此情怀的那个带路大哥登高一呼，万邦自然相率响应，事无不成。

那时候，全世界萦绕回响着的还是那首古老的黑人灵歌："终于自由啦！终于自由啦！感谢全能上帝，我们终于自由啦！"

那时候，军队国际化了，国家消亡了，国际社会也将以文选取代武选，人间再无战争，全人类终于可以致力于共同构建和谐社会，迈向大同世界。

那时候，全世界共同推崇并信奉的理想是"中也者，天下之大本也；和也者，天下之达道也。致中和，天地位焉，万物育焉"。

世间大道，在于中和；人间正道，唯致中和。

致中和 主夫

世事从来分西东
各逞己长争雌雄
取长弃短尚上策
人间正道是中和

好好活　慢慢老

图书在版编目（CIP）数据

致中和 / 姚志斌著 . — 长春 : 吉林出版集团股份
有限公司 , 2018.12
ISBN 978-7-5581-6463-7

Ⅰ . ①致… Ⅱ . ①姚… Ⅲ . ①中华文化 – 研究 Ⅳ .
① K203

中国版本图书馆 CIP 数据核字 (2019) 第 013251 号

致中和

著　　者	姚志斌
责任编辑	齐　琳　姚利福
封面设计	娄惜秒
开　　本	710mm×1000mm　1/16
字　　数	380 千
印　　张	23
版　　次	2019 年 4 月第 1 版
印　　次	2019 年 4 月第 1 次印刷

出　　版	吉林出版集团股份有限公司
电　　话	总编办：010—63109269
	发行部：010—67482953
印　　刷	三河市元兴印务有限公司

ISBN 978-7-5581-6463-7　　　定 价：68.00 元